KB137807

교과서 밖에서
배우는

철학
공부

교과서 밖에서
배우는
**철학
공부**

초판 1쇄 인쇄 2014년 12월 8일
초판 1쇄 발행 2014년 12월 13일

지은이 정은교
펴낸이 김승희
펴낸곳 도서출판 살림터

기획 정광일
편집 조현주
북디자인 꼬리별
표지디자인 이혜원

인쇄·제본 (주)현문
종이 월드페이퍼(주)

주소 서울시 마포구 서교동 395-27
전화 02-3141-6553
팩스 02-3141-6555
출판등록 2008년 3월 18일 제313-1990-12호
이메일 gwang80@hanmail.net
블로그 http://blog.naver.com/dkffk1020

ISBN 978-89-94445-78-6 03100

교과서 밖에서
배우는

철학
공부

정은교 지음

살림터

배움에 큰 뜻을 품어라

1. 앎이 드물었던 옛날을 떠올린다

요즘 세상은 앎, 곧 지식知識이 넘쳐난다. 신문으로, 인터넷으로 온갖 뉴스가 쏟아져 나오고 TV를 켜면 또 갖가지 상품에 대한 지식이 흘러나온다. 또 과학기술 문명이 맹렬하게 내닫다 보니 앎(지식)이 쉼 없이 바뀌고 낡아간다. 심지어 방사성 물질만이 아니라 지식도 반감기(半減期, 절반으로 줄어드는 데 필요한 시간)를 따져야 한다는 주장도 있다. 이를테면 수학이나 경제학의 기존 학설學說이 10년쯤만 지나면 낡아버린다는 것이다. 그 주장이 얼마나 타당한지는 모르겠으나 아무튼 어린 세대의 교육을 궁리하는 사람들 중에는 학교가 무슨 지식을 가르치는 데 몰두하기보다(그것은 학생들이 학교 밖에서도 습득할 수 있단다), 수많은 정보 중에 가려서 새기는 법과 바뀌어가는 지식에 적응하는 법을 가르치는 쪽으로 옮겨 가야 한다고 부르짖는 사람이 많다. 글쓴이는 교육과정 설계에서 그것, 곧 지식의 급속한 변화 추세가 으뜸가는 현안(=맞닥뜨린 일)이라고는 여기지 않지만 그렇더라도 학생들이 무엇을 얼마나 배워야 할지, 더 깊은 궁리가 필요하다.

인류의 옛날을 돌이켜 보면 감회(느껴지는 바)가 크다. 요즘은 널린 게 책이요, 길거리에 나뒹구는 것이 인쇄물(광고 전단지)이지만, 글쓴이가 어렸을 때만 해도 지식을 담아내는 책이 귀했고 인쇄물이 드물었다. 200~300년 전에는 어땠는가? 인쇄 시설이 몇 안 돼서 소설책 따위는 원본을 빌려다가 일일이 베껴서 끈으로 묶었다. 누가 그 책(필사본)을 빌려오면 다들 주변에 모여들었다. 대부분 까막눈(문맹)이었으므로 남이 읽어주는 이야기를 들어야 했다. 2,500년 전에는 어땠을까? 그때는 동아시아에 갖가지 학문이 화려하게 꽃피어난 제자백가諸子百家 시대였다. 하지만 그 귀중한 학문과 사상이 주로 입에서 입으로 전해졌다. 그러다 보니, 제자弟子를 길러내지 못한 사상가들의 얘기는 후손에게 거의 전달되지 못했다.

옛날에는 지식(앎)을 대하는 태도도 달랐다. 배울 책이 귀하고 선생을 만날 기회가 드물었으며 게다가 전깃불도 없었던 옛날에는 눈물겹게 공부한 사람들의 일화가 많았다. 책을 반딧불에 비춰가며 읽은 어린이가 있었고, 자식을 공부시키려고 학교 앞으로 이사 간 어머니가 있었다. 요새 교사(교육자)들은 감히 꿈꿀 수 없는 일이겠지만 옛날의 교육자들은 어버이에 버금가는 존재로서, '스승의 그림자도 밟지 말라'는 그때의 격언을 요즘 학생들은 공감할 구석이 도무지 없다. 그때는 값진 지식을 몇 안 되는 학자와 스승에게서밖에는 구할 수 없었던 시절이니까 말이다.

그 옛날이 황금시대일 리는 없다. 그때는 몇 안 되는 젊은이만 공부했고, 요즘은 누구나 학교에 다닌다. 그때는 자기 지역의 문화와 학문도 몇 사람밖에는 알지 못했는데 요즘은 뉴턴과 아인슈타인이 무슨 얘기를 했는지 모든 나라의 젊은이들이 안다. 그때 배우지 못한 사람들이 학문(또는 문자)의 세계를 얼마나 까마득히 먼 것으로 느꼈는지

는 '부적'이 넌지시 말해준다. 악귀를 쫓고 복을 가져다준다는 부적符
籍은 사실 별것 아니다. 무슨 울긋불긋한 종이에 어떤 글자를 적어 넣
었을 뿐이다. 그때의 까막눈들이 지독한 '문자文字 숭배'에 빠져 있었
기에 부적이 효험을 발휘했던 것이다.

그렇더라도 그 옛날을 떠올리면 어떤 감회가 찾아온다. 요즘 우리가
지식과 정보가 넘쳐나는 시대에 살게 됨에 따라, 무엇인가를 차츰 잃
어가고 있지 않느냐는 씁쓸한 감회 말이다. 무엇을? 앎(지식)은 참 소
중한 것이라는 간절한 마음을! 그때는 훌륭한 분에게서 좋은 말씀 몇
마디 듣고 나면 그 말씀을 두고두고 새겼다. 성경과 불경의 내용들은
그렇게 해서 전해졌다. 그런데 요즘은 신문 방송과 숱하게 쏟아져 나
오는 책들이 너무 많은 얘기를 퍼부어댄다. 다 고만고만한 얘기로 대
수롭지 않게 들린다. 무슨 얘기를 들었다 해서, 가슴이 콩닥콩닥 뛰고
벅차오르는 그런 경험을 우리가 별로 누리지 못한다. "다 그렇고 그런
얘기들!"

2. 알고 싶어 하지 않는 마음

그래서 요즘 아이들은 공부를 그렇게 귀한 것으로 여기지 않는다.
특히 한국 아이들이 무척 공부에 염증을 느낀다는 사실은 잘 알려져
있다. 여러 나라 학생들을 견줘보면 한국 초중고 학생들이 수학 문제
를 잘 풀기는 하는데 싫증도 지독하게 느낀다. 그런데 고개 돌려 찬찬
히 둘러보라. 문제는 어떡하면 학생들이 학교 공부에 재미를 붙이게
할까, 궁리해야 한다는 것이 아니다. 공부를 싫어하는 것은 한국만의
일도, 아이들만의 일도 아니기 때문이다.

현대에 접어들어, 사람들 사이에 무지無知에 대한 의지will가 완강해지는 것 아니냐, 하고 염려하는 목소리가 있다. 과학기술 문명이 온갖 골치 아픈 부작용을 빚어내고 세상이 너무 복잡해져서 그렇겠지만 사람들은 '세상에 무슨 문제가 있는지' 진중하게 들여다보고 싶지 않은가 보다. 이를테면 '생태계 파괴'를 걱정하는 말들이 많았다. 그런데 그 걱정이 스트레스로 다가갔는지 사람들은 그 문제에서 고개를 돌리고 싶어 하고, 그래서 물신적物神的으로 부인한다.

"나는 (인류의 생태 환경이 위협받는다는 사실을) 잘 알지만, 정말로 믿지는 않아(그러니까 내 삶의 방식을 바꾼다든지 하는 결단을 내리지는 않을 거야)."

현실을 알려고 하지 않는 버릇과 의지는 사회 지배층일수록 더 완강하다. '지구 온난화'에 대해 여러 나라 정부(와 정치인들)의 대응이 어떻게 바뀌었는지 살펴보면 그들의 버릇을 알 수 있다. 얼마 전까지만 해도 '북극해의 얼음이 너무 빨리 녹는다'는 보도가 나오면 '긴급 대응 방안이 필요하다'는 의견이 나왔고 정부들도 이를 수긍했다. 그런데 최근에는 '너무 겁먹지 말라'고 정부가 거꾸로 훈수를 둔다. 사태가 금세 좋아졌을 리 없는데 말이다. "북극의 자원도 캐내고 거기 사람도 살 수 있게 됐으니 다행 아니냐"고 물타기(초점 흐리기)를 곁들인다. 사태가 얼마나 나빠지는지, 세밀하게 살필 성의가 없다. "내(집권자들) 죽은 뒤에 세상에 홍수가 나서 지구가 떠내려가건 말건 알 바 아니"라는 식이다. 생태계 파괴가 줄어든다는 확증을 보여주지 않는 한, 그들이 '겁먹지 말자'고 흰소리를 늘어놓는 것은 어리석은 꿩의 태도와 다를 바 없다. 매에 쫓긴 꿩은 사람 마을로 달아나다가 더 피할 곳이 없으면 짚더미 속에 머리를 박는다. 꿩은 자기 눈에 매가 보이지 않자, 좋아라 웃는다.

인류가 새삼스레 겪는 문제가 이것이다. 책장만 들추면 하품부터 하는 아이들을 어찌하면 공부할 마음이 나게 만드느냐? 세상 현실을 똑바로 살피기를 꺼리는 어른들이 어찌해야 세상을 알고 싶어 하게 만들까? 인류는 새로운 고민과 맞닥뜨렸다.

3. 우리는 무엇을 얼마나 알고 모를까?

옛날에 저마다 자기 땅에 머리를 박고 농사짓던 시절에는 사람이 꼭 알아야 할 것이 많지 않았다. 과학기술이 별로 발달하지 않아서도 그랬고, 지구촌의 교류가 활발하지 않아서도 그랬다. 그러다가 요즘 들어 사람의 지식이 산더미로 쌓이자 민중이 소화불량에 걸렸다. 옛날 선조들보다 쪼가리 지식은 더 많이 알면서도 자신이 '잘 모른다'는 열등감에 빠져들었다. 옛날에는 의사가 따로 없어서 저마다 자기 병을 진단하고 처방했다. 아는 게 많지는 않았어도 '나는 하나도 몰라!' 하는 두려움은 없었다. 요즘은 제가 아는 게 많은데도 두려움이 크다. 의사한테 무슨 얘기를 들어야 안심한다. 요즘은 '전문가 시대'가 됐다. 정치는 정치인에게, 과학은 과학자에게, 패션은 패션 전문가에게! 심지어 아이를 돌보는 것도 자신감이 없어서 걸핏하면 상담 전문가를 찾는다. 수많은 지식들을 감당할 줏대가 없어 민중은 그 지식들로부터 또 다른 따돌림(소외)을 겪고 있다.

그런데 전문가라고 잘 알까? 골치 아픈 병에 걸려 병원을 찾아가본 사람은 안다. 이 병원, 저 병원 기웃거리다 보면 '의사들도 잘 모른다'는 사실을 대뜸 눈치챈다. 생태계 파괴가 얼마나 깊어졌는지를 놓고도 전문가들의 의견이 갖가지다. 다들 박사 학위를 딴 사람들이 그 모양이니, 아인슈타인을 배출한 인류의 과학 수준이 왜 이 정도일까, 새삼 돌아보게 된다. '티핑 포인트tipping point'라는 말이 있다. 어떤 상황이 처음에는 느릿느릿 진행되다가 어느 순간, 균형을 깨고 확 바뀌는 극적인 지점을 가리킨다. 이를테면 미국의 국채(나랏빚)에는 거품이 잔뜩 끼어 있는데 이게 언제 확 가라앉느냐는 따위다. 우리는 경제위기가 언제 터질지도 확실히 모를뿐더러 생태계 위기가 언제 확 불거질지는 더더욱 모른다. 그뿐 아니라 생태계가 무슨 문제를 안고 있는지도 솔직히 잘 모른다. 더 많이 알게 될수록 더 모른다! 과학기술이 현기증 나게 발달했는데도 정작 그것이 낳는 파급 효과에 대해서는 역설적逆說的으로 깜깜하다.[1]

2003년 이라크전쟁이 벌어졌을 때 (당시) 미 국방장관 럼스펠드는 저희가 아는 것과 모르는 것을 따져봤다.

"우리가 무엇을 알고 있는지, 아는 것들이 있다(가령 이라크의 땅 넓이에 대해 분명하게 안다). 우리가 무엇을 모르는지도 안다(가령 이라크 대통령의 속셈을 우리는 분명하게 모른다). 우리가 무엇을 모르는지도 모를 때가 있다(가령 이라크 정부에 숨겨진 비밀이 있는지도 모른다)."

슬로베니아의 철학자 슬라보예 지젝은 거기 하나 덧붙인다.

"우리가 안다는 것을 알지 못하는 것들도 있다."

그것이 프로이트의 '무의식unconscious'이란다. 럼스펠드는 이라크 정부에 대해 자기들이 모르는 것이 있을지도 모른다는 사실이 가장 두렵다고 했는데(그 말이 엄살 아니었을까 싶지만), 사실 더 두려운 것은

---

1. 과학이 무기력하다는 것을 드러내면서도 이를 '전문가가 보증해준다'는 말로 얼버무리는 그럴싸한 개념이 '한계값limit value'이다. 가령 석유를 얼마나 더 태워야 생태계가 망가질까? 어디까지가 한계냐? 상황이 불투명한 탓에 '한계값' 자체가 허구(멋대로 지어내기)의 측면을 띤다. 의사가 처방한 혈당 밑이기만 하면 과연 안전할까? 문제는 결국 누구를 믿느냐다.

'알려지지 않은 아는 것unknown knowns'이다. 이를테면 우리가 생태 위기에 대해 물신적物神的 부인에 빠져서 그것을 똑바로 쳐다보려고 하지 않는 태도가 그것이다. 그게 먼저요, 생태 위기에 대해 우리가 무엇을 모르는지 모른다는 사실이 다음 문제다. 둘이 뒤얽혀서 문제를 키워가고 있다.

4. 우리는 왜, 무엇을 알아야 할까?

국가가 틀을 짜서 내놓는 학교 교과서들은 학생들이 지금 굴러가는 사회와 국가에 무난하게 편입되기를 바란다. 정부 기구에 무엇 무엇이 있는지 알아둬서 나이 어린 시민들께서 앞으로 잘 이용하기를 바라고, 자연과학이 내놓은 지식을 잘 습득해서 과학기술 문명이 굴러가는 데 한몫하기를 바라고, 적어도 국어와 산수의 기본은 익혀서 무슨 직장에 다니든 거기 그럭저럭 적응하기 바란다. 지금의 나라님들께서 바라는 것은 거기까지다. 그런데 우리의 공부 목표가 그 정도쯤으로 머물러도 될까? 다들 최소한의 것(가령 누구나 공중도덕 지키기)만 해내면 충분한가?

우선 인류의 앞날이 그렇게 해서 넉넉하게 굴러갈지를 묻자. 앞서 (인류가 맞닥뜨린 복잡하게 뒤엉킨 문제들에 대해) 전문가들도 잘 모른다고 했고, 사회 지배층은 자기 앞가림에만 눈을 팔아서 그 현실을 똑바로 알려는 의지가 없다고 했다. 그렇다면 그들이 해내지 못하는 일들을 가방끈 짧은 대다수 민중이 감당하는 수밖에 없다. 윗사람(?)에게 세상 경영을 맡기고, 다소곳이 뒤따라가기만 해서야 세상 꼴이 잘 풀릴 리 없다.

또 그렇게 해서 우리 개개인이 흐뭇하게 살 수 있을지를 묻자. 지식이 산더미로 쌓이는 세상에서 자신의 줏대를 세우지 못하면 바보가 되기 십상이다. 자기가 넉넉히 알아챌 수 있는 것도 남에게 묻는 어린 아이로 살아가야 한다. 아는 것 많고 힘센 사람들에게 늘 휘둘리는 처지가 된다. 그런데 사회가 엉망으로 치달을 때 그 결과를 고스란히 뒤집어쓸 사람들은 (비행기 타고 자기들 별세계로 달아날 사람들이 아니라) 바로 우리 민중이다.

우리 사회는 근래 들어 여러 차례 어려운 고비를 겪었다. 박정희(1961~1979)와 전두환(1980~1987) 군사 독재에 짓눌려 살기도 했고, 1997년 IMF 금융위기가 터져서 숱한 사람들이 졸지에 일터를 잃어버리기도 했다. 앞날도 안갯속이다. 제주도 강정마을에 미국 해군기지가 터를 닦는 것으로 봐서, 미중美中 두 패권 국가의 다툼에 한반도가 볼모로 잡히지 말라는 법이 없다. 세계 전체로는 2008년 경제 대공황이 터져서 여태껏 그 국면stage을 벗어나지 못했다. 인류는 20세기 중·후반에 독립국가도 많이 생겨나고 빈부 격차도 줄어들고 다소 형편이 피었다가 20세기 말부터 전 세계의 유산자(有産者, bourgeois)끼리만 호의호식好衣好食하는 정글 사회로 되돌아가고 있다. 2008 세계 대공황이 (헬리콥터로 돈을 퍼부은 덕분에) 잠깐 주춤해졌는가 싶더니 다시 유럽발 경제위기(디플레이션의 악화)가 스멀스멀 꿈틀거린다. 세상을 넓게 내다보지 못하는 사람은 어려운 세상을 뚝심으로 살아내기가 참 어려워졌다.[2]

다시 말한다. 옛 민중은 제 논밭에만 눈을 가둬도 그럭저럭 살 만했

---

2. 미국의 '콘퍼런스 보드'는 세계 경제의 기관차인 중국의 경제성장률이 2020년대에는 4% 밑으로 추락할 것이라 봤다. 세계 자본 체제에 비상벨이 울린다는 것이다. 『문화일보』 2014년 10월 21일자 보도.

다. 입에 풀칠할 근거, 또는 제 살림살이를 기댈 '비빌 언덕'은 있었으니 말이다. 그래서 학교에 다닐 필요가 별로 없었다. 지금 사람들은 대부분 자기 것(=남의집살이를 하지 않고도 살아갈 버팀목)이 없지 않은가? 어디라도 찾아가 품을 팔아야 하고,[3] 시장경제가 호황에서 불황으로 변덕을 부릴 때마다 돈벌이할 길을 놓치지 않으려고 애간장을 태운다. 예전에는 비바람과 재난을 몰고 오는 자연 세계가 무서웠다면 요즘은 우리의 밥줄을 쥐었다 놓았다 하는 사회 세계가 무섭다. 우리들은 (지배자와 피지배자로 나뉜) 인간 세상에 휘둘리며 살아가는 신세다. 이런 신세에서 벗어나 민중이 불안에 떨지 않고 자유롭게 살아갈 길을 얼른 찾아야 하지 않을까? '아는 것이 힘'이라는 격언은 이 커다란 과제를 두고 떠올려야 한다.

5. 자신의 무지無知를 자랑하라

그런데 무엇을 알아야 하는가? 이를테면 '생태 위기가 있다'는 사실을 그저 막연하게, 어렴풋이(!) 아는 것은 아무 쓸데가 없다. 인터넷을 검색하면 이러저런 사실이나 의견이 다 올라와 있어 그것을 모르는 사람은 없다. 생태계의 어제와 오늘이 얼마나 달라졌는지, '새로운 눈(!)'으로 세밀하게 살펴야 어떻게 문제를 헤쳐나갈지 가까스로 윤곽이 잡힌다. 또 왜 우리의 문명이 치달아온 길을 수정해야 하는지, 사람답게 산다는 것이 무엇인지 깊게 헤아려야 변화의 추동력을 얻는다. 실제로 세상을 바꿔내지 못하는 앎은 결국 '도로묵'이 아닌가.

---

3. '노동력'은 토박이말로 '품'이다. 남(자본가)의 회사에서 고용살이하는 것을 '품팔이'라 한다.

또 다른 얘기로 우리는 '북한에 인권이 없다'는 방송을 자주 듣는다. 그러니 북한 하늘에 풍선을 띄워서 그 나라를 얼른 무너뜨려야 할까?[4] 남한이나 북한이나 어떻게 사회를 고쳐내야 인권이 '실제로' 개선될지 깊이 헤아리지 않고서는 섣부른 앎이 오히려 민족의 미래를 그르치기 십상이다. 이렇듯 세상을 날카롭게 파헤치지 않고서는 쓸모 있는(!) 앎을 얻기 어렵다. 자연과학을 알아도 똑바로 알고, 인간 세상을 알아도 깊이 알아야 한다.

그래서 공부의 목표가 높아야 한다. 제자백가(2,500년 전)의 시대에는 전쟁의 도탄에 빠진 민중을 어찌 구해야 할지, 묵자나 장자 같은 몇몇 사상가들만이 고뇌했으나 지금은 몇몇 엘리트가 나서는 것만으로 될 일이 없다(3부에 실린 '주마간산 동아시아 철학' 참고). 21세기는 민중 누구나 장자와 묵자가 돼야 한다. 옛날에는 젊은이들이 제 집안과 마을(나라)만 걱정했는데 요즘 젊은이들은 세계 전체를 걱정해야 한다. 그렇게 포부가 커야 세상 문제가 비로소 (한꺼번에) 풀린다.

간추리자. 기성 주류主流 사회는 여러분더러 쪼잔한 그릇(사람됨)의 고만고만한 사람으로 살아가라고 한다. 대학 입시 결과만 기다리면서 학창 생활을 보내라고 한다. 여러분이 자기 앞가림만 몰두할 요량이라면 그래도 된다. 하지만 여러분이 어른으로서 이 세상을 주인답게 맞겠다면 세상을 통 크게 내다보는 눈길부터 틔워야 한다. 자기 앞가림만 골몰하는 사람은 자기 앞가림도 변변히 해내지 못한다.

밤하늘의 반짝이는 별자리를 우러르며 자기가 나아갈 길을 헤아린 옛사람은 아마도 행복했으리라. 소박한 삶이나마 희망을 품고 살았으리라. 하지만 지금의 우리는 발달한 인류 문명의 혜택을 누리며 살면

4. 남한 정권은 극우 단체들이 풍선 날리는 것을 사실상 부추기고 묵인하면서 딴청을 부려 왔다.

서도 뿌연 하늘과 불투명한 앞날로 하여 시대의 별자리를 좀처럼 찾기 어렵다. 지혜의 눈을 틔우지 못한 젊은이는 언제 어떻게 비틀거릴지 모른다. 배움에 큰 뜻을 품어야 가까스로 길을 찾는다.[5] 여러분은 어떤 뜻을 세우겠는가?

덧대기 1

학생들은 어려서부터 만날 '공부하라!'는 잔소리를 듣고 자란다. 이 지긋지긋한(?) 낱말의 역사를 돌아보자. 비슷한 말이 일본말로는 '벤쿄勉强'이고 중국말로는 '니엔수'(念書, 책읽기)다. 공부工夫의 중국말 발음은 '쿵후'인데 이것은 옛 영화배우 이소룡이 놀았던 무술武術을 가리킨다. 하기는 무술(쿵후)도 공부해야 한다.

'공부하자!'는 구호는 주자학(신유학)을 일으킨 송나라의 주희가 떠들썩하게 내세웠다. 그러니까 유학(유교)의 전통이 우리말 속에 남아 있다. 그런데 요즘 한국의 지배세력이 "공부해서 좋은 대학 가라! 그래서 좋은 데 취직해라!" 하고 떠드는 것과 달리, 주희는 "공부 열심히 해서 니 인격을 닦아라!(수양해라!)" 하고 북돋았다. 그러므로 원래의 공부는 요즘처럼 옹졸한 뜻이 아니었다. 옛날 어느 캄캄한 방에서 한석봉이 붓을 놀리고 그 어머니가 떡을 썰었는데 둘 다 '공부했다'고 말한다. 판소리 소리꾼이 득음得音하려고 폭포수 밑에서 수련한 것도 '소리 공부'라 했다. 주희는 사람들더러 거경居敬하고, 궁리窮理하라고 했다. 공부는 그저 머리만 쓰는 게 아니다. 몸과 마음을 '경건히' 하고서 이치理를 끝까지 파고들어야 하고, 그래야 영혼이 닦인다.

이렇듯 옛 선비들은 '공부'에 무척 거룩한 뜻을 담았는데 요즘 우리야 소박하게 말해도 된다. 경건함과 반대로, 까불며 공부해도 좋으니 제발 '공부해서 남 주자!'고. 오랫동안 한국의 어머니들은 제 자식들한테 눈을 부릅뜰 때 이렇게 소리치지 않았던가. "공부해서 남 주냐? 너 잘되라는 것인데 왜 안 하냐!" 정말로 우리가 넘어서야 할 문화는 저마다 자기 잘될 것만 몰두해온, 시험점수 따먹는 공부 문화다.

---

5. 우리(글쓴이) 젊어서는 그런 대로 열심히 사는 줄 여겼다. 세상도 훤히 내다본다고 자부했다. 세월을 겪고 나서야 그때 왜 그렇게 자신이 좀스럽고 눈길도 좁았는지 겨우 느꼈다.

덧대기 2

이 책은 제목을 '철학 공부'라고 달았다. '철학'은 philosophy를 옮긴 것으로 옛 그리스에서 '앎(소피아)을 사랑한다'는 뜻이었다. 그러니까 철학은 처음에는 '학문 모두'였다. 옛 동아시아에서는 '문文' 또는 '문학文學'이 philosophy에 해당된다. '철학哲學'은 나중에 지어낸 신조어新造語다. 인류는 종교와 신학의 시대로부터 차츰 철학과 과학의 시대로 옮아왔다. 근대에 접어들어 자연과학과 인문사회과학이 생겨난 뒤로는 철학이 그 학문들을 뒷받침해주는 메타 이론으로 자리 잡았다.[6] 철학은 그 앎의 영역(대상)이 따로 있는 게 아니라 일종의 '통 크게 생각하는 법'이다. 예술을 뒤따라가서 한마디 하고, 또 과학이나 정치를 뒤따라가서도 한마디 거드는 식이다. 그래서 굳이 '철학(과목)'이 따로 팻말을 내걸고 독립할 필요는 없다는 주장도 있다.

이 책도 따로 '철학'에 대해서만 얘기하지 않았다. 사랑과 정치와 돈을 말하는 가운데 철학적인 얘기를 덧보탰다. '철학'을 굳이 내거는 까닭의 하나는 갖가지 앎(학문)이 저마다 칸막이를 두르고 분업分業 체제로 들어갈수록 그 앎이 옹졸해지기 때문이다. 세상을 통 크게 하나로 볼 때라야 그 앎이 깊어지는 법이다.

---

6. '메타'는 '뒤의, 변화'의 뜻도 있고 화학에서는 또 다른 뜻으로 쓰이지만 여기선 '높은 데서 내려다본다'는 뜻으로 읽으면 된다.

차례

| 머리말 | 배움에 큰 뜻을 품어라   4

1부 말과 앎

　1. 앎을 얻어내는 방법   20

　2. 말과 생각   29

2부 사랑과 정치

　1. 성性과 사랑에 대하여   48

　2. 누구나 나서야 할 것이 정치다   63

3부 철학과 종교

1. 주마간산 동아시아 철학   82

2. 교회에서 떠나라!   117

3. 불교가 우리의 나침반이 되어줄까?   143

4. 유물론과 관념론, 변증법   172

4부 돈에 대하여

1. 돈이란 무엇인가?   224

2. 돈이 돈을 벌어도 될까?   252

1부

말과 앎

1 앎을 얻어내는 방법

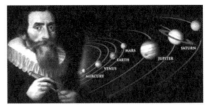

케플러는 가설추론을 통해
행성의 타원궤도 이론에 도달했다.

사람은 눈과 귀를 열어서 세상의 갖가지 것들을 알아간다. 그래서 알게 된 것을 고상한(?) 말로 '지식'이라 일컫는다.[7] 이 갖가지 앎(지식)이 쌓여서 학문과 과학을 이뤄냈다. 학문(學問, academy)의 한자말은 '배우고 묻는다'는 뜻이다. 묻는다! 무지無知를 부끄러워하지 말고 어린 애한테라도 물어라! 학문 중에는 과학도 있고 철학도 있다. 처음에 신학과 철학이 탄생했다가 그것이 여러 갈래로 탈바꿈하면서 나중에 과학이 생겨났다.

학문이나 과학이나 '틀, 곧 체계와 구조가 짜인 앎'이다. 거기에는 이론theory과 법칙law이 들어 있다. 달리 말하자면 사물들이 서로 관련되는 보편타당한 법칙과 이론을 알아내는 것이다. 뉴턴은 만유인력 법칙을 발견했고, 아인슈타인은 상대성 이론을 세웠다.

'이론'은 세상을 이해하고 설명하기 위해 학자들이 만들어낸 분석 도구인데 처음부터 '참'일 수는 없다. 처음에는 저 혼자 '옳다'고 우기다가 나중에 대부분의 학자들이 수긍하거나 진짜라는 것이 증명될

---

7. 비슷한 말로 '정보'가 있는데 쉽게 말해 '컴퓨터'에 들어 있는 지식을 정보information라 보면 된다.

때라야 참이 된다. 그러니까 한동안은 가설(假說, hypothesis)에 머무르기 십상이다. 처음엔 그것을 다들 참이라고 수긍해주었다가 나중에 '허튼 말'임이 드러나기도 한다. 18세기만 해도 유럽에서는 플로지스톤(열소)이 불을 일으킨다는 이론을 옳다고 여겼으나 지금은 그 이론이 자취를 감추었다.

'법칙'은 인과(원인과 결과) 관계를 설명하는 것이다. 경험적 내용(세상에 실재하는 것)이 들어 있어야 하고 모든 경우에 들어맞아야 한다(보편적인 앎). 이를테면 '에너지 보존의 법칙'에는 어떤 예외도 없다. 그런데 인간 사회는 자연 세계와 달리 엄밀하게 작동하는 법칙을 찾기가 어렵다. '대체로 어떠하다'고만 알려주는 경향tendency 법칙으로 정리된다. 예컨대 자본주의 경제는 이윤율이 대체로(!) 떨어지고 빈부 격차가 깊어지는 경향이 있다는 식이다. 알아둘 것은, 어떤 낱말이든 숱한 사람들이 중구난방衆口難防으로 떠드는 까닭에 그 용법이 뒤죽박죽이라는 것이다. 학문과 과학과 이론과 법칙 등등이 거의 뒤섞여 쓰인다.

이 글은 세상의 현상(나타난 것)들을 탐구해서 앎을 만들어가는 추론推論 과정을 쪼금 살핀다. 앎을 얻어내는 주된 방법으로, 옛날에는 귀납(歸納, induction)과 연역(演繹, deduction)을 높이 봤다.[8]

먼저 귀납 추리. 1600년 무렵 경험론자 프랜시스 베이컨이 이 방법론을 내건 뒤로, 이것은 19세기 초까지 유럽 학문의 주류를 이뤘다. 개별 또는 단칭singular의 앎을 모아서 일반(보편)적인 앎을 끌어내는 것이다. "오늘도 해가 동쪽에서 떴지! 어제도 그랬지. 그제도 그랬지……." 오늘과 어제와 그제의 현상들은 하나하나, 개별적인 것이다.

---

8. 중학교 국어 책에 이것이 잠깐 서술되어 있다. 이렇게 앎 자체를 살피는 것을 '인식론'이라 한다.

이것들로부터 "언제나(!) 해가 동쪽에서 뜬다"는 결론(앎)을 끌어낸다.

어느 사회학자가 일자리를 잃은 지 오래된 실업자失業者 한 사람을 만나봤더니 자존심에 상처를 받아서 그의 낯빛이 참 어두웠다. 이것, 이 사람만의 남다른 현상인지, 딴 실업자들도 그런지 궁금해졌다. 일터를 구하지 못한 사람들의 낯빛이 다 어둡다면 이것은 커다란 사회 문제가 아닐 수 없다. 그가 인터뷰를 많이 해서 똑같은 사실을 발견한다면 "장기長期 실업 상태에 놓인 사람들은 너나없이 자존심을 잃는다." 하고 일반적인/보편적인 결론을 내릴 것이다.[9]

다음은 연역 추리.[10] 기하학을 처음 세운 그리스의 유클리드와 3단 논법을 일러준 아리스토텔레스가 첫 시조始祖이고 합리론자 데카르트도 이 동네다. 자연 현상을 죄다 모아내고 견주기 바빴던 생물학자들이 귀납법을 치켜세운 반면, 추상적인 이치를 따지는 수학자들이 연역법을 치켜세웠다. 실험은 귀납과 이어지고 법칙은 연역으로 찾아진다.

연역은 귀납과 순서를 거꾸로 한다. 하나하나에서 '모두'를 모아내는 게 아니라, '모두'로부터 하나하나를 펼쳐낸다. 이를테면 오랫동안 실업자로 지내온 사람들이 모두 열등감에 시달린다는 사실을 알게 된 사회학자는 새로 '갑돌이'라는 실업자를 만날 때에 '걔도 그럴 거야.' 하고 예측할 것이다. 모든 금속이 전도성(열과 전기를 옮겨주는 성질)을 갖는다는 보편법칙을 과학책에서 배운 학생은 '구리도 그럴 거야.' 하고 예측한다.

---

9. 지금 있는 것 모두 그렇다면 일반적인 결론이 된다. 앞으로도 전혀 '예외'가 없을 때 보편적인 앎이 된다. 두 개념은 비슷하긴 해도 세밀한 지점에서는 구분된다.
10. 귀납은 거둬들이는 것. 병원엔 수납收納 창구가 있다. 연역은 펼치는 것. 연극을 연출演出한다.

귀납은 불완전한 앎이고 연역은 뻔한 앎이다

귀납과 연역이 대단히 탁월한 앎의 방법이라면 더 얘기할 게 없다. 그런데 실제로는 이것들이 너무 단순한 방법에 불과해서 이 두 방법만으로 얻어낼 앎은 얼마 안 된다. 허술한 구석이 많아서 20세기 후반부터는 학자들이 이 둘을 시큰둥하게 여긴다. 왜 그런가?

먼저 귀납 추리. 이 방법에는 세상이 여태껏 그랬듯이 앞으로도 그럴 것이라는 전제前提가 숨어 있다. 그동안 해가 하루에 한 번씩 동쪽에서 떴으니까 앞으로도 그럴 거야! 그런데 우리가 관찰한 옛날의 현상은 유한有限하다. 끝이 있다. 이것을 갖고서 앞으로 끝없이 무한無限한 시간 속에서 벌어질 일들을 예측한다는 것은 우선 이치가 맞지 않다. 또 세상이 바뀌지 않는다면 그럴지도 모르나, 세상이 확 바뀔 경우 그 결론은 들어맞지 않는다. 과학이 세상을 예측하는 눈을 틔워줘서 우리는 수십억 년 뒤에 태양이 소멸하리라고 내다본다. 그때 가서는 아침이 돼도 해가 동쪽에서 뜨지 않는다.

물론 그때가 되기 이전에는 우리가 경험으로 얻은 앎이 그대로 들어맞을 것이므로 귀납법이 전혀 쓸모없지는 않다. 다만 귀납법으로 얻은 앎은 불완전하고, 나중에 허튼 앎이 될 공산이 적지 않다는 사실을 명심하는 게 좋다. 어느 닭장 속의 닭들이 주인을 참 고마워했다. 자기들 기억으로, 주인이 닭장에 모이를 가져다주지 않은 적이 없어서다. 그러나 그 귀납적 앎이 진리가 아니라는 것을 우리는 안다. 어느 날 빈손으로 다가온 주인이 닭들의 모가지를 비틀 것이기 때문이다.

그런 한계 말고도 귀납에서 따져야 할 것이 많다. 아무리 '대강 알아내는 것'으로 만족한다 해도 과연 사례들을 얼마나 모아들여야 의미 있는 결론을 내릴 수 있을까? 예컨대 대통령 선거를 앞두고 선거 결과를 예측하고 싶다면 표본(샘플)으로서 국민 가운데 적어도 몇 명을 인터뷰해야 할까?[11] 또 귀납은 '관찰'이 정확해야 그나마 개연성의 앎이라도 얻는다. 그러나 우리 지식은 허술할 때가 많아서 이 관찰들이 정확할 것이라는 보장이 없다.

다음 연역 추리. 이것이 가장 우월한 방법론이라고 자부하는 학자들이 많았다. 하지만 앞서 금속의 성질에서 구리의 성질을 연역해낸 것을 보라. 전혀 놀랍지 않은 앎이 아닌가? 흔히 3단 논법의 예로 드는 것(사람은 다 죽으므로 소크라테스도 언젠가 죽을 것이라는 결론)을 다른 사람에게 들려준다면 "뻔한 소리 하는군!" 하고 흥이 잡힐 것이다.

오히려 "왜 금속이 전기를 빨리 전달할까?"라는 질문이 더 요긴하다. 금속 모두이든, 구리이든 간에 '자유 이온'을 갖고 있다는 앎이야말로 본때 있는 앎이다. 그러니까 정작 의미 있는 앎은 그것이 어떤 기제(메커니즘)나 체제(시스템)로 이루어졌느냐는 것이지 전체와 그 부분part의 관련성을 묻는 연역이 아니다. 연역은 새로운 앎을 발견하는 논리가 아니라, 무엇이 옳다/그르다를 판정하는 논리에 지나지 않는다.

귀납론을 물리치고 싶었던 칼 포퍼(20세기)는 "그것은 틀렸어!" 하고 반증反證될 수 있는 것만이 과학적인 앎이라고 주장했다. 이를테면 원앙새가 알을 낳는 것을 발견하고는 그것만 갖고서 '새가 알을 낳는다'라고 가설을 세운다. 그런데 딴 새가 알을 안 낳는 것을 알게 됐다고 치자. 그러면 이 가설이 반증되는(=틀렸음이 드러나는) 셈이다. 이 '반증론'은 귀납의 한계를 깼지만 그의 추론법은 얼마쯤만 맞다. 과학 이론에는 반증할 수 없는 게 많아서다. 가령 서로 떨어져 있는 두 물체 사이의 '원거리 작용'은 만유인력 법칙의 중요한 대목인데 반증할

---

11. 여론 조사의 방법 찾기는 수학(통계학)뿐 아니라 철학(귀납의 장단점을 살피는 인식론) 과 연결된다.

수 없다. 그렇다고 그것이 과학적 앎이 아니라고 하면 말이 안 된다.

참된 앎을 따지는 데 골머리를 앓은 일부 학자는 '진리가 상대적'이라는 편리한 주장을 하기도 했다. 과학자 동네에서 '그것, 맞아!' 하고 말하면 참된 것으로 판정하자는 위험한 얘기다(협약주의). 과학자들끼리 죽이 맞아 저희들 멋대로 굴면 어떡할 건데? 유전자 복제니 뭐니, 저희 멋대로 (사회의 통제도 받지 않고) 과학 실험을 해대는 작자들이 요즘 그 위험성을 보여주지 않는가?

가설/역행 추론이란

그렇다면 앎의 방법으로 귀납과 연역 말고 무엇이 있는가? 여러 길이 있겠다. 한눈에 꿰뚫어서(통찰해서) 알아낼 수도 있고 상상력을 발휘해서 짐작할 수도 있다. 이를테면 지구와 화성은 여러모로 비슷하다. 그런데 지구에 생물체가 살고 있는 것으로 봐서 화성에도 생물체가 있지 않을까, 짐작해본다. 인간 사회를 연구하는 몇몇 학자들은 다윈의 진화론을 접하고 큰 깨달음을 얻었다. 자연 세계가 하등 생물체로부터 고등 생물체로 진화했듯이 사회 세계도 원시 사회에서 고등 사회로 진화했을 것으로 짐작했다(사회진화론). 이런 추론(짐작)을 '유비추리'(類比推理, analogy)라 일컫는다.

학자들은 이런 여러 방법 가운데 주된 것으로 가설 추론abduction과 역행 추론retroduction을 꼽는다. 역행逆行은 '거슬러 간다'는 뜻이다. 이 둘은 세밀히 따지면 구분되지만 여기서는 '가설/역행 추론'으로 뭉뚱그려서 말하겠다.[12]

세상에 무엇이 있는지(=실재하는지) 따지고 싶은 사람은 나타난 현상들 사이에 무슨 연관이 있는지를 먼저 살핀다. 예컨대 A종교 신자들보다 B종교 신자들의 자살률이 뚜렷이 낮다면 종교와 자살自殺 사건 사이에 무슨 연관이 있겠구나 하고 대뜸 짐작한다. 그런 연관들이 나타나는 곳이 현실이고, 이 둘 사이에 왜 상관관계가 생기는지 풀이하는 것이 이론의 과제다.

어떤 실재적인real 구조와 기제機制가 있을 거라고 먼저 새로운 가설을 세우자.[13] 그 짐작이 맞다는 것을 (실험 같은 것으로) 밝혀내자. 다른 사람의 이론이 틀렸다는 것을 드러내는 것도 입증 방법의 하나다. 내 이론이 더 그럴싸하다고 넌지시 말해주는 셈이니까. 이것이 가설/역행 추론이다. 이 둘을 굳이 나누자면, '가설'은 인과관계를 낳는 어떤 것(가설)을 찾는 일이고, '역행'은 그것이 있어서 굴러간다면 초래할 경험적 사건을 (옛날로 거슬러 올라가서) 추론하는 일이다.

여기서 문제는 짐작해서 내세운 구조와 기제를 경험으로는 알 수 없는데 그 타당성을 어떻게 확인할 것이냐다.[14] 이는 눈에 보이지 않는 기제/구조를 찾는 일이므로 창조적인 도약을 포함한다. 이 추론은 어떤 사회적 행위를 하는 사람들(가령 저항 세력, 성소수자……)의 말과 그 뜻을 밝히는 데도 쓰인다. 그런 일상적 활동과 뜻을 서술하고, 그것들로부터 문제에 대한 이해나 설명의 기초가 될 개념을 끌어낸다.[15]

과학 탐구는 어떤 놀라운 현상의 관찰이 계기가 돼서 시작된다. 왜

12. 노먼 블래키의 『사회이론과 방법론에 다가서기』 참고.
13. '구조'는 낱낱의 요소(부분)들이 짜인 양식(틀). '기제(메커니즘)'는 어떤 것이 작동하는 원리다.
14. 예컨대 지구의 '지질학적 구조'나 한국의 '사회구조'는 눈에 보이지 않는 추상 개념이다.
15. 구조와 기제는 관찰되기 어려워서 학자들은 이미 친숙한 근거에 기대서 앎의 '모델'부터 세운다. 가령 원자의 구조는 태양을 중심으로 도는 행성들을 모델로 삼았다. 사회학에는 '합의 모델'과 '갈등 모델'이 있다. 막스 베버는 개신교 윤리를 '이념형'이라 봤는데 이것도 일종의 모델이다. 그 모델이 구조/기제를 정확히 재현한다면 현상의 인과관계가 설명된다.

그런 일이 일어났는지, 원인을 찾는 일이다. 그것은 자물쇠에 맞는 (여태껏 없었던) 열쇠를 찾아가는 과정과 비슷하다. 하나의 앎을 얻어내는 데는 가설 제안도, 연역과 귀납도 다 필요하지만 가장 중요한 것이 '가설' 세우기이고, 그 가설에서는 그것(그 대상)에 들어 있다고 짐작되는 어떤 구조와 기제가 핵심이다. "저기, 흰 백조가 있군. 백조는 다 희다(귀납). 다음에 볼 백조도 흰 놈일 거야(연역)." 하는 앎은 그저 제가 겪은 것(경험)을 되새기는 데 불과했다. "저기, 흰 백조가 있군. 백조의 세포 DNA는 무엇일까(가설 찾기)? 검은 백조는 흰 백조와 유전자가 달랐어(역행추론)." 이 탐구는 복잡한 경로로 진행되므로 숱한 실패를 거듭하기 마련이다.

가설/역행 추론의 예를 든다. 케플러가 행성의 타원궤도 이론에 다다를 때에도, 갈릴레오가 떨어지는 물체들에 관해 이론을 세울 때도 이렇게 추론했다. 바이러스의 발견도 이 과정을 거쳤다. 한동안 학자들은 박테리아라는 병원체病原體의 존재로써 질병을 설명했다. 하지만 어떤 질병들은 그것으로 설명될 수 없다는 것이 밝혀졌다. 몇몇 학자가 '바이러스'라는 새로운 병원체의 가설을 세웠고, 얼마 뒤 바이러스가 있다는 것과 그 작동 양식이 증명됐다. 원자atom도 처음에는 가설이었다. 유전(遺傳, genetic)에 관한 이론들도 수백 년이 지난 뒤에야 확인됐다.

간추리자. 그동안 논리학 책들은 귀납과 연역에 대해 너무 큰 비중으로 다뤘다. 20세기 후반 이후에는 식견 있는 학자들 다수가 두 추론법의 가치를 낮춰 잡기 시작했다는 사실을 눈여겨보지 않은 것이다.

그뿐 아니다. 논리학에 몰두하는 학자들은 '논리'가 진리를 끌어내는 가장 중요한 열쇠라고 여겼다. 사람들에게는 자기가 하는 일(전공)을 치켜세우고 싶은 완강한 욕구가 있거니와, 그 욕구는 똑똑함을 자랑삼는 학자들이 더 심하다. 학교 교육이 그동안 논리학을 포함해서 철학 교육을 소홀히 해왔다는 비판이 오래전부터 있었는데 일리 있는 비판이기는 해도 그 개선책 마련은 신중해야 한다. 무슨 논리 교과나 철학 교과를 따로 추가하는 것이 능사能事는 아니라서다.[16] 논리(귀납, 연역 따위)는 따로 따질 일이 아니라, 학문 이론을 공부하는 과정 속에서 곁들여 따질 일이다. 철학도 독립된 교과로서 따로 문패를 달 것이 아니라 인문사회 책 속에 녹아 들어가야 한다.

---

16. 몇몇 고교과정 대안학교에서 철학을 따로 가르친다고 들었는데 철학은 기존의 인문사회과학과 자연과학의 혁신을 도울 때라야 학문적 가치가 있다.

2 말과 생각

180만 년 전 호모 에르가스테르는
요즘 사람과 비슷한 목소리를 냈다.

사람의 남다른 특징이 무엇인지, 딴 짐승과 무엇이 달라서 높은 문명과 문화를 이뤄냈는지 연구해온 학자들은 처음에는 '손과 도구'에 주목했다. 두 발로 서서 걸음을 뗀 덕분에 두 손이 자유로워졌고(신체의 혁명적 변화), 그 두 손으로 돌팔매와 화살을 날려 호랑이를 쫓아내고 여럿서 매머드를 사냥할 수 있었다. 그러니까 도구道具를 부려 쓸 줄 알았기에 안전하고 넉넉한 살림살이를 누릴 수 있었다. 사실 어린이는 손과 눈의 협응이 숙달되는 가운데 지능이 싹튼다. 사람은 주로 머리로 생각하지만 손으로도 생각한다.[17]

그런데 20세기에 들어와서는 학자들의 관심이 '언어'로 옮아갔다. 침팬지는 제 눈앞에 막대기가 있어야만 그것을 쥐고 흔들어서 천장에 매달린 바나나를 딴다. 사람 아이는 '도구와 연장이 필요하다. 그것을 어디서 찾을까?' 떠올린 끝에, 밖에 나가 막대기를 구해온다. 아이는 말(속말)을 할 줄 알았던 덕분에 그런 생각을 떠올렸고 도구를 부

17. 숨 쉴 틈 없이 활을 켜는 바이올리니스트를 떠올리자. 손놀림이 아주 빠를 때에는 머리로 생각할 틈이 없다. "사람은 머리로만 생각하지 않는다. 심지어 밥통(위장)도 스스로 생각한다. 신체와 영혼은 칼같이 분리되어 있지 않다"는 앎이 점점 뚜렷해진다. 『문화과학』 26호, 사이먼 페니의 글 참고.

려 썼다. 침팬지는 시각장視覺場에 갇혀 있고, 사람 아이는 언어 덕분에 그것을 뛰어넘는다. 그러므로 사람의 특징은 다시 정의된다. 도구와 말(또는 기호)을 부려 써서 제 신체와 정신의 힘을 크게 키운 존재!

사람의 언어는 언제 어디서 생겨났는가

무엇에 대해서든 온전한 앎을 얻으려면 그것을 '역사적으로' 살펴야 한다. 그것이 언제 어디서 어떻게 생겨났으며(발생 과정), 어떻게 바뀌어왔는지 헤아려야 한다는 말이다.

사람의 언어가 언제 생겨났는지를 놓고, 학자들 사이에 두 가지 추론이 있었다. 첫째 학설學說은 현존 인류인 호모 사피엔스의 출현 시기와 거의 비슷한 5~20만 년 전이라 했고, 두 번째 학설은 200만 년 전 두 발로 걷기 시작한 최초의 원시인이 사람 언어의 첫걸음을 뗐다는 것이다. 앞의 학설(=주장 1)은 호모 사피엔스가 다른 유인원(類人猿; 침팬지, 고릴라, 오랑우탄, 긴팔원숭이)뿐 아니라 초기 원시인(네안데르탈인 등)과도 뚜렷이 다르다고 보는 생각이고, 뒤의 학설(=주장 2)은 양쪽 사이가 그렇게 멀지 않다고 보는 생각이다.

주장 1은 인간 언어가 남달리 갖고 있는 문법文法을 으뜸으로 친다. 인류가 진화하는 과정에서 돌연변이가 일어나 두뇌구조가 남달리 발달하게 됐고 그래서 '언어 문법'을 우연히 선물膳物로 얻게 됐다는 추론이다. 그 첫째 논거는 네안데르탈인을 비롯한 초기 원시인은 골격 구조로 보아 사람처럼 '언어 발성'을 할 수 없다는 (1970년대에 이루어진) 해부학 연구요, 두 번째 논거는 척추동물의 두뇌 발달을 떠맡는 유전자 FOXP2가 인간 언어에 큰 구실을 했다고 밝힌 1990년대 말의 연구다. 4~10만 년 전에 인류 사회에 장신구와 예술이 꽃피었다는 사실도 이 주장을 뒷받침한다. 높은 지위를 뽐내는 장신구(꾸미개)와 예술이 있었다는 것은 사람들이 커다란 사회를 이루고 살았다는 뜻이니, 그때 언어도 급속히 발달했을 것이 당연하다.

그런데 최근의 인류학은 주장 2에 결정적으로 힘을 실어주었다. 우선 앞의 해부학 실험의 설명력을 의심케 하는 연구들이 나왔고, 유전자 FOXP2의 돌연변이도 호모 사피엔스보다 훨씬 이전에 생겼다는 사실이 판명됐다. 180만 년 전, 초기 원시인인 호모 에르가스테르가 인간다운 목뿔뼈와 호흡 조절에 필요한 굵은 신경다발을 갖췄다고 하니 그때 요즘 사람과 같은 발성이 이루어졌다고 볼 일이다. 60만 년 전 미겔룽(네안데르탈인의 선조)도 인간 언어의 자음子音을 구별할 귀뼈 구조를 보여준다. 언어 중추이자 딴 행동도 통제하는 두뇌의 '브로카 영역'이 150만 년 전에 유인원 수준을 훌쩍 뛰어넘었음을 당시의 석기 문화가 알려준다.[18]

인류의 옛 역사를 더듬어보자. 8,000만 년 전에 생겨난 영장류는 무리(=사회) 생활을 하여 두뇌가 차츰 커졌다. 커진 두뇌피질이 신경전달 체계를 통해 손동작을 섬세하게 통제했다. 5,500만 년 전에 얼굴에 털이 없는(이는 다양한 얼굴 표정으로 소통 기술을 키웠다) 원숭이가 생겨났고, 그중 한 그룹인 유인원(=사람과)이 2,000만 년 전에 출현했다. 260만 년 전에 그 가운데 직립 보행을 하는 그룹이 생겨났는데 이들이 인류의 직접적인 선조다. 이들은 물가 숲에 살았는데 그 무렵 빙하기가 닥쳐서 지구가 메말라갔으므로 여기저기 옮겨 다니며 새로운 먹을거리를 구해야 했다. 그 무렵 인류는 아직 맹수의 먹잇감이 되던 때라서

18. 루트 베르거가 쓴 『사람은 어떻게 말을 하게 되었을까』(알마 펴냄) 참고.

큰 무리(사회)를 이루고 살아야 할 필요가 절박했다. "사회생활의 필요"가 두뇌를 키웠고(일반 원숭이의 네 배), 배불리 먹은 덕분에 수명도 길어져서 학습 능력이 향상됐다. 인간의 언어는 이런 바탕 위에서 태어났다.

갓난애의 생존 문제도 언어 발달을 부추겼다. 사람이 직립直立을 한 뒤로 태아가 엄마 뱃속에 오래 머무를 수 없었다. 태아가 미숙한 상태로 태어나는 데다가(이것은 인류의 남다른 특징이다), 엄마 털이 갈수록 줄어들고 없어져서 아기가 앞서 걸어가는 엄마를 붙들 수 없었다. 그러니 엄마한테 사랑받지 않고서는 엄마 품에 안길 수 없었고 아기가 살아남기 어려웠다. 아기는 귀여운 옹알이를 통해, 또 어른 말을 빨리 배워서 '엄마와의 결속'을 끌어냈다.[19]

물론 초기 원시인의 언어는 단순했다. 초기에는 자음(ㄱ, ㄴ, ㄷ, ㄹ……)이 다양하게 발달하지 못했을 것이다. 하지만 어쨌든 여러 가지 유리한 조건(두뇌 발달, 남다른 발성체계를 낳은 신체 변화 등)이 맞아떨어져서 일반 동물과는 현저히 다른 언어를 만들어낼 수 있었다. 언어 탄생의 결정적인 첫걸음은 200만 년 전에 내디뎠던 것이다.

인류가 '보편 문법'을 타고났다는 언어학자 촘스키의 관념론이 한동안 사람들한테 먹혔다. 그것이 '돌연변이'의 결과라는 그의 설명은 '문법'이 어디 하늘에서 떨어진 것처럼 (언어를) 신비롭게 바라보는 생각이다. 언어에는 늘 발견되는 몇 가지 기본 원칙이 있다. 무리 사이의 소통 방식은 한두 세대를 거치면 규칙적 형식을 얻게 된다. 문법은 얼마든지 사람의 지혜로 (저마다 다양하게!) 창조된다는 게다. 이를테면

---

19. 육아 부담이 큰 엄마는 '1부 1처' 관계를 맺어 아빠의 도움을 받았다. 성적性的 정숙함을 지키면서(바람피우지 않으면서) 큰 무리를 이루어 살려면 사회성이 필요했다. 이런 사정도 언어 발달을 도왔다.

1980년대에 니카라과 청각장애 어린이들은 불과 몇 해 만에 저희 스스로 새 수화手話 체계를 만들어내기도 했다.[20] 물론 첫 수화는 조잡한 것이었지만 차츰 나아졌다. 그러므로 사람이 타고나는 것은 '어떤 정해진, 확정된 문법 규칙이나 문법 신경구조', 다시 말해 '보편 문법'이 아니라 사람들 사이의 강력한 '소통 욕구'다. 엄마와 아기 사이에서 그렇듯이 사람 언어는 '감정의 소통'을 중시한다. 타고났다면 '언어 본능'을 타고난 것일 게다.

인간 언어와 동물의 언어가 질적인 차이가 있긴 하지만, 동물의 언어가 뒷받침되지 않았다면 인간 언어는 태어날 수 없었다. 어느 한계 안에서이긴 해도, 동물들의 놀라운 언어 재능을 보고하는 사례들이 적지 않다.

양치기 개 보더 콜리는 낱말 1,000개를 기억하고, 200개가 넘는 봉제 동물 장난감의 이름을 외웠다. 무리 지어 살고 수명도 긴 앵무새는 학습 능력이 뛰어나서 색깔, 모양, 재질을 나타내는 낱말 50여 개를 써서 (사람이 건네주는) 물건의 색깔과 모양과 재질을 정확하게 알아맞힌다. 주어진 과제를 해낸 뒤 "호두를 먹고 싶다고! N-U-T!" 하고 또렷이 요구한다. 어느 보노보(피그미침팬지)는 '불을 켜라'라는 문자 기호를 보여주니까 냉큼 뛰어가서 스위치를 눌렀다. 병에 든 음료를 마시고 싶으면 병마개를 따달라고 손을 빙글빙글 돌렸다.[21] "좀 전에 무슨 일이 있었다." 하고 전하기도 하고, "엄마가 무얼 하고 싶어 한다"고 남의 생각도 대변한다.

물론 이들의 언어 능력이 그런 초보적 수준보다 더 발전하지는 않

20. 가장 최근에 만들어진 언어체계로 어린이들이 창조 주체다. '니카라과 청각장애인어 ISN'라 불린다.
21. 침팬지가 수화手話는 배우지 못했고 컴퓨터 콘솔을 조작해 그 단어가 뜨게끔 조작하는 법을 배웠다.

는다. 사람 같은 발성기관이 없는 것이 결정적 한계다. 위에 소개한 사례들도 사람이 계획적으로 그들을 훈련시켰기에 가능한 결과들이다. 하지만 어쨌거나 다른 짐승에게도 언어 능력이 얼마쯤 있고, 학습에 따라 그 능력이 향상되는 것도 분명하므로 사람의 언어도 그런 바탕 위에서 '도약'한 것임을 부인할 수는 없다.

사람의 언어는 (5~20만 년 전) 호모 사피엔스에게 와서야 유아독존唯我獨尊으로 고고孤高하게 생겨난 것이 아니다. 정교한 문법을 갖추고 나서야 딴 짐승과 다른 언어를 부려 쓰게 됐다고 말할 일이 아니다. 200만 년 전, 딴 짐승들이 갖추지 못한 남다른 발성체계(다양한 모음과 자음들)로 의사소통을 시작했을 때 이미 결정적인 큰 걸음을 내디뎠다.

생각과 말은 언제나 함께 붙어 다닐까?

사람은 '생각하는 짐승'이라고 하는데,[22] 얼핏 보면 언어의 형태를 띠지 않고서는 도무지 생각을 할 수 없을 것 같다. 머릿속으로 무엇을 떠올릴 때 그것은 어김없이 말의 모양을 띤다. 마음속으로 떠올리는 말을 '내적內的인(=속) 말'이라고 하는데, 사람은 그것을 떠올려 생각을 하므로 '(내적) 말이 곧 생각'이라고 단언하는 사람도 있었다.

이 단언이 옳은지 살펴려면 잠깐 어린이의 '말 발달 과정'을 돌아봐야 한다. 갓 태어난 아이는 옹알이를 하고 귀엽게 웃고 갖가지 낯빛(표정)을 띤다. 그래서 제 감정을 어른들에게 표현하고 어른들과의 결속

---

22. 몇몇 고등동물(유인원, 앵무새, 돌고래, 개)도 초보적이나마 제법 생각을 할 줄 안다.

을 꾀한다. 이때는 아직 언어가 변변히 발달하지 못한 원시적(자연적) 단계다. 만 2세부터는 남들과 제법 의사소통을 시작한다. 주변의 사물을 알아내고 제가 겪은 것을 도구처럼 부려 쓰는 실용적 지능이 싹튼다. 이제 사회적 관계를 맺는 '외적外的인 말'의 단계로 접어들었다.

3~6세에 이르면 외적인 말과 더불어, 자기중심적인 말(혼잣말)도 생겨난다. 놀이를 하면서 혼자 중얼거리는 식이다. 이것은 남들과 소통하려는 것이 아니라 자기 행동을 계획하고 조절하는 것이다. '혼잣말'은 어려운 일에 부딪쳤을 때 많이 나타난다. 자기중심적인 말은 초등학교 때에 차츰 줄어들어 '내적인 말'로 바뀌어간다. 그쪽으로 나아가는 이행(과도기) 형태다.

내적인 말은 '마음속'으로 하는 것이지만, 그저 말에서 소리를 뺀 것이 아니다. 사람이 속으로 말을 할 때는 주어 따위 곁다리 낱말은 다 빼고, 핵심이 되는 '서술어'만 주로 떠올린다. 말이 단편적(=낱말 쪼가리의 이어짐)이고 되도록 축약(압축)된다. 외적인 말이 남들과의 의사소통을 꾀하는 사회적인 말이라면, 내적인 말은 자기에게로 향하는 개인적인 말이다. 서로 구실이 다른데, 사람은 남들과 사회관계를 맺지 않고서는(외적 말을 할 줄 알지 못하고서는) 자기와 얘기를 나눌 수 없다(내적인 말을 꺼낼 수 없다). 사회적 관계(남들과의 의사소통)가 사람의 생각을 만들어낸다.[23]

내적인 말(=속말)은 생각과 낱말 사이에 역동적 관계를 만들어낸다(매개한다). '말로 하는 생각'을 낳는다. 그런데 생각과 말은 갓난애가

23. 지금(7차)의 초중고 국어 교육과정은 국어 기능 습득을 강조한다. 그런데 말하고 듣기와 읽고 쓰기가 서로 다른 성질을 띤다는 것을 몰각했다. 의사소통과 관련된 전자는 학교 교육 전체로서 접근할 일(=환경 조성)이고, 국어 교육은 '말로 하는 생각(=내적인 말)'을 북돋는 후자를 주로 겨냥해야 하는데 그런 분별이 없다. 일종의 기능 물신주의에 찌들어 있고 문학 교육에 대한 구상이 조잡하다.

태어나면서부터 붙어 다니는 것이 아니다. 갓난애는 생각도 않고서 말하는가 하면(울음과 옹알이는 생각 발달과 무관하다), 말할 줄 모를 때에도 생각이 저 스스로 싹튼다(가령 도구를 만지작거리면서 싹트는 생각). 생각(지능)과 말은 저마다 나름의 경로를 통해 생겨났다가 어느 때에 합쳐진다. 생각과 말의 두 발달 곡선은 그 뒤로도 서로 엇갈리고 함께 나란히 가다가 다시 새로운 나뭇가지처럼 갈라지는 등, 수렴(합쳐짐)과 발산(뻗어나감)의 복잡한 경로를 밟는다.

어린이는 처음 태어났을 때는 그저 짐승(자연적 존재)에 불과하다. 말을 배우고, 도구를 부려 쓰는 것을 스스로 터득하면서 사람(문화적 존재)으로 옮아간다. 2~3세가 되어서야 사람의 남다른 특징들을 발휘하기 시작한다. 갓난애가 딴 짐승들보다 미숙한 존재로 태어난다는 것이 역설적으로 그가 딴 짐승이 따라오지 못할 지성을 갖춘 존재로 도약할 발판이 되어준다. 인류가 영장류와 유인원으로부터 사람으로 진화해온 과정이 한 갓난애에게서도 고스란히 되풀이된다. 계통 발달이 개체 발달로 반복되는 것이다.

2~3세 어린이는 행동하고 나서(가령 그림을 그리고 나서) 그에 대해 말한다. 그 말은 '실행적 해결 결과'와 같다. 4~5세가 되면 어린이는 말과 행동(가령 그림 그리기)이 동시에 벌어진다. 남의 말에 반응하는 시간도 길어진다. 먼저 그림의 일부를 그리면서 자기가 무엇을 그리는지 말한다. 이때 아이는 자기중심적인 말을 한다. 마침내 학령기(초등학교 진학할 때)가 된 어린이는 무슨 행동을 벌이기 앞서, 말로 자기 행동을 계획하고(무엇을 그릴지를 말하고) 그러고서 행동에 들어간다(그림을 그린다).

어린이는 제 그림을 가리키면서 "이것은 호랑이고, 이것은 기린이고, 이것은 사슴이야!" 하고 그림의 대상을 잇달아 말로 늘어놓는다.

얼핏 보면 뻔한 얘기 같지만, 아이는 이렇게 말로 나타내는 과정에서 자신이 처음 받은 뭉뚱그려진 인상(경험)의 더미들을 흩뜨려서 나누고 하나하나 식별하는 것이다. 아이는 세상을 처음에는 '무질서한 인상(또는 혼합적인 경험)의 더미'로 알았다가 그 속에서 개별 대상들을 식별해간다. 아이가 배운 낱말들이 그 과정을 도와주는데, "아, 저기! 코끼리!"라는 발화發話를 통해 그 대상을 식별하는 것이다. 어린이에게 낱말은 최초의 분석 도구다.

> **덧대기**
> 어린이의 개념 발달은 제가 배운 낱말들의 영향을 크게 받지만, 이것이 그 발달의 유일한 길은 아니다. 어린이는 이 개, 저 강아지…… 자꾸 접하다 보면 그것들의 공통된 면이 머리에 남아 '개'라는 자연적인 개념이 싹튼다.

말없이 활동(행동)하는 것과 말을 하고서 활동(행동)하는 것은 어떻게 다른가? 어떤 문제 상황(가령 천장 높이 매달린 과일 따기)의 경우, 아이가 말없이 그 문제 해결에 매달릴 때는 침팬지나 원숭이와 마찬가지로 시각장(視覺場, 눈에 보이는 장면)에 흔히 갇힌다. 눈앞에 막대기라도 있으면 그걸 쥐고 흔들어보지만 주위가 텅 비어 있으면 속수무책束手無策이 된다. 그러나 "(문제를 해결할) 네 생각을 미리 말해봐라!" 하고 권유받았을 때는 문제를 따져서 여러 가지 행동 계획을 만들어낸다. '말'을 할 줄 아는 어린이는 그 자리에 없는 문제 해결 도구나 '미래'에 벌어질 일에 대해서도 생각이 미친다.

생각과 말 표현은 곧바로 일치하지 않는다. 생각은 언제나 개별 낱말보다 훨씬 큰/넓은 전체를 나타낸다. 생각 안에 동시에 포함돼 있는 것이 말에서는 순서대로 펼쳐진다. 비유해서 나타내자면, 생각은 몰려

드는 구름이다. 이 구름이 낱말의 빗방울을 뿌려댄다. 생각이 낱말과 일치하지 않으므로 생각에서 낱말로 가는 길은 반드시 '의미'를 거쳐야 한다. 사람은 새로운 낱말 의미를 통해 생각으로부터 말로 통하는 새 길을 연다.[24]

어린이의 생각이 아직 낮은 단계일 때는 지각하고 반응하고 주의를 기울이고 기억하는 일들이 저마다 다른 기능으로 나타난다. 그러나 말(언어)을 써서 문제를 해결함에 따라, 이 여러 가지 기능들은 하나의 체계를 이루고 서로 스며들어 변형되어서 더 이상 '별개의 것'이 아니게 된다. 이를테면 '읽기 활동'에서 지각하고 주의를 쏟고 기억하고 선택하는 과정은 서로 떼어낼 수 없다.

어린이는 세계를 눈으로 볼 뿐 아니라 말로 지각한다. 말은 사람의 지각에서 능동적 구실을 한다. 어른이 아이에게 "지난 주말, 너 어땠어?" 하고 묻는다면 아이의 주의attention는 지금 이 자리로부터 '지난 주말 그때 거기'로 옮아간다. 말이 이끌어주지 않고서는 이런 '주의의 전환'은 가능하지 않다.

개념 형성은 말에 의해 매개된다. 말 없이는 생겨나지 않고, '말로 하는 생각'이 그쪽으로 인도해간다. 또 아무것도 없는 백지白紙 상태에서 출현하지 않는다. 무슨 실천 과제와 맞닥뜨려서 그것을 생각(해결)하는 과정에서 생겨난다. 사람의 모든 기초적 정신 기능(지각, 반응, 주의, 기억)은 주어진 과제 해결을 꾀하는 과정으로 참여한다. 개념 형성과 더불어 사람은 제 정신 기능을 더 숙달하게 된다.

24. 이 글 대부분은 비고츠키의 『생각과 말』(살림터 펴냄)을 간추린 것이다.

개념에 다다르기 이전의 생각 버릇

개념에 눈뜨기 이전의 어린이는 뭉뚱그려진 생각(학자들은 이를 '복합체적 생각'이라 부른다)을 한다. 겪은 것이 서로 비슷할 때, 이 둘을 하나로 묶는 식이다. 이를테면 어린이가 '개미'에게 발을 물렸고, 뜨거운 국물에 데었다. 이 어린이는 이 둘을 '뜨와'라 부르기로 했다. 사물의 객관적(물질적) 구조로서 이 둘이 비슷한 게 아니고 '나(어린이)를 아프게 한 것들'이란 점에서 비슷했던 것이다. 그러니까 개미와 뜨거운 국물은 물질이나 생명체의 개념적 위계 속에서 같은 자리를 차지하는 게 아니고, 생김새도 성격도 다 다르지만 같은 성姓을 쓰는 가족처럼 서로 엮여 있다는 것이다. '동물'이라는 개념은 위계hierarchy 속에 놓여 있다. 상위上位 개념은 생물이요, 하위下位 개념은 포유류, 양서류, 파충류…… 따위다.

그러나 이를테면 '뜨와'라는 이름의 복합체적 생각은 어떤 다른 생각들과 위계를 이루고 있지 않다. 무엇의 상의어上義語요, 무엇의 하의어下義語라고 자리매김할 수 없다. 실제로 (어느 학자의 조사 대상이었던) 유럽의 어떤 옛 어린이는 처음에는 제가 본 연못 오리를 가리키며 '쿠아'라고 이름 붙였다가, 다음에는 무슨 액체든 다 '쿠아'라 불렀고, 좀 지나서는 그 낱말을 발음하면서 우유병 속의 우유를 가리켰다. 다음 날은 독수리 무늬가 든 동전을 '쿠아'라 부르다가 좀 지나서는 '둥근 것'을 다 그렇게 불렀다.

개체 발달과정이 그러하면 계통 발달과정도 당연히 그러하다. 옛 원시인들도 '개념 이전以前'의 생각을 했을 것이다. 인류학자들이 찾아낸 한 사례가 이를 추론케 해준다. 브라질 북부의 보로로 부족은 자기들이 '아라라'라고 외지인外地人들에게 자랑스럽게 단언했는데, 이는 그 지역에 사는 붉은 앵무새를 가리키는 이름이었다. 이 인류학자들은 "아니, 날개도, 붉은색 깃털도 없으면서 자기들(보로로 부족)이 앵무새라고? 자기들이 사람이 아니라고?" 하고 고개를 갸우뚱거렸다는데, 아마 "우리 부족은 붉은 앵무새를 형제처럼 가깝게 느낀다. 영혼이 서로 통하는 한 가족이다"라는 뜻이었을 게다. 원시인들은 정령(精靈, spirit)을 우러르지 않았던가.

사람이 개념을 터득하는 것은 사회적 관계와 물질적인 생활(곧 산업 문명)이 발달할 때라야 자연스러운 일이 된다. 20세기 초에 러시아의 심리학자들이 시베리아의 두메산골에 찾아가서 농민들의 생각을 조사한 적 있다. 1917년 사회주의 혁명이 일어난 뒤였지만 산골에는 아직 흙 위에 엎드려 사는, 학교 문턱도 밟은 적 없는 까막눈들이 수두룩했다. 어른인 농민들에게 여러 가지 질문을 던졌는데 이를테면 이런 것이다.

도끼와 망치와 톱과 통나무가 있어요. 이 가운데 다른 것들과 거리가 먼 것이 뭘까요?

초등학교라도 졸업한 몇 젊은이는 냉큼 "통나무요!" 하고 대꾸했다. 도끼와 망치와 톱은 '(생산) 도구'이고, 통나무는 '재료'라는 것이다. 그런데 까막눈인 어른들은 모두 "망치요!" 하고 대꾸했다. 그들은 늘 통나무를 도끼로 베어내고 톱으로 써는 일을 해왔던 것이다. 이 일을 하는 데에는 망치가 아무 상관이 없었다. 자기들이 하는 일과 관련된(또는 관련 없는) 것을 판단하는 눈은 있었지만 그 물건들 자체의 속성에 따라 사물을 객관적으로 바라보는 앎은 취약했다. 질문자가 "도끼, 망치, 톱을 생산도구라 부르지 않는가요?" 하고 굳이 정답을 일러

줘도 그 말을 귀 기울여 들으려 하지 않았다. 이 농민들은 개념을 부려 쓰는 추상적인 생각(추론)을 굳이 하지 않고도 생업을 잘 꾸려왔었다. 이 사례는 사회와 역사가 발달하는 가운데에서라야 사람들이 추상 개념을 머리에 집어넣는다는 사실을 알려준다.

그런데 높은 산업문명 속에서 살아가는 현대 도시인은 자기 환경 덕분에 일찍이 개명開明했으니까 보로로족이나 시베리아 옛 농민이나 코흘리개 아이가 떠올리는 '복합체적 생각'과는 똑 부러지게 작별했을까? 그럴 것 같지 않다. 그 현대인이 자기 일터에서는 무슨 일이든 개념을 똑똑하게 부려 쓰며 합리적으로 추론해서 일할 것이다. 본래 어려운 논문을 써내는 학자들보다 땀 흘려 일하는 민중이 더 논리(이치)에 밝다. 학자는 아무 소리나 지껄여대도 저희끼리 죽만 맞으면 되므로 얼토당토않은 얘기를 꺼내도 별로 탈이 없지만, 일반 민중이 그랬다가는 당장 일터에서 삿대질을 당한다. 빌딩을 짓고, 발전소를 굴리는 일을 이치에 맞지 않게 했다가는 빌딩이 무너지고 발전소에 불이 나서 끔찍한 재난을 불러오지 않겠는가.

잠깐 딴소리를 했는데, 아무튼 현대인도 일터에서는 개념적 생각을 많이 하는 편이지만 집에 돌아와서는 개념과 동떨어진 생각 버릇이 튀어나올 때가 많다. 이를테면 수능고사 날이 되면 수험생인 자식에게 찹쌀떡을 먹인다. 연초年初가 되면 사주팔자四柱八字를 보러 점집을 찾는다. 운동선수는 시합철이 끝나기 전까지 손톱 발톱을 깎지 않는다. 옛사람들이 기우제祈雨祭를 지낸 것과 같은 이치다. 이치에 맞아서가 아니라, 불안한 제 마음을 달래기 위해 벌이는 (미신迷信에서 비롯된) 일들!

인간 사회에서 벌어지는 일을 놓고 허무맹랑한 이데올로기(허위의식)들이 판치는 것은 또 어떤가. 현대인은 자기 생업(먹고사는 일)과 관련해서는 허튼 생각을 별로 하지 않는다. 그러나 '남의 일'이다 싶은 것에 대해서는 비합리적인 생각에 쉽게 빠져든다. 이를테면 '전라도 사람은 교활(영악)하다'는 악담惡談이 수십 년간 한반도에 전해져왔다. 누구든 가슴에 손을 얹고 생각해본다면 수백 만 명의 사람을 싸잡아서 한두 마디로 지레 못 박는 것이 얼마나 위험천만하고 근거 없는 짓인지, 깨달으리라. "누구는 제 부모를 불쌍하게 여읜 사람이라서 한 나라의 대표가 돼야 해!" 하는 마음을 먹었던 사람도 많다. 나라 정치에 대해 '개념'이 없는 사람이 그런 복합체적인 생각에 빠져든다. 사람이 능동적으로, 이치를 따져 세상과 대결하는 진취적인 태도가 스러질 때에는 언제든 '개념 이전'의 주관적인(눈먼) 생각 버릇으로 돌아간다는 얘기다.

참, '개념'도 깊어지고 넓어진다는 것을 말해주는 간단한 사례가 하나 있다. 옛날 언제(아마 100~200년쯤 전이겠지) 남태평양에서 있었던 일이다. 거기 부족들이 바닷가에서 어슬렁대고 있는데, 먼 바다에 쇠로 만든 커다란 증기선이 하나 나타나 한동안 바다 위에 머물렀다. 그런데 관찰자가 보기에 거기 부족들이 그것이 '배'인 줄 모르고 아무 반응도 보이지 않더란다. '배'인 줄 알았더라면 "수상한 사람들이 나타났다!" 하고 호들갑을 떨거나 조각배를 타고 나가서 증기선 근처를 기웃거렸으리라. 이들의 '배' 개념은 "물 위에 떠다닐 수 있는, 작고 나무로 된 것"에 고정돼 있었다. 자기들이 만들 수 있는 배는 그것뿐이었으니까. 문화나 문명이 발달할 수 있음을 헤아리는 사람만이 "저렇게 큰 것도 배가 아닐까?" 하고 추론할 줄 안다.

개념은 어떻게 싹터서 뚜렷해지는가?

개념은 두 가지 생각 작용을 통해서 만들어진다. 그 하나는 일반화 generalization요, 다른 하나는 추상화abstraction다. 우선 모든 낱말은 다 일반화다. '개'는 세상의 모든 개를 다 가리키는 이름이고, '사람'도 갓난애든, 꼬부랑 할매든, 외팔이 외다리든 다 가리킨다. 짐승도 똑똑한 놈들(고등동물)은 일반화를 웬만큼 해낸다. 노루가 호랑이처럼 생긴 놈을 이놈, 저놈 맞닥뜨리다 보면 "저렇게 생긴 것들은 위험한 족속"이라는 앎이 생겨나서 그런 놈만 만났다 하면 들입다 도망간다. 그런데 이 수준에서(곧, 일반화만으로) 생겨난 개념은 아직 덜떨어진 것이다. 노루가 낯선 사람과 맞닥뜨리자마자 도망가는 것도 습관적인 행동이다. 어린애가 처음 하는 말도 그런 수준이고, 어른들 상당수의 생각도 그런 초보적 개념에 머무를 때가 많다.

어린이는 '추상화'를 숙달해야만 진짜 개념을 새길 수 있다. '추抽' 또는는 '추출抽出'은 '뽑아내다'라는 뜻. 사물의 여러 속성/특징/관계 중에 어떤 것(=형상: shape, form)들만 뽑아낸다는 말이다. '사람'이라는 개념은 온 세상의 수십억 명의 사람들이 갖고 있는 갖가지 모습(속성)들 가운데 공통된 것만 뽑아낸 추상 개념이다. 피부 색깔이 황색이건 흑색이건 백색이건 그것은 '사람'이라는 개념에서 사상捨象된다. 버릴 사捨! (형상을) 내버린다! 어떤 것들을 뽑아낸다는 말에는 '나머지 것들을 버린다'는 뜻이 어김없이 들어 있다. 사실 영어에서는 이 둘 다 abstraction이라 일컫는다. 아니, 한 낱말abstraction로 충분한 것을, 동아시아 사람들의 언어(한자말)에서 '추상抽象'과 '사상捨象'으로 굳이 갈라놓았을 따름이다.

어린이는 '장미'나 '개나리' 이름을 배우기 전에 '꽃'이라는 말부터 배운다. 처음부터 일반 개념에서 시작한다. '장미'라는 말을 먼저 배웠다 해도, 이 말을 무슨 꽃에나 다 갖다가 붙인다. 개나리도 '장미'라 부르고 백합꽃도 '장미'라 부르는 식이다. 그러나 이렇게 일반적인 뜻을 갖는 낱말을 쓴다 해서 어린이가 추상적 사고에 숙달된 것은 아니다.

어린이는 '장미'라는 개념을 터득한 게 아니라 그저 낱말만 안 것뿐이고, 이 낱말을 그저 기억할 따름이다. 이렇게 외우기만 한 것은 어디 딴 데에 적용하지 못한다. 개념은 그저 기억의 도움을 받아 배우는 단순한 수집품이 아니다.

어떤 농아 어린이가 의자, 탁자, 소파, 책장이 무슨 뜻인지를 배웠다. 그러나 '가구家具'가 무슨 뜻인지는 배울 수 없었다. 앞의 낱말 네 개도 그 자체는 일반화를 통해 이루어진 것이지만, '가구'는 한 단계 더 일반화된 것이다. 앞의 낱말들이 구체적인 개념이라면 뒤의 말은 추상 개념이다. 앞의 낱말 네 개를 배우는 것과는 전혀 다른 배움이다. 일반성의 관계를 숙달하는 것! 이런 상위 개념을 새기는 것은 어린이의 말이 한 단계 도약하는 것이다. 과학적 개념이라는 것은 이렇게 안(내부)으로는 상위 개념과 하위 개념이 하나의 '체계system'를 이루고, 바깥(외부)으로는 의식적인 파악을 쏟아야 하는 것이다.

간추리자. 말은 먼저 사회적 상호작용(의사소통)과 사회적 협력의 수단으로 세상에 출현했다. 말은 남들의 마음을 읽고, 그 마음을 제 마음처럼 느껴보도록 이끈다. 말 자체가 자기 마음속에 남들을 상상하는 능력을 전제로 한다. 그러니 말을 배우는 것이 곧 사람의 인격이 형성되는 길이었다.

이렇게 사회성이 먼저 싹튼 뒤에 '자기를 향한 말(=내적인 말)'이 생겨났다. 그리하여 말은 어린이가 자기 행동을 숙달할 수단이 됐다(주의 통제, 지각 조절하기, 선택해서 기억하기). 한때 사회적 협력이었던 것이 사람 마음속의 상징 활동으로 옮아갔다. 어린이의 생각의 발달을 북돋는 것은 바로 이 사회다.

.

2부
사랑과 정치

1 성性과 사랑에 대하여

'인권 무법 지대' 인도 여성들

인도 여성들은 20세기 후반 들어
부쩍 지참금 강요에 시달렸다. 성폭력도 여전하다.

성(性, sex)과 사랑은 사람의 삶에 대단히 중요한 문제다. 그러니 간단하게라도 알아보고 생각거리도 찾아보자. 교과서(또는 학교)에서 무엇을 다뤘는지, 우선 둘러본다.

중학교 도덕 책은 가족 사이의 예절과 친구와의 우정만 말하지 이성異性과의 사랑, 남녀 간의 문제는 얘기하지 않는다. '시민 윤리'와 관련해 지나가는 말로 '성차별'이 살짝 언급될 뿐이다. 학교에서 가끔 성폭행 비디오를 틀어주거나 보건 샘이 성교육을 잠깐 해주는 것으로 그 공백을 쪼금 보충해준다. 그쯤으로 충분할까?

고교 윤리 책은 성과 젠더와 성욕(섹슈얼리티)의 뜻을 풀이하고 성과 사랑의 관계, 성차별과 성역할과 성적 소수자, 그리고 성적 자기 결정권과 성의 상품화에 대해 말해준다. 나올 얘기가 웬만큼 나온 것 같긴 한데, 제대로 다룬 것일까?

먼저 중학생을 떠올리자. 학교는 아이들이 (성폭행 따위) 위급한 일을 겪지 않도록 예방하고, 행여나 왜곡된 성지식을 주워듣고 삐뚤어질지 모를 아이들을 계몽하는 것으로 만족한다. 진지한 앎의 하나로서 성과 사랑의 문제를 탐구하게끔 북돋울 생각은 전혀 없다. 이들은 아직 어리므로 이성과의 사랑을 놓고 교실에서 토론 좀 하는 것은 섣부른 일일까? 학교제도는 근엄하고 생산성 있는(?) 지식만 다뤄야지, 사적私的으로 터득하면 될 하찮은(?) 앎을 들여와서는 안 되는 것일까? 아니, 그 나이에 연애와 성性을 기웃거려서는 안 된다고 은연중에 울타리를 치는 것일까?

　프랑스 중학생은 사회 시간에 "결혼이 좋은지, 동거가 좋은지" 토론을 벌인다. 학교가 아이들에게 지적知的 관심을 북돋우려면 자신의 인생에서 무척 중요한 문제부터 생각하게 만들어야 한다. 남미의 중3 학생들은 남녀 교제가 무척 활발한데[25] 한국 학생들은 날라리 끼가 있는 일부 애들만 이성異性과 만난다. '연애'는 사람의 삶에 활력을 주고 제 인생을 긍정하게 해주는 무척 귀중한 일인데, 학교가 아이들의 연애를 더 권장해줘야 하지 않을까? 그런 내용이 도덕 책에든 국어 책에든 실려야 하지 않을까? 성적이 낮아서 스트레스와 열등감에 시달리는 학생들이 우리 사회에는 헤아릴 수 없이 많다. 또 만날 수업만 듣는 수동적인 존재로 지내다 보니 남들과 잘 어울리지 못하는 아이들이 적지 않다. 아이들이 일찍부터 자기 인생을 능동적으로 개척하고 남과 사귈 기회를 누릴 수 있도록 학교가 교육학적 배려와 관심을 기울여야 하지 않는가? 학교 축제날은 악기를 다룰 줄 아는 몇몇 아이의 경연장에 머물러서는 안 된다. 적어도 한 개 학년 모두가 마당에 나와 손잡고 춤추는 프로그램이 실행되어야 한다. 국어 책에는 사랑을 실존적으로 탐구한 소설이나 희곡이 실려야 마땅하다.

---

25. 한국 여성이 중남미 쿠바의 산부인과 병원을 찾은 일화가 있다. 30세에 처음 성관계를 맺었다고 했더니 그곳 아낙들이 즐겁게 웃었다. 거기는 15~16세가 되면 자연스레 성경험을 갖는다는 것이다.

문화적 페미니즘, 문제는 없는가?

다음은 고교 윤리 책. 20세기 후반에 페미니즘(여성주의) 운동이 내놓은 대의大義를 받아들여 대체로 진취적인 내용으로 구성돼 있다. 하지만 그렇다고 그쯤에 만족할 일은 아니다. 윤리 책에서 그런 주제를 다루기 이전에 역사와 국어, 사회 교과에서 더 풍부한 내용으로 읽기 자료를 내놨어야 한다. 몇 가지 개념을 (윤리 책에서) 앙상하게 소개하는 것으로 아이들에게 절실한 깨달음을 주지는 못하기 때문에 그렇다. 사실 "성폭행이나 성차별, 그거 나쁜 거야!" 하는 생각은 우리 사회에 웬만큼 '상식'으로 자리 잡지 않았는가. 그 상식의 막연한 확인에 머물러서야 그 배움이 학생들에게 얼마나 절실한 것으로 다가갈까.

페미니즘과 관련한 커리큘럼(교육과정)은 보이지 않는 문젯거리도 안고 있다. 사회문화적 성 개념인 '젠더'는 20세기 후반에 페미니즘 운동이 처음 제기한 것이다. 남성다움과 여성다움은 타고난 것이 아니라 그 사회의 지배 문화가 규정해놓은 것이라는 깨달음이 그 당시에는 무척 진취적인 구실을 했다. 젠더 개념은 "여자가 말이야, 그렇게 말괄량이로 굴어서는 못 써!" 하고 함부로 윽박지르는 것을 막아내는 버팀목이 됐다.

그런데 성(섹스)과 젠더의 이분법二分法은 함정이 있다. 젠더에 주목하게 만든 효과가 컸던 만큼, 성性을 가벼이 취급하게 만들었다. 잠깐, 이분법의 위험을 살펴보자. 사람을 '몸과 정신'의 이분법으로 칼같이 갈라서 파악하면 결국 정신을 떠받들고 몸을 하찮게 여기는 결과로 이어진다. 이 관점은 글을 쓰는 정신노동자(엘리트)를 우대하고 망치(해머)를 휘두르는 육체노동자(민중)를 푸대접하는 정치와 은밀하게 내통한다. 세상을 '친구와 적enemy'의 이분법으로 파악하면 친구도, 적도 아닌 사람들이 설 자리를 잃어버린다. 그래서 지각 있는 학자들은 늘 이분법을 극복해내려고 애쓴다.

그렇다면 젠더 개념을 들고나오지 말았어야 할까? 그 얘기는 아니다. 여성들이 사회문화적 억압에서 헤어 나오려면 그에 대한 깨달음이 절실했다.[26] 문제는 힘 약한 분들(민중)의 사회문화적 역량이 힘센 놈들(지배층)의 강고한 억압 메커니즘을 단번에 허물기에는 아직 미약하다는 데서 생겨났다.

쉽게 예를 들자. 윤리 책에는 '성적 소수자(동성애자)' 얘기가 실려 있다. 누구든 약한 사람을 돕는 것은 좋은 일이다. 동성애자들이 그동안 사람 취급도 받지 못했으니, '걔들, 차별하지 말자'는 얘기도 외면할 수 없는 일이기는 하다. 그래서 진취적인 사람들이 모두 그것의 시정을 요구하는 운동에 매달린다고 치자. 그 문제가 얼마쯤 진전을 본 대신에 대부분의 여성이 겪는 현실과 대결하는 일이 소홀해진다. 동성애 문제가 가장 보편적인 주제라서, 그 문제가 해결되면 다른 여성들 문제의 해결도 탄력을 받는가? 그렇다면 우리의 고민이 덜어지겠지만 그렇지도 못하다. 그러므로 이제는 이분법이 낳은 문제를 푸는 쪽으로 우리의 초점을 돌리자는 얘기가 나온다.

누가 남의 손가락질을 받고 사는 것은 비참한 일이다. 하지만 누가 남에게 얻어맞고 빼앗기고 심지어 죽임을 당하는 것은 그보다 훨씬 절박한 일이다. 젠더 문제보다 성性의 문제, 곧 성차별과 착취, 성폭력의 문제가 더 절박하게 다뤄져야 하는 것은 그 때문이다. 젠더 깃발은 20세기 후반 유럽 여성들이 들고나왔다. 같은 무렵, 아시아와 아프리카의 여성들은 (남성들로부터) 손가락질을 넘어, 얻어맞고 빼앗기고 죽

---

26. 20세기 초, 중국의 어느 젊은 여성은 부모가 자식의 배우자를 결정하는 오랜 관습에 항의해서 제 목숨을 끊었다. 수많은 청년들이 장례식장에 모여 그녀의 죽음을 애도했다.

임을 당했다.

가장 극렬한 사례로 인도를 들어야겠다. 20세기 후반, 인도에서는 결혼 지참금을 넉넉하게 마련하지 못한 여성들이 얻어맞고 심지어 죽임을 당하는 일이 부쩍 심해졌다.[27] 별 볼일 없는 밑바닥 여성들만 그런 지경에 몰린 게 아니라, 재산과 학벌을 갖춘 중산층 여성도 그 지경에 내몰렸다. 중국도 그랬지만 엄마 뱃속에 들어 있는 여자아이가 성감별 테스트를 거쳐 낙태가 되는 일도 무척 흔했다. 평소에 아내가 남편에게 얻어맞는 것은 놀랄 일도 아니었다(이것은 세계 곳곳이 다 그랬다). 인도에서는 성폭행도 자주 일어났는데 법원이 늘 남자를 편들었기 때문에 개선될 기미를 보이지 않았다.[28]

왜 인도 사회가 그 지경까지 갔을까. 악명 높은 카스트제도가 아직 완전히 뿌리 뽑히지 않은 탓도 있겠다. 결혼 지참금 문제로 신랑 측이 권세를 부리는 배경에는 브라만(제사장 계급)의 위신을 내세우는 카스트 문화가 깔려 있다. 하지만 인도는 20세기 후반에 자본주의 경제로 급속하게 편입되었다. 여성들을 마음껏 약탈하라고 자본 체제가 밀어붙인 뒤로 더 심해졌다.

그러니까 한국과 중국과 베트남과 이란에서 벌어지지 않는 일이 왜 인도에서 벌어지는지, 아주 큰 질문을 던져야 한다. 언급한 나라들은 어떤 내용으로든 그 결과가 얼마나 성공적이었든 간에 사회를 뒤바꾸는 혁명이 벌어졌던 나라다. 낡은 봉건사회를 뒤엎는 변화가 일어났거나, 근대 자본 체제에 맞서는 반대 운동이 벌어졌거나. 이와 달리, 인도는 카스트제도를 없애는 데도 꾸물거렸고, 제국주의와 맞서는 싸움

---

27. 결혼 때 신부 쪽에서 신랑 집에 갖고 가는 돈. 그 액수를 신랑 쪽이 멋대로 정해서 폐해가 더 컸다.
28. 인도를 '영혼이 있는 나라'라고 예찬한 사람이 꽤 있는데 자기가 보고 싶은 것만 본 사람들이다.

도 철저하지 못했다(간디는 영국연방 내 자치정부 수립 요구 운동을 벌였을 뿐이다). 사회가 자기 틀을 본때 있게 바꿔본 적 없으니 지배계급이 민중을 늘 우습게(!) 여긴다. 그러니 케케묵은 신분질서와 돈독이 오른 자본 체제의 악폐가 가장 악랄한 형태로 어우러진다. 인도의 사례는 사회 전체의 혁명적 변화 없이 여성 문제가 개선될 수 없다는 앎을 가장 전형적으로 보여준다. 우리는 성과 젠더의 이분법이 왜 극복되어야 하는지, 새삼 깨닫게 된다.[29]

그런데 그 이분법은 굳이 칸막이를 하고, 깃발을 따로 든 탓에 생겼다. "몸뚱이와 관련된 것은 섹스(와 섹슈얼리티)라 부르고, 사회문화적 억압 이데올로기는 따로 젠더라 일컫기로 하자!" 그래야 사람들 귀에 선명하게 가 닿기는 한다. '젠더'라고? 그게 뭔데? 그 대신에, 사람들 관심을 그쪽으로 몰아가니까 다른 쪽이 잊혔다. 정작 더 절박한 쪽이!

꼭 다른 낱말로 일컬어야 할 까닭은 없었다. 성性이라는 하나의 낱말에 그 뜻을 더 담았어도 된다. "사람의 성은 사회문화적으로 규정된다. 자연이기도 하고 문화이기도 하다"고 말이다. 그래야 여성과 관련된 모든 문제를 재빨리 다룰 수 있다. 학문에 칸막이가 돼 있으니 어찌 되는가? "우리 전공은 젠더 쪽인데 섹스 쪽에서 도와달라는군. 남의 일을 도와줄까 말까……?" 하고 뜸을 들인다. 함께 현실과 맞대결하는 힘이 더디게 생겨난다.

---

29. 교과서는 동성애를 포용하고, 다문화(이주 노동자)를 존중해서 진취성을 보이는데, 지배층의 '생색내기' 전략이 여기 깔려 있지 않을까? 친일파 후손들인 데다가 미·일·한 동맹에 포섭되어 있으니 '민족'을 내세울 수 없다. 딴 데서 진취성을 보여야 '더러운 전쟁'에 함께하자고 국민들을 꼬드기기 쉽다.

가톨릭의 성윤리, 우리의 지표가 될 만한가?

가톨릭교회는 그동안 성생활과 관련해, 동성애와 낙태, 피임을 반대하는 방침을 계속 견지해왔다. 2000년대 초에는 "페미니즘이 가족제도를 위협하는 등 부정적인 영향을 끼친다"고 공식적으로 비판하는 성명을 내기도 했다. 그들의 말에 따르면 한국 정부가 틀을 짠 교육과정도 페미니즘으로 얼룩져 있는 셈이다. 가톨릭의 일부 비주류는 여성 차별에 반대하는 활동에 나서기도 했지만[30] 그 완강한 주류는 양성평등을 가로막는 보루로서 오랫동안 톡톡히 구실해왔다. 이를 따져보자.

가톨릭은 세상일을 역사의 흐름에 비추어 헤아리겠다는 지적 겸손함이 없다. 지금과 같은 (핵)가족제도는 태곳적부터 있었던 게 아니다. 유럽 부르주아들에게 뿌리내린 게 겨우 18세기 말이고, 유럽 노동자들에게는 19세기 중반에 가서야 확대되었다. 게다가 미국의 경우 20세기 말부터는 밑바닥 계층부터 핵가족이 다시 무너지기 시작했다. 자본주의 경제가 '가족 임금'을 지불할 여력이 바닥난 탓에 그렇게 가족제도가 흔들거리는 것이고, 1인 가구家口가 자본가들이 착취하기에는 오히려 편리하다는 살벌한 사실이 가톨릭의 꼴통들 머리에는 입력되지 않는다.

어째서 18~19세기 유럽에 부르주아 핵가족제도가 그렇게 순조롭게 정착됐는지, 꼴통들에게 역사의 비결도 알려주랴? 18~19세기 초 중남미에 살았던 노예 여성들은 백인 농장 주인들에게서 '애를 낳지 말라'는 명령을 받았다. 백인들이 주판알을 튕겨보니까 애 낳은 노예를 데

---

30. 아프리카의 주교들이 여성 할례를 비판한 적 있고, 미국에선 여성 성직자 임명 운동도 벌어졌다.

리고 있는 것보다 새로 노예를 사 오는 것이 더 값싸게 먹혔던 것이다. 19세기 들어 노예사냥이 바닥나자 다급해진 백인들이 '애를 낳으라'고 태도를 바꿨는데 이번에는 흑인 여성들이 말을 듣지 않았다. "흑인을 짐승 취급하는 세상에 태어나 봤자 너에게 무슨 낙樂이 있겠니!" 그래서 눈물겨운 출산 파업을 벌였다(아이가 생긴 것도 지웠다).

아무튼 유럽의 부르주아들은 노예 여성의 피와 땀을 빨아먹은 대신에 (그렇게 벌어들인 돈으로) 자기 나라의 여성들을 집안에 들어앉힐 수 있었다. 노예 여성은 아이를 낳아 기르는 사람다운 경험도 빼앗긴 채 누렁소처럼 채찍에 쫓겨 밭을 가는 신세가 됐고, 백인 여성들은 사회활동과 담을 쌓고 집안에 갇혀 양순한 '가정주부'로 살 것을 강요받았다.

다시 앞의 문제로 돌아가자. 가톨릭은 서슬 퍼렇게 '생명의 존귀함'을 들먹이며 신자들의 낙태를 금지했다. 문제는 왜 여성들이 낙태를 하려고 하는지 그 절실한 처지를 헤아려줄 생각이 없는 것이다. 자라나는 생명의 싹을 지우는 것이 끔찍한 짓임을 부인할 사람은 없다. 하지만 더 긴요한 것이 다음의 질문이다. "낙태할지, 말지를 누가 결정할 것인가?" 사람이 자기 몸을 자기 뜻대로 하지 못하는 것만큼 끔찍한 일이 또 있을까. 가톨릭 지도자들은 교만하게 하늘에서 내려다보며 사람들을 심판하지, 임신하고서 끌탕을 앓는 사람들의 처지에서 문제와 대결할 생각이 터럭만큼도 없다. '양성평등의 세상이 머지않아 실현되리라'는 전망을 보여주지 않고서 (자기 아이를 미련 없이 지우는) 인도 여성들을 어떻게 설득할 수 있겠는가.

앞에 말한 성명서는 여성 고유의 특성이 듣기, 환영, 겸손, 충실, 칭찬, 기다림이라고 했다. 모성母性이 여성 정체성의 핵심이라면서, 그렇다고 여성을 육체적인 생식 기능의 관점에서만 바라봐야 한다는 얘기는 아니라고 변명을 늘어놓았다. 그 변명에 따르면 요즘은 가톨릭이 그런 편협한 관점에서 벗어났다는 얘긴데, 이 말을 뒤집으면 얼마 전까지만 해도 그런 관점에서 여성을 규정했다는 뜻이다. 천 년이 넘도록 교회는 '고해 성사'를 통해 신자들의 성생활에 간섭했다. "아이를 낳는 신성한 임무를 떠나 섹스를 즐겨서는 안 된다"고 늘 꾸짖었다.

　미안하지만 야멸찬 비판을 던져야겠다. 당신들은 여성을 사람으로 대접하는가, 아니면 짐승으로 취급할 셈인가? 짐승은 생식 본능이 작동할 때만 교접交接한다. 사람은 그것과 별도로 (시도 때도 없이) 성욕의 열정이 피어오른다. 그러니까 '성욕이 있다'는 사실이야말로 사람다움의 징표가 아닌가? 가톨릭은 우리가 짐승 수준으로 돌아가자고 부르짖는가?

　그 열정(성욕)이 도덕적으로 방탕한 결과를 낳기도 하지만 남(타인)과의 열렬한 합일合—로 이어지기도 한다. 대중이 방탕해지는 것을 막으려면 어찌해야 할까? 어수룩한 신자들을 무턱대고 윽박지를 일이 아니라 왜 현대 사회에 섹스 산업이 번창하는지 그 뿌리 깊은 원인을 차분히 살펴서 사회 개혁과 변혁에 힘쓸 일이 아닌가?

　영혼을 동반한 섹슈얼리티도 있을 수 있다.[31] 이와 관련해 가톨릭의 속셈을 의심하는 사람도 있다. "영성(영혼이 있음)을 기독교가 독점해야 하는데, 섹슈얼리티를 통해 영혼과 영혼이 만나는 경우가 많아지면 기독교가 장사를 해먹기 힘들어지니까 가톨릭이 그렇게 난리 피우는 것 아니냐?" 옛 아시아에 섹스를 예찬하는 밀교(비밀 종교)가 많던 것도 섹슈얼리티에 대해 무엇인가 말해준다.

---

31. 옛날 사례. 미국의 초등학교 여선생이 어린 제자와 성관계를 맺었다. 자신의 부도덕함을 뉘우치라고 언론에서 난리를 쳤는데 그녀는 끝내 굴복하지 않았다. 완전히 '미친년' 취급을 받았는데도 그랬다면 거기에는 무엇인가 살펴볼 거리가 들어 있다고 봐야 한다.

연애를 해봐야 사람이 된다!

얼마 전에 인문학자 고미숙이 텔레비전의 멜로드라마에 대해 (공개 강연에서) 푸념을 늘어놓은 적 있다. 멜로드라마가 반反여성적이라서 정말 걱정이란다. 그의 말을 '비판'이라 일컫지 않고 '푸념'이라 부르는 까닭은 몇몇 사람이 떠드는 것 갖고는 방송국이 그 '비판'에 대해 눈 하나도 꿈쩍하지 않기 때문이다. 이를테면 임성한이라는 TV 작가에 대해 수많은 네티즌이 '막장 드라마'라고 욕을 바가지로 퍼부었는데도 방송국은 '모르쇠'로 버텼다. "시청률을 높이 올려주는 보배 같은 작가를 우리가 왜 쫓아내야 한다는 말이냐!" 그러니까 별것 아닌 TV 문화 프로그램을 개선하기 위해서도 만만찮은 사회적 압력이 가해져야 한다. 민중이 들고일어나는 커다란 정치적 변화가 먼저 있지 않고서는 우리 사회에서 '개선될 것들이 별로 없다'는 사실을 새삼 쓸쓸하게 되새긴다(흑흑). 하지만 어쩌겠는가. 그런 변화를 조금이라도 앞당기려면 "TV는 바보상자!"라는 오래된 타령을 또 늘어놓을 수밖에(ㅠㅠ).

고미숙은 멜로(통속적인 오락) 드라마가 여성들로 하여금 '연애 무능력자'가 되게끔 북돋는다고 했다. 많은 여성이 다른 종류의 성교육(또는 인문학 교육)을 전혀 받지 않고 만날 드라마만 보면서 거기서 성에 대한 싸구려 통념을 주입받는다. 그래서 성에 대해 왜곡된 자기의식(제 생각)이 쌓인다. 그래가지고서야 연애가 제대로 성공하겠는가. 정신연령이 어린 남녀가 만나면 별것 아닌 일로 티격태격하다가 서로 틀어져서 헤어지기 십상이다. 결혼을 한 뒤로도 다시 헤어지는 일이 수두룩하다. 한국이나 미국이나 이혼율이 장난이 아니게 높다. 그런데 이 정신연령(또는 사람됨)을 높여주는 일을 현대 사회는 사실상 '나 몰라라' 해왔다. 오히려 멜로드라마를 통해 '연애 능력(연애를 감당할 주체성)'을 보이지 않게 감퇴시킨다.

새삼스러운 말이지만 멜로드라마는 여성에게 판타지를 불어넣는 일종의 아편이다. 잠깐 세상걱정 잊게 해주는 달디단 순간 마취제. 돈 많고 학벌과 사회적 지위도 높고 게다가 김수현처럼 잘생긴 주인공이 나(평범한 대중들)처럼 별 볼일 없는 여자에게 그것도 헌신적인 사랑을 베풀어준다! 멋져라, 백마를 탄 왕자님이 안갯속에 나타나서 어김없이 신데렐라를 구해준다! "아, 내 미래도 저렇게 달콤하겠지?"

그런데 글쓴이는 방송국과 (그것을 시청률 또는 광고주들이 쥐고 흔들게 만드는) 국가를 성토하기에 앞서 교육부와 거기 서비스를 제공하는 학자 집단을 규탄하는 것이 먼저라고 느낀다. 아편 같은 문화물文化物들이 범람해도, 학교에서라도 본때 있는 인문학 공부가 이뤄지면 젊은이들이 TV에 휘둘리지 않고 오히려 TV가 바보상자에서 벗어나게끔 잔소리를 해대는 시어머니가 될 수 있다. TV의 돈벌이 문화와 맞짱 뜰 주체들을 먼저 길러내는 것이 문제 해결의 열쇠가 아니겠는가.

아무튼 교과서에 무슨 메시지를 담아야 할까? "연애는 참 소중하다. 그것을 해봐야 사람이 된다!"는 가르침을 뚜렷이 담아야 한다.[32] 왜? 일상생활에서 우리는 이것과 전혀 다른 통념(흔해빠진 생각)에 휩싸여 살아가고 있기 때문이다. "연애는 해도 좋고, 안 해도 좋지만 결혼은 꼭 해라! 연애보다 결혼이 더 중요하다!" 거꾸로 봐야, 세상이 더 온전하게 보이지 않는가? 글쓴이는 결혼은 해도 좋고, 안 해도 좋지만 연애는 꼭 해보라고 권하고 싶다. 한국의 인구人口를 늘리고 싶은 쪽에서는 청년들이 결혼해서 꼭 자식을 낳기를 바랄 것이다. 이것은 국가 지배층의 관점이다. 저마다 자기 삶의 주인으로서 세상을 맞는다면 어

32. 오래전부터 '군대에 가봐야 사람 된다'는 말이 떠돌았는데 그 말은 영 글러먹은 얘기다.

떤 생각이 들까? 남과 진지하게 만나는 연애 경험이 사람을 덜 외롭게 하고, 더 성숙케 한다. 이와 달리, 결혼은 제 살림 형편이 넉넉지 못한 청년들이 꼭 서둘러야 할 까닭이 없다. 그런데 우리 세상에서는 연애의 소중함이 잊힐 때가 많다.

중고교생이 이성 교제에 한눈을 팔 때, 대부분의 부모나 선생이 뭐라 그럴까? "학생이 하라는 공부는 하지 않고……!" 하는 꾸지람이 대뜸 날아든다. "너, 커서 뭐가 될 거야? 연애가 밥 먹여주냐? 그딴 것은 사람이 제 밥벌이를 할 실력을 다 갖추고, 밥벌이를 시켜줄 일터를 다 구해놓은 뒤에 해도 늦지 않아!" 이것은 세상에서 생존하는 데 대한 불안감에 늘 휩싸인 어른들이 제 옹졸한 생각을 아이들에게 고스란히 들이붓는 얘기다. 그런 불안이 얼마쯤 근거가 없지는 않다고 해도, 그런 심리에 휘둘릴 때 사람이 얼마나 추레해지는지 잊지 말자. 사람이 밥만 먹고 사는 게 아닌데 그 새삼스러운 사실이 툭하면 잊힌다.

우리는 조금만 세상을 둘러봐도 "외롭게 살아가는 사람이 참 많겠구나." 하고 짐작한다. 1인 독신(홀몸) 가구가 늘어나는 것도 무심히 넘길 일이 아니다. 반려(애완) 동물에 집착하는 사람이 많은 것도 예사롭지 않다.[33] 학교에는 저 혼자 우두커니 앉아 있는 애들이 적지 않다. 혼자 살아가는 노인이야 굳이 들먹일 것도 없다. 주목할 것은 여자들보다 남자들이 더 외롭게 살아간다는 사실이다. 미국의 어느 사회학자가 남녀 200명에게 깊숙한 질문을 던졌다. 인터뷰에 나와준 남자의 3분의 2가 '가까운 친구의 이름을 대보라'는 요구를 듣고도 아무 소리를 못 했다. 알려준 친구도 대부분 여자였다. 그 반면에 여자들은 4분

33. 반려 동물과 함께 사는 사람이 천만 명을 넘어섰다. 이는 인간 세상의 각박함을 넌지시 말해준다.

의 3이 제 친구 이름을 댔다.

　네팔이나 방글라데시의 자살률이 무척 낮다는 것도 우리에게 거울이 돼준다. 공동체가 살아 있는 동네는 외로움을 타지 않는다. 이와 달리, GDP가 높아진 대가로 개개인이 뿔뿔이 모래알로 흩어진, 발달한 자본주의 사회는 외로움을 타는 사람이 하늘의 별만큼 많다. 지금 우리는 밥벌이 걱정을 할 때가 아니라, 외로움에 오그라드는 사람들을 먼저 헤아릴 때다. 막말로 굶어 죽을 걱정을 할 시대는 아니잖은가.

　연애는 사람과 사람을 가깝게 해준다. 요즘은 자기 자식에게 이성 친구가 생겼을 때, 걱정 많은 부모 같으면 "아, 우리 애가 외롭게 살지는 않겠구나!" 하고 안심을 한다. 섹슈얼리티의 문제도 이것과 관련해 생각할 대목이 있다. 어느 글엔가 유럽의 젊은 여성이 털어놓은 얘기가 실렸는데 자기는 새로 알게 된 이성과 빨리 친해지고 싶어서 성관계를 맺는다는 것이다. 고교 윤리 책은 사랑과 성관계가 동떨어져서는 안 된다고 타이르지만, 그 말씀은 섹스를 상품처럼 사고팔지 말라는 취지에서 옳을 뿐이다. 사랑은 아니고 그저 친구가 되려고 잠깐 성관계를 맺는 것이 꼭 부도덕한 일일까? 사람끼리 정말 친해지기 어려운 무정한 사회에서 '친해지고 싶었다'는데 누가 매를 들 수 있는가! 미국 남녀에 대한 조사에 따르면 여자들은 굳이 연애를 하지 않아도 걱정할 일이 아닌 것 같다. 저희(동성)끼리 수다 떨며 그럭저럭 살아갈 것이니까.[34] 하지만 남자들에게는 '연애라도 하라'고 시급하게 권할 일 같다. 누군가 친밀한 사람도 없이 이 세상을 홀로 살아가는 것은 사막을 걷는 일이므로. 연애만큼 사람 사이에 친밀감을 북돋아주는 것도 딱히 많지 않다.

---

34. 앞서 인용한 가톨릭 성명서는 여성의 미덕을 옳게 짚었다. 겸손과 기다림과 남을 칭찬하는 덕성……!

그렇지만 교과서에 '연애 예찬'이 분명한 목소리로 담겨야 하는 더 큰 까닭은 그것이 사람을 만들어주기 때문이다. 멜로드라마는 연애를 사탕처럼 달콤한 것, 곧 행복한 결말로 그린다. 정말 그런가? 실제로는 만난 지 100일도 되지 않아 우습게 깨지는 경우가 수두룩하다. 상대가 내 욕구를 곧장 채워주지 않으면 금세 사이가 틀어진다. 나는 저 사람을 '내 것'으로 움켜쥐고 싶다. 하지만 저 사람은 애완동물이 아니라 자신의 소중한 삶을 살아가려는 자유인自由人이다. 저 사람의 소중한 자유를 온전히 수긍할 때에만 저 사람이 내게 다가온다. 그러니 둘 다 사람됨이 성숙해지지 않고서는 서로 가까워질 수 없다.

밥벌이 걱정을 달고 사는 사람은 연애를 결혼의 전前 단계쯤으로 가벼이 여긴다. 그리고 결혼은 '조건'부터 따진다. 그런데 상대방의 재산과 학벌과 안정된 일자리 따위부터 머리에 넣는 것은 연애가 아니다. 그것은 사랑 없이 꾸미는 성관계다. 결혼하기 전에 성관계를 맺는 게 음란한 짓이 아니라, 재산과 학벌을 따져서 결혼 배우자를 결정하는 것이 음란한 짓 아닐까?[35] 내 여자 친구가 딴 남자와 영혼 깊은 대화를 나누는 것은 용서가 돼도, 그와 손을 붙잡는 것은 참아내지 못하는 사람도 있다. 그것도 연인을 내 것으로 소유하려는 음란한 욕망이지, 사랑이 아니다. 이렇듯 연애는 사람이 남과 만나 서로 관계를 맺을지 말지 치열하게 저울질하는 인생의 싸움터다. 사랑은 한갓 삶의 액세서리(장신구)나 잠깐의 놀이가 아니라 사람됨을 만들어가는, 인생의 가장 커다란 과업이다.

간추리자. 성性과 젠더는 둘이 아니라 하나가 돼야 한다. 그래야 여성들이 맞닥뜨린 현실 전체를 내다본다. 가톨릭은 가족제도를 지키려

---

35. 이혼할 때 위자료 문제로 살벌하게 다투는 사람들을 보라. '사랑 없이 결혼하는 것이야말로 음란한 짓'이라는 사실을 예증하지 않는가?

고 성을 좁은 울타리 안에 가둔다. 그 울타리를 벗어나는 사람은 죄다 '타락했다'고 손가락질한다. 그래서는 성性 현실과 부닥쳐 상처받는 여성들의 눈물을 닦아주지 못한다. 장삿속으로 굴러가는 TV 상업 문화는 사람들의 '연애 감수성'을 오히려 무디게 한다. 제 삶의 주체성을 든든하게 버티는 청년들이 연애를 더 잘하거늘, 멜로드라마는 오히려 사람들에게 옹졸하고 추레한 심보를 불어넣는다. 청년들이 연애하는 법을 배우려면 세상과 더 전투적으로 대결해야 한다.

2 누구나 나서야 할 것이 정치다

국가의 존망을 위협하는 군사위기에 대해 국회는
손을 놓고 있다. 일부 민중만이 외롭게 목소리를 냈다.

한국의 학교는 세상에 관해 무엇을 가르치는가? 고교 윤리 책과 사회 책의 차례를 훑어본다. 윤리 책은 생명/성/가족(곧 개인의 삶), 과학 기술/환경(곧 사람과 자연), 직업과 인권/사회정의(곧 사람 사이), 종교와 예술(곧 문화), 민족 통합과 지구촌의 미래(곧 평화)를 말한다. 그러고서 '실천에 나서는 사람만이 윤리적'이라고 덧붙인다. 사회 책은 사회를 바라보는 창(곧 개인과 세상 이해), 공정성과 삶의 질(또는 사회 갈등과 관용), 합리적 선택과 삶(또는 일과 여가), 환경 변화와 인간(곧 정보화와 세계화), 미래를 바라보는 창(곧 자원 문제와 지속가능한 발전)을 일러준다.

그런데 사람의 또렷한 앎은 시시콜콜한 것들을 죄다 외우는 데서 싹트지 않는다. 갖가지 나무들에 눈을 팔기 앞서, '숲'을 볼 줄 아는 것이 무엇보다 요긴하다. 윤리 책의 '차례'에 올라 있는 여러 주제들을 멀리서 조감(鳥瞰, 내려다보기)한 뒤, '정치'를 말하겠다.

(1) 삶에 대하여

누가 쓴 시 하나를 읽어보자.

천하의 큰 일이 / 걸려 있다 / 뽀오얀 / 병아리떼 곁 / 빗물로 / 윤기
나는 / 빨간 외바퀴 / 손수레에.

온 나라에 배포되는 일간신문을 보면 앞쪽에 정치와 경제와 국방
(국가 방어) 소식이 실리고, 그런 뒤에 문화와 생활 소식이 뒤따른다.
신문은 앞의 것들이 더 중요하다는 뜻을 우리에게 퍼뜨린다. 그런데
시인은 그 순서를 달리한다. 병아리떼 곁에 무심히 놓여 있는 작은 손
수레는 참으로 별것 아닌 존재다. 그게 세상에서 제일 중요하다고 시
인이 말하는 것은 일종의 삐딱한 반어(반대로 말하기)다. 힘센 사람이
힘 약한 사람들을 지배해온 인류 역사의 완강한 구조에 비춰 보자면
말이다. 하지만 힘 약한 우리가 주인이 되어 세상을 똑바로 내다보기
로 작심作心한다면 그 얘기는 반어가 아니라 어엿한 사실이 된다. 작고
가녀린 병아리떼를 돌보는 사람에게 손수레는 걱정거리로 비칠 수도
있다. 저것이 비탈을 굴러 병아리들을 덮친다면? 그 병아리가 사람인
갓난아기를 은유(비유)하는 것이라면 걱정이 더 커진다. 손수레가 혹
시 병아리들을 태워 데려가는 것이라 해도 그 중요성이 줄어들지 않
는다. 병아리들을 먼 곳으로 무사히 옮겨 가려면 얼마나 큰 돌봄이 필
요하겠는가.

이 시는 권력의 눈에 휘둘리지 말고, '작은 것들'을 세상의 주인으
로 섬기라고 우리에게 말을 건넨다. 생명과 성性과 가족은 모든 사람
이 꾸려가는 삶의 바탕이다. 사람들 누구나 건강하게 태어나 사랑을

나누고 가족을 꾸리는 것이 세상의 가장 큰일이 아닌가? 그러니까 이를테면 '청소년이 연애를 잘하게끔 돕는 방안이 뭘까?' 하고 묻는 식의 주제들이 대학입시 논술고사에 올라야 마땅하지 않을까?[36]

(2) 자연에 대한 관점

20~21세기 들어 세상이 참 복잡해졌다. 과학기술 문명이 제멋대로 발달해서 숱한 골칫거리들을 빚어냈다. 윤리 책은 안락사安樂死와 생명 복제, 판옵티콘(감시기구)과 사생활 보호, 유전자 조작과 나노 기술이 세상에 끼치는 영향과 그 옳고 그름에 대해 생각해보자고 한다. 또 인간과 동물과 생명과 생태 중에 무엇을 중심에 놓고 봐야 할지, 토론하자고 한다. 결국 인류가 품어온 자연관自然觀이 검토되어야 한다는 것이다.

우선 과학기술 문명이 낳는 문제들을 '일일이' 따지는 것이 고교 교육과정으로 온당한지 미심쩍다. 어떤 것이든 자세한 세부 내용detail을 살피지 않고서 우리는 선뜻 그 옳고 그름을 가리기 어렵다. 공부를 한 학자들도 (전공 학자 빼고는) 잘 모르는 것을 아이들더러 죄다 습득하라고? 그것들의 파장波長은 앞으로도 계속될 것이므로 지금 무어라고 못 박기 어려운 것도 있다(나노 기술 따위). 또 과학기술에 대해 회의론과 예찬론을 추상적으로(막연하게) 견줘봤자 학생들에게 무슨 앎이 돌아갈까?

36. 미국의 어느 인디언은 "백인들의 말이 무척 매끄러워서smooth 옳고 그름을 능란하게 바꿔치기한다"고 했다. 무엇이 더/덜 중요한지, 그 잣대를 뒤바꿔놓은 말은 아무리 그럴싸해도 허튼 말이다.

글쓴이 같으면 현실에서 가장 큰 문제를 빚는다 싶은 주제(가령 황우석의 줄기세포) 하나를 놓고 교육과정을 짜겠다. 딴 자잘한 것들을 외우라고 시험문제에 넣지 않겠다. 학생들은 사례 하나의 세부 내용을 다 숙지한 뒤, 문제를 바라보는 관점 몇 가지도 간단히 살핀다. 그러고는 확인된 사실들에 비춰서 어떤 관점이 더 옳을지를 따져본다. 그 자세한 탐구 과정에서 학생들이 자기의 선입견(통념)을 바로잡는 강렬한 지적知的 경험을 한다면 그 깨달음이야말로 공부의 보람과 즐거움을 선사해줄 것이다. 어떤 공부든 '유레카(아, 알았다!)'의 체험에까지 도달해야 진짜 공부가 아닌가.

이 탐구 과정에서 결국 성찰할 것은 '자연관'이다. 그동안 "기계론적/도구적/인간 중심적 자연관은 문제가 있다!"고 부르짖는 사람이 많았다. 옳다. 그 말이 '대체로' 맞다. 그렇다고 "생태계는 참 신비로운 곳이다. 자연을 섬기자!" 하고 생태 중심주의를 강력하게 부르짖는 것이 완벽한 진리일까? 인류가 제 지혜를 뽐내면서 자연을 우습게 여기고 생태계를 마구 착취해온 현실을 (강경한 생태론자들이) 깊이 성찰하는 것은 옳지만 '자연이 어떤 곳인지' 실사구시實事求是해서 알아낼 생각은 하지 않고, 저희들이 감격해서 받아들인 몇 가지 관념만 금과옥조(金科玉條, 귀중한 앎)로 들이대는 것은 허술해 보인다.

생태론자들은 생태계가 위험해진 까닭이 (우리가) 어머니 지구와의 소통을 잃어버린 데 있다고 한다. 인류가 자연을 오직 수탈 대상으로만 삼아서 그렇게 됐다는 것이다. 갖가지 생태 재앙은 그에 대한 어머니 지구의 복수이므로 '다시 자연과 하나가 되자'고 한다. 그러나 우리가 재앙(이 있음)을 순순히 수긍하지 않는 까닭은 오히려 우리가 자연과 너무 가까이 연결돼 있어서다. "봐라! 하늘이 저렇게 푸르른데 무슨 오존O_3 구멍이 뚫렸다고 난리 치냐!" 우리는 상황을 모순되게 느낀다. 심각한 것 같기도 하고, 아닌 것 같기도 하고…….

우리는 세상을 더 철저하게 바라봐야 한다. 어머니 품 같은 유기적인organic 자연으로 돌아가자는 희망은 헛되고 또 헛되다. 자연이라는 것이 원래 없어서다! 다시 말해, 자연 세계는 늘 조화로움을 보장해주는 어떤 섭리(큰 이치)를 갖고 있지 않다. 자연이 우리의 어머니라면 그 어머니는 사악하고 미쳤다. 인류가 자연(곧 지구 생태계)의 균형을 뒤틀어놓았다고 꾸짖지만, 원래 균형이 없었다.[37]

그렇기는 해도 인류가 생태계에 무슨 영향을 끼친 것은 사실이다. 왜 지구의 물질 순환구조를 뒤흔들 만큼 기술문명이 너무 과잉으로 나가느냐, 하는 비판은 옳다.[38] 가령 중국이 쓰촨 댐을 짓고 난 뒤 그곳에 지진이 잦아졌다. 또 다른 문제는 생태계 파괴가 얼마나 깊어졌는지, 그 대책 수립이 충분한지 과학자들도 잘 모른다(!)는 것이다. 그들도 판단이 오락가락한다. 우리는 과학에 대해 더 많이 알수록 문제를 더 모르게 된다는 야릇한 역설逆說과 맞닥뜨리고 있다.

더 어려운 문제는 어쩌면 자연이 종말을 맞았는지도 모른다는 사실이다. 원래 자연nature이란 여기 그저 있고, 우리가 손댈 수 없는 어떤 것이었다. 자연(가령 계절의 순환)을 배경으로 우리는 살아왔다. 그런데 우리가 생명을 굴러가게 하는 유전 메커니즘에 손을 댄다면 예전의 자연은 사라지고, 어떤 알 수 없는 메커니즘이 나타날 수 있다. 인류의 불장난으로 갑자기 튀어나온 메커니즘을 우리가 알지도 못하고 그래서 다스릴 수도 없다면 어쩔 것인가? 그래서 인류의 미래에 대해 끔찍한 두려움이 스멀스멀 피어오르는 것이다.

37. 석유는 지구에 큰 재앙이 일어난 결과로 생겨났는데 그 재앙이 그때 지구를 주름잡던 공룡에 대한 어머니 지구의 복수는 아니다.
38. 지질학은 인류세人類世라는 새 낱말을 쓴다. 인류의 활동이 지구의 지질학 구조에 뚜렷한 영향을 미치는 것으로 봤다.

과학기술을 둘러싼 갖가지 윤리적 문제를 훑어보다 보면 우리의 궁금증은 결국 '자연이 어떤 것인가', '인류는 기술문명이 빚어낸 결과들을 과연 다스릴 수 있을까'라는 커다란 질문으로 귀결된다. 낱낱의 토론거리보다 더 중요한 앎은 이것이다.

(3) 사회(사람 사이)에 대하여

윤리 책은 인권人權과 사회정의를 말한다. 우리는 어제보다 오늘, 또 오늘보다 내일 인권이 더 보장되고, 사회정의가 더 실현되기를 바란다. 사람이 누려야 할 인권이 무엇인지, 잘 새겨두는 학생만이 억울한 일을 겪었을 때 용기 있게 그에 맞선다. 사람에게는 진실을 아는 것이 힘이 되는데, 그것을 안다고 해서 무슨 위력이 생겨난다는 말이 아니라 (힘센 사람들 앞에서) 스스로 겁을 먹고 주저앉는 것을 막아줄 용기가 생긴다는 뜻으로 새겨야겠다.

인권은 민중이 파란만장한 역사 무대에서 싸워서 얻어낸 것이다. 이를테면 19세기 유럽의 법규범에는 민중의 복지를 보장하는 '사회권'이라는 개념(이념)이 없었다. 19~20세기의 노동운동이 사회 변화의 거센 파도를 몰고 온 덕분에 20세기의 법률에 그것이 끼어들었다. 사회정의의 이념도 마찬가지로 민중의 역사가 만들어냈다. 학자들이 그것을 차분히 정리해서 글로 옮겼을 뿐이지, 없는 것을 지어내지(창안하지) 않았다.

그런데 그 이념들이 아무리 완벽하게 실현된다고 해도 어떤 한계를 넘어설 수 없다는 근본 사실을 헤아려두는 것이 긴요하다. "인권을 보장하라!" 하고 외치는 것만으로는 아주 풍요롭고 평화로운 유토피아

(이상 사회)로까지 나아갈 수 없다는 것이다. 그 외침이 누구를 향한 것인지 곰곰이 생각해보라. 정부(국가)더러 '인권 개선'에 나서라는 요구다. 그런데 국가(정부)가 과연 착한 천사天使가 될 수 있을까?

국가가 무슨 통치를 하려면 민중에게 베푸는 것보다 더 많이, 더 먼저 거둬들였어야 한다. 세금을 내기 싫은 사람에게 국가는 '세금을 내라!'고 싫은 얼굴로 강제할 수밖에 없다. 내야 할 세금을 떼먹었다 해서 쇠고랑을 차는 사람이 적지 않다. 국가는 내부의 반란이나 외적外敵의 침략에 맞서려고 경찰과 군대를 둔다. 경찰봉과 탱크는 주로 의롭지 못한 사람과 국가를 겨냥하겠지만 힘없는 사람과 국가가 그 물리력(폭력)의 피해를 겪지 말라는 법도 없다. 박정희와 전두환 시절에 국가기구로부터 잔인한 고문을 당했다가 나중에 (국가에게서) 피해 보상을 받은 사람들이 적지 않다는 사실이 이를 말해준다.

'인권을 보장하라!'는 요구는 이렇게 얼마쯤이라도 불가피하게 폭력기구의 성격을 띠는 국가더러 착한 존재가 되어달라는 요구다. 그런데 무릇 국가란 그 사회에서 가장 힘센 사람들이 제 것으로 움켜쥐기 쉽지 않겠는가? 한 사회가 힘센 놈들과 힘없는 분들로 칼같이 갈려 있다면 국가가 은연중에 전자 편을 들지 않겠는가? 그런 국가더러 '착한 존재가 되어달라!'고 아무리 소리쳐봤자 '모르쇠'로 버틸 때가 많다. 사회와 국가를 민주화하는 다른 과제들이 실현되지 않고서는 인권도 '무늬뿐인 개선'에 머물기 쉽다는 것이다. 그렇다면 우리가 우리의 미래에 대해 무슨 그림을 그려야 할까? 사회와 국가 자체를 어떻게든 바꿔내는 통 큰 청사진이 나와야 하지 않을까?[39]

사회정의도 마찬가지다. 학자들이 내놓는 '정의론'은 당장 국가를 통해 실현 가능한 것에 한정되어 있다. 윤리 책은 20세기 후반에 나온 존 롤스의 『정의론』을 훌륭한 것으로 선전하는데, 그것은 미국의 민주당이 받아안을 수 있는 테두리 안의 목소리다. 그 희망사항들이 관철된다 해서 미국이 이상 사회로 도약하지 않는다. 그러니까 당장 고쳐야 할 현실과 관련해, 존 롤스의 주장을 귀담아듣는 것은 유익하지만 그 주장이 실현된다 해서 완벽하게 정의로운 사회가 되는 것은 아니라는 앎(깨달음)도 놓쳐서는 안 된다.

(4) 문화가 맞닥뜨린 문제

사람의 의식주衣食住와 예술 활동과 종교 믿음은 다 '문화文化'다. 무엇이 문제인가? 원시시대에는 사람들 머릿속에 귀신spirit이 살았다. 사람의 길흉화복을 점지해(결정해)준다고 믿어진 어떤 것! 그 귀신들이 탈바꿈해서 그럴싸한 신God이 됐다. 그런데 이놈들Gods은 아직도 체신머리(위엄, 무게)가 없어서 서로 싸움박질을 일삼는다. 요즘은 과학science에 빌붙어 지내면서도 틈만 나면 과학을 밀어내려고 안간힘이다. 걸핏하면 이성(로고스)에 따른 세속 윤리와도 영역(나와바리) 다툼을 벌인다. 한편으로 예술은 편하게 놀고 싶은 사람들 마음(몸을 푸는 놀이)에서, 또는 힘든 일에 지친 사람들을 달래주려는 데서, 또는 어떤 행복에 대한 소망(주술적인 믿음)을 나타내려는 데서 생겨났다. 한때는 '예술이야말로 가장 고귀하고 성스럽다'는 자랑이 생겨나기도 했으나, 돈(자본) 귀신이 세상을 주름잡게 된 뒤로 그 몰골이 점점 추레해졌다

---

39. 아예 '국가'라는 것 자체가 스러져버린(소멸한) 세상이 가장 바람직한 세상이다. 국가는 '법'으로 다스리고, 법은 형벌을 동반한다. 반면에 이상 사회는 국가도, 법도 필요가 없고, 합리적인 관습과 합의로 운영되는 곳이리라. 그게 언제 가능할지는 나중에 따지자. 그런 그림을 마음으로 품어야 우리가 더 나은 사회를 추구하는 실천을 시작할 수 있다는 말이다.

(초라해졌다). 예술을 만들겠다고 하는 사람들도 돈의 올가미에 걸려서 감수성이 무뎌졌다.

누구와 누구의 싸움인가? 귀신과 사람의 싸움이다. 원래 귀신이란 사람 마음속에 들어 있는 어떤 '기댈 곳'에 지나지 않았다. 사람과 사람 사이를 이어주는 구실을 할 때 이것은 '착한 귀신'으로 논다. 사람이 거룩하고 가슴 뭉클한 어떤 대단한 모습을 보였을 때, 우리는 그것을 기리는 뜻에서 "참 귀신같다!"고 칭찬해준다. 그러니까 '신적神的인 것'은 사람과 사람을 가깝게 해주고, 사람에게 어떤 깨달음과 활력을 불어넣는 거룩한 순간을 가리키는 소박한 이름에 불과했다.

그런데 이놈(들)이 위세가 높아지니까 사람들 품을 떠나 저 혼자 놀기 시작했다. 실제로는 아무 형체(모양)도 없는 놈인데 진짜로 살아 있는 존재인 양, 그럴싸한 탈을 쓰고 나타났다(우상 숭배). 그 허깨비가 사람들 머리 꼭대기에 앉아서 "이리 오너라, 저리 가거라!" 하고 호령했다. 가장 최근에 나타난 귀신(어떤 눈먼 믿음)이 돈(화폐)이다. 다들 이 귀신 앞에서 껌벅 죽었다. '(세상의 어떤 일이든) 돈으로 다 된다'는 믿음이 으뜸가는 진리가 됐다. 야훼든 미륵불(부처)이든 알라신이든, 이놈이 나타나니까 한갓 그림자 같은 것들로 바뀌어갔다. 어찌해야 그 허깨비들이 제 풀에 가라앉게 할 수 있을지, 인류의 지혜를 모아야 할 때다.

(5) 평화에 대하여

"민족 통합과 지구촌의 윤리적 상황" 얘기는 어찌해야 평화를 꽃피울 수 있겠느냐는 생각거리다. 우선 이 둘이 서로 동떨어진 문제가 결코 아니라는 것을 일러두자. 지구촌이 갖가지 갈등과 무력武力 대결로 치닫는다면 그 여파가 곧바로 한반도에 미친다. 이것은 먼 훗날의 막연한 가능성에 대한 염려가 아니다.[40] 미국이 중국을 억누르려는 견제 전략을 세운 지 한참 됐고, 다들 알다시피 (미국을 대신해서 악역을 떠맡은) 일본과 중국 사이에 끊임없이 군사적 충돌이 벌어져왔다. 이것이 훗날 세계 대전大戰으로 이어지지 말라는 법이 없고, 그럴 때 한반도가 전쟁의 포화砲火를 피할 길도 없다. 세계를 더 깊이 들여다보자. (이슬람 근본주의 무장 세력이 미국의 꼭두각시 정부를 몰아낸) 이라크 내전과 (유럽과 러시아가 충돌한) 우크라이나 내전을 정색하고 살핀다면 '세계대전이 이미 시작됐다'고도 말할 수 있다. 꼭 지상군地上軍이 대규모로 돌아다녀야 세계대전이 아니다. 윤리 책은 이런 정세를 똑바로 말해줘야 비로소 쓸모 있는 책이 된다.

거꾸로 우리 민족이 바람직한 통일을 이뤄낼 경우, 그 통일은 지구촌의 모든 민중에게 큰 격려가 된다. "아, 슬기로운 사람들이 나서서 세상을 바꿔냈군요! 우리도 그렇게 해보겠어요!" 그게 아니라면 오히려 그들을 더 맥 빠지게 할 수도 있다. 어떤 통일을 그려야 할까? 지금의 남한과 북한이 그저 합치는 것이 무슨 감격스러운 일은 아니다. 그러고 나서 돈을 더 벌게 될 일부 사람들(독점자본)만이 '통일되면 대박이 나요!' 하고 군불을 땔 뿐이다. 북한 정권을 강제로 몰아내고서 북진 통일을 이루는 경우가 혹시 생긴다면 그 통일로 하여 수많은 사람들이 눈물을 흘리게 될 가능성이 높다.

바람직한 통일은 지금의 남한과 북한이 다들 진짜로 민주적인 사회로 거듭나면서 하나가 되는 것이다. "아, 거기도 사람 살 만한 희망찬

---

40. 당장 한국군 파병의 문제가 생겨난다. 그 파병이 옳은지 그른지, 민중이 토론해야 한다.

곳이 됐군요!" 하는 공감을 불러내지도 못하면서 어떻게 '같이 살자!'
고 할 수 있겠는가. 옛사람들은 큰일을 앞두고서 제 몸과 마음을 씻었
다(목욕재계). 하나의 사회도 그래야만 큰일을 제대로 치른다. 그러니까
절박한 일은 통일이 아니다. 남한 사회가 민중에게 희망을 주는 곳으
로 거듭날 수 있느냐가 먼저다.

모든 것이 정치로 수렴된다

윤리 책은 (1)~(5)의 모든 문제에 대해 '실천할 것'을 당부했다. 이
말을 건성으로 흘려듣지 마라. 내 말은 우리가 당장 얼마나 대단하게
좋은 일을 해내느냐를 살펴보자는 뜻이 아니다. 공부깨나 했다는 학
자들이 우리에게 건네는 말을 들을 때, '실천practice'이라는 잣대를 으
뜸으로 들이대서 그 말의 옳고 그름을 판단하라는 것이다. 누가 그랬
다. '세상이 이런 곳이에요.' 하고 그동안 수많은 학자들이 갖가지로
해석(풀이)했거니와 정작 중요한 것은 그런 세상을 어떻게 바꾸느냐는
것이라고. 존 롤스의 『정의론』을 읽을 때에도 그가 정말로 세상을 변
혁할 비전과 진정성을 보여주었는지 따지는 것이 가장 요긴하다.

그런데 무엇으로 실천할까? 사랑으로 실천하는 사람이 꽤 있다. 이
를테면 불우 이웃을 도우려고 제 주머니를 터는 착한 사람들! 구세
군의 자선냄비에도 꼬깃꼬깃한 돈을 넣어주고, 아프리카의 아이들에
게 식량 살 돈을 다달이 보내주는 사람도 있다. 하지만 그 자선 행위
가 세상의 응달진 곳들을 시원히 없애주지는 못했다. 저마다 제 것을
쪼끔씩 나눠주는 것쯤으로 풀릴 간단한 문제가 아니라서다. 토론거리
중에는 생명 복제나 판옵티콘(정보 감시)처럼 평범한 시민 몇 사람이

나서서 뭐라고 참견하기에는 너무 벅찬 문제들이 많다. 그 수많은 문제를 어떻게 일일이 참견하라는 것이냐! 달걀로 바위를 깰 수 있느냐! 그래서 문제는 정치이고, 그 정치를 꾸준히(지치지 않고) 벌일 주체를 세우는 일이다.

여기서 잠깐 '정치'에 관한 세상의 통념을 짚어야 한다. 글쓴이가 말하는 정치는 그 통념과 전혀 무관하기 때문이다. 대부분의 사람들은 제 자식이 "나는 정치를 할 거야!" 하고 말하면 아서라, 하고 눈을 흘긴다. 그 말을 '국회의원이 돼보겠다'는 말로 알아들어서다. 현실에서 정치인은 대부분 국회의원(과 시도 의원)을 가리킨다.

이 통념은 사실 현대 자유민주주의 국가가 나서서 퍼뜨리고 있다. 사회 교과서는 입법부를 자세히 설명하고, 국민투표와 시민단체 같은 것을 살짝 덧보탠다. 국민이 나랏일에 직접 '밤 놔라, 대추 놔라' 나설 때도 더러 있다고는 해도, 나라 정치의 대부분을 의회가 맡아야 한다고 암암리에 가르치는 것이다. 이른바 대의代議 민주주의 원리다. 이 통념에 따르면 솔직히 국민 대중이 할 일이 별로 없다. 대통령과 국회의원들을 뽑아주는 것으로 거의 끝난다. 투표 날이 지나고 나면 '주인'이라는 민중이 그저 정치인들에게 박수 보낼 일밖에 없는 무기력한 구경꾼 처지로 되돌아간다. 민주民主를 실감하지 못하는 대중들더러 "세상 모든 일에 열렬하게 참여(참견)하라!"고 말을 건네면 무슨 뚱딴지같은 소리냐고 눈을 흘길 것이다.

글쓴이가 부르짖는 정치는 이렇듯 진취적인 기운을 잃고 시들어가는 대의 정치가 아니라 민중이 진짜 주인으로 나서는 참정치다. 이를테면 2014년 10월에 홍콩 시민 수만 명이 '홍콩 행정장관을 직접 선거로 뽑자!'고 요구하며 여러 날 시위를 벌여 홍콩 사회를 발칵 뒤집어놓았다. 나랏일을 국민의 대표들에게 맡기지 않고, 직접 이래라, 저래라 떠들었던 것이다.

중국과 합병된 뒤로 홍콩 본토
청년들의 사회경제적 처지가 점
점 더 나빠진 것이 민주화 시위
의 배경에 깔려 있다. 홍콩은 세
계에서 두 번째로 빈부 격차가
큰 지역이다. 이는 단순히 정치

홍콩 민주화 시위 뒤에는 첨예한 빈부 격차 현실이 놓
여 있다.

제도만의 문제가 아니었고, 민중이 스스로 나서지 않고서는 풀릴 수
없었다. 윤리 책에서 언급한 수많은 문제가 다 그렇다. '의회가 민주주
의를 보장한다!'는 자유민주주의 구호는 일찍부터 허튼소리가 돼버렸
다.[41] 홍콩의 시위를 놓고 미국 지배층은 "미국의 가치(곧 직선제 이념
따위)가 발휘됐다"고 흐뭇해했지만 그것은 나타난 현상의 한 면일 뿐
이고, 수많은 대중이 '우리 삶을 우리가 결정하고 싶다'고 들고일어났
다는 것이 더 중요하다. 첫 단추가 풀리면 다음 단추도 풀 수 있다.

우리가 그리는 정치는 무엇을 바꾸겠다는 정치인가? 모든 것을 다
바꾸겠다는 정치다. 그거 허튼소리 아니냐고, 과연 그게 가능하냐고
서둘러 트집 잡지 마라. 천 리 길도 한 걸음부터다. 천 리 길을 가겠다
는 통 큰 목표를 품지 않고서는 한 걸음도 떼기 어렵다. 당장 가능한
일부만 고치겠다는 정치로는 시원하게 힘이 생겨나지 못한다는 사실
을 깨닫는 것이 요긴하다.

신문과 TV를 아무 생각 없이 쳐다보노라면 우리는 정치인들이 무
척 바쁘고, 따라서 정치가 무척 활발하다는 인상을 받는다. 그런데 실

---

41. 우리는 1919년 3·1 독립운동이 얼마나 귀중한 실천이었는지 안다. 그때 그곳에서 민중
의 직접 저항 말고는 정치를 할 딴 길이 전혀 없었다. 지금도 참정치에서 의회가 차지할
부분은 무척 작다.

제로 그런 게 아니라, 언론이 그렇게 비춰주어서 그럴 뿐이다. 이를 언제 무엇으로 알 수 있는가? 선거 날 투표율이 낮게 나올 때, 우리는 잠깐 진실을 엿본다. 정치에 실망했기 때문에 사람들이 투표장에 가지 않은 것이다. 그러나 며칠이 지나고 나면 또 ('정치가 없다'는 현실을) 우리가 잊는다. TV가 또 시끄럽게 정치인들의 행보를 알려줘서다.

21세기 거의 모든 나라에서 정치인들은 무엇을 문제로 꺼내 드는가? 자질구레한 것들 몇 개 빼고는 꺼내 드는 게 없다. 일본은 후쿠시마 핵발전소 폭발 사고의 뒷수습이 변변히 끝나지 않았는데 언론과 정치인들이 그 엄청난 문제(곧 일본의 미래)에 대해 태평스럽게 입을 다물고 있다. 자본의 눈치를 봤다. 한국은 미·일·한 삼각동맹에 끌려들어가서 자칫하면 중국과 각을 세워야 할 판인데 언론과 정치인들이 (미국의 눈치를 봐서) 입을 다무니 민중이 이 문제에 대해 의견을 말할 자리도 생기지 않는다.

예시할 것이 쇠털만큼 많지만 하나만 더 든다. 한국의 젊은이들 대부분은 높은 집값으로 말미암아 인생을 무척 고달프게 살아간다. '집값을 어떻게 떨어뜨릴까?' 하는 정치 토론이 수십 년 전부터 일어났어야 했는데 현실은 거꾸로였다. 정부는 높은 집값을 계속 유지하는 정책을 펴왔고, 주류 언론이 이를 부채질했다. 이에 맞서 싸운 야당 정치인도 없었다. 민중이 들고일어나는 수밖에 없다. 언제 그럴 수 있을지 낙관할 수는 없지만 말이다.

민중이 정치의 주체로 나서기가 쉽지 않은 까닭의 하나는 굵직한 문제들의 경우, 국회의사당과 청와대에 앉아 있는 사람들을 바꾸거나 그들의 생각을 돌려세우는 것만으로 풀리지 않아서다. 정치와 경제의 큰 틀을 워싱턴과 뉴욕 월가(금융자본 중심지)에서 좌우하므로 거기와도 대결해야 한다. 그런데 거기는 참 힘센 곳이다. 우리처럼 고만고만한 나라의 민중들이 힘을 합쳐 목소리를 내야만 겨우 맞짱을 뜰 때가 많다.

그러므로 세상이 얼른(하루빨리) 좋아져야 한다고 조바심을 내지 마라. 더디게 바뀌는 대신에 여러 나라가 한꺼번에 바뀔 수 있다. 생각의 범위를 더 넓히고 꿈을 더 크게 품으면 우리가 나아갈 길이 다시 열린다. 우리 몸은 한반도에서 살아가지만 우리의 눈은 지구촌을 두루 살펴야 미래의 희망을 느낄 수 있다는 말이다.

앞서 말한 홍콩 청년들이 그때 홍콩 행정청사 앞에서 「우산 혁명」이라는 노래를 불렀다. 그 청년들은 (우산을 써서) 경찰이 쏘아대는 최루액 섞인 물대포를 피해야 하는 공동의 처지를 한숨과 탄식 대신에 음악으로 표현했다. 그래서 고생을 견뎌낼 마음을 얻었다.

내일을 위해 오늘 밤을 기억하며 / 너와 나, 위기에 맞서자 / 우리 인생에서 이 밤 그냥 보내면 / 다시는 마음껏 외칠 기회가 없을까 두렵다 / 우산을 같이 들자, 함께 버티자 (……) 우산은 한 송이 꽃, 흩어지지 말자.

진정한 정치는 그런 영롱한 눈동자로 내일을 맞는 것이다. 우리 모두의 미래를 놓고 함께 고민을 털어놓고 뜻을 모은다면 더불어 공감할 청년들이 세계 곳곳에 있다. 함께 나아간다면 우리를 가로막는 현실의 벽이 아무리 높다 해도 넘지 못할 까닭이 없다.

기독교를 일으킨 바울이 말하기를, 세상 모든 지식을 갖췄더라도 내게 사랑이 없으면 나는 아무것도 아니라 했다. 그렇다. 세상에 어떤 문제가 있는지, 우리가 아무리 해박한 앎을 얻었다 해도 우리에게 정치에 나설 뜻과 열정이 없다면 우리는 아무것도 아니다! 그 모든 지식이다 하릴없고, 우리는 살아도 제대로 산 것이 아닌 한갓 허깨비가 된다. 윤리 교과서가 건성으로 일러준 '실천 윤리'는 하나에서 열(10)까지 죄다 정치인데, 의롭지 못한 세상을 의롭게 바꾸는 일이 이것이다. 세상에 정치 아닌 것이 없고, 그것을 밀고 갈 힘은 오직 이웃 사랑에서 나온다. 일찍이 김수영 시인이 그 정치를 떠맡을 주체들을 노래한 적 있다.

풀이 눕는다 / 비를 몰아오는 동풍에 나부껴 / 풀은 눕고 / 드디어 울었다 / 날이 흐려서 더 울다가 / 다시 누웠다 / 풀이 눕는다 / 바람보다도 더 빨리 눕는다 / 바람보다도 더 빨리 울고 / 바람보다 먼저 일어난다…….

덧대기

인권人權 관련해 알아둘 현실 하나. 미국과 남한 정부가 '북한에 인권이 없다'며 오래전부터 문제 삼았다. 그쪽 사정을 자세히 모르겠고, 두 정부가 과장한 부분도 있겠지만 아무튼 그 얘기가 얼마쯤은 사실일 것이다.

첫 번째로 헤아릴 것은 남과 북이 사회 체제가 다르다는 사실이다. 가령 남한은 '정당이 여럿인 제도'를, 북한은 '정당이 하나인 제도'를 운영한다. 우리 잣대를 대단한 것인 양 들이대며 북한에 인권이 없다고 비난하면 북한이 코웃음을 친다. 대의민주주의 자체에 큰 한계가 있는데, 무슨 딴 체제를 홍보하는가. 그렇다고 북한에 아무런 인권 문제도 없을 거라는 말이 아니라, 그 인권을 그들이 내세우는 체제의 이념에 비춰서 따져야 한다는 말이다. 그들의 청사진에 따르면 처음에는 하나의 정당이 민중을 이끌게 되어 있다. 하지만 나중에는 그 정당이 차츰 뒤로 물러나야 한다. 그리고 민중이 사회의 주인이 되어야 하는데 과연 지금 북한 민중이 자기 삶의 주인主人으로 올라섰는지를 묻자.

두 번째는 인권 현실을 따지고 들 주체의 자격이다. 남한 민중은 따질 수 있다. 하지만 '그들을 정복(합병)하고 싶다'는 속셈을 품고 있는 호전적好

戰的인 세력에게 그것을 따질 자격이 있을까? 또 미국이 내세우는 인권은 매우 옹색한 개념이다. 자유권과 시민권보다 사실은 생존권과 사람이 평화롭게 살아갈 권리가 더 막중하다. 목숨이 위태로운 사람에게 참정권(정치 참여권)은 나중 문제가 아닐까? 미국은 60년이 넘도록 북한과 평화협정을 맺는 것을 퇴짜 놓아왔다. 기회가 닿으면 북한 붕괴를 꾀하고 싶어서다. 그러면서 인권을 말하는 것은 참으로 뻔뻔한 짓이다. 지금 정말로 긴요한 것은 미국과 남한, 북한이 대결 국면을 벗어나는 일이요, 그러고 나서야 비로소 북한에게 '인권 개선'을 권고할 자격이 생긴다.

3부
철학과 종교

1 주마간산
동아시아 철학

제자백가 가운데 민중의 처지를 바꿔내려고
세상과 가장 헌신적으로 대결한 집단은
묵자와 그 제자들이었다.

이 글은 동아시아 철학에서 알아둘 것과 생각거리만 쪼끔 주마간
산(走馬看山, 잠깐의 구경)으로 짚는다. 우선 제목부터. 그동안 동아시아
사람들은 흔히 자기네를 '동양東洋', 유럽 쪽을 '서양西洋'이라 일컬었다.
'양洋'은 큰 바다다. 그런데 이 두 낱말에는 대국주의大國主義 관점이 깃
들어 있다. '동양'을 말하면서 주로 한·중·일 얘기를 하거나 고작해야
인도를 끼워 넣어준다. 이슬람 세계나 동남아시아는 아예 제쳐놓는다.
러시아는 절반이 아시아 쪽인데 거기도 '모르쇠' 한다. 우리 한·중·일
이 '동쪽의 모두'라고 저도 몰래 뻐기는 것이다.

이 두 낱말만 자꾸 듣다 보면 인류 사회에는 근대 인류 문명의 헤게
모니를 쥔 쪽(유럽)과 옛날에 잘나갔던 쪽(동아시아), 두 군데만 있다는
느낌에 사로잡히기 마련이다. 그 바깥에도 넓은 세상이 있고, 우리가
거기서 배울 바도 많은데 (이 용어법은) 우리의 눈길을 오로지 서방 진
영(미국과 유럽)에만 쏠리게 하고, 우리가 얼마나 빨리 그들을 따라잡
을까 하는 조바심이 일어나게 만든다. 그래서 이 글은 우리를 '동아시
아'라는 객관적인 지역 명칭으로 나타낸다.

세상에는 유럽과 동아시아 말고도 또 있소. 우린 그것을 잊지 않겠소![42]

하나 더 덧붙이자. 얼핏 보면 '동아시아 철학!'이 중국 얘기인 것처럼 느껴진다. 요즘 중국 정부가 '동북 공정工程'이라 해서 지금의 자기네 땅에서 벌어진 역사는 다 중국 역사인 것처럼 떠벌리고 있으니 더 그럴 텐데, 걔네야 그 따위(가령 '고구려'도 자기네 것이라는 이야기)로 풍수를 떨더라도 우리가 그런 생각에 말려들 까닭은 없다. 이 글에서 주로 다룰 춘추전국시대(기원전 770년~기원전 220년)로 돌아가서 생각해 보자. 그때 중원中原에 살던 사람 중에 "우리 문명이 한반도 문명보다 더 우월하단다." 하고 뽐낼 사람이 몇이나 있었을까? 아무도 없었다. 저마다 뿔뿔이 살았지 그들이 뽐낼 통일된 거대 국가가 동아시아 대륙에 없었다. 애당초 국경國境이란 게 없어서 '어디 살 만한 데가 있다더라' 소문이 나면 그리로 우르르 몰려가 눌러앉고는 했다. 한漢나라나 당唐나라 때는? 지배층 몇 놈이야 '동녘 오랑캐 어쩌고……' 떠들기도 했겠지만 피지배층 대부분은 그런 국가의식('나는 중국인의 한 멤버다')이 별로 없었으니 오랑캐라는 낱말에 너무 기분 나빠할 것 없다.

중원의 수많은 민족이 어우러져서 동아시아 문명을 만들어냈다. 공자 때 그 빛나는 문명을 함께 만들어낸 사람들 상당수가 그 뒤에 한반도로, 일본과 동남아시아로 건너갔다. 여럿이 어우러져서 만든 것을 나중에 한족漢族들이 자기네만의 것으로 뻐겼던 것이다. 이를 잊지 말

42. 신영복은 "서양철학은 존재론, 동양철학은 관계론"이라고 구분한다(그의 『강의』 참고). 어떤 특징을 잡아낸 말로는 옳은데, 그렇게 칼같이 구분될 것은 아니라고 본다. 관계론이 서양에는 왜 없겠는가. 또 이 구분에 따르면 유교든 불교든 다 긍정적인 것으로 비치는데 관계론이라는 잣대에서만 긍정적인 것 아닐까. 그의 이분법은 섣부른 '동양철학 예찬'으로 비치기도 한다.

자는 뜻에서 동양과 중국이 아니라 '동아시아'를 호명한다.

유학은 그렇게 높이 추어줄 철학이 아니다

우리는 19세기에 서양 문물이 마구 밀려들기 이전에는 '유교 문화 (철학)' 속에 살았다고 대충 알고 있다. 유교(나중에는 성리학) 사상이 옛날의 주류 문화였고, 불교와 도교(노장) 사상이 비주류였다. 그래서 이 글은 유교와 노장 사상 등등을 주로 살피고, 불교는 다른 글에서 다룬다.

유교 사상이 왜 지배 사상이 됐을까? 공자는 '인(仁, 어짊)'을 으뜸으로 강조했다. 누구더러? 중고교 교과서는 "모든 사람이 서로에게 어진 사람이 돼라!"는 말로 옮겨서 서술하고 있지만, 공자가 말을 건넨 사람은 선비士들을 비롯해서 지배층에게 한정됐다. 지배층이 민중을 어질게 다스려야 나라가 굳건하게 선다는 얘기다. 그러니까 공자가 요즘 세상에 태어났다면 "정치인들아, 자본주의 체제가 인간의 얼굴을 띠게끔 사회를 개혁하자!"고 말했을 것이다. 지배층이 제 권세를 뽐내는 대신에 민중의 살림살이를 더 따뜻한 마음으로 돌봐야 정권(왕국)의 정당성이 높아진다는 훈계다. 동아시아의 옛 왕조들은 이렇게 명분이 높은 통치 사상을 내세운 덕분에 오랫동안 안정된 통치 질서를 누릴 수 있었다.

덕德으로 다스리고 예禮로써 바로잡아야 사람들이 부끄러움도 알고 나라 꼴도 갖춘다.

경제 살리기와 군대 양성, (국가에 대한) 민중의 신뢰, 이 셋 중에 끝내 지켜야 할 것은 민중의 신뢰다.

그런데 요즘 사람들은 공자의 말씀을 기록한 책 『논어論語』를 일반 대중 모두를 위한 윤리학 책으로 읽는다.

배우고 때때로 익히니 참 기뻐라. 먼 데서 벗이 찾아오니 즐겁구나. 남들이 알아주지 않아도 노여워하지 않아야 군자君子겠지.

아는 것은 좋아하는 것만 못하고, 좋아하는 것은 즐기는 것만 못하다.

군자는 (남들과) 화목하게 지내면서도 (남들과) 같지 않은데 소인小人은 (남들과) 다를 바가 없으면서도 화목하지 못하다.

'익힐 습習'은 실천한다는 말로 이해하는 것이 더 낫다. '먼 곳의 벗'은 신분이 낮은 야인野人도 공부하러 왔다는 뜻이다. 사회질서가 고착돼 있지 않았다. '남들이 알아주지 않았다'는 말은 제후(작은 나라의 왕)들이 공자의 정치사상이 솔깃하지 않아서 그를 관리로 뽑아주지 않았다는 뜻을 내비친다. 이렇듯 사회 맥락이 들어 있는 말인데 그 맥락을 알아채지 못하면 겉핥기의 독서가 된다.

화이부동和而不同! '(남들과) 화목하지만 (그들과) 같지 않다'는 말은 곱씹을 만하다. 자기와 다른 사람들을 너그러이 대하라(관용하라)! 아집(자기 고집)에 사로잡히지 않아야 그럴 수 있다. 시대와 장소를 떠나 그런 일반적인 이야기로 읽으면 꽤 훌륭한 철학이다. 공자는 '귀신'에 대해 묻는 사람에게 "사람 일도 다 모르는데, 어찌 귀신에 대해 알

랴?" 하고 멋지게 대꾸한 적 있다. 무속巫俗의 세계를 탈피하고 인문人文의 세계를 추구하는 근대적 합리주의자의 모습도 보여준다.

문제는 그 철학이 그때 그 사회에서 무슨 구실을 했느냐 하고 질문할 때 생겨난다. 유교 철학은 오랫동안 동아시아에서 지배적인 사상으로 구실해왔다. 선비들 대부분은 유교 책만 봤다. 그렇게 공부를 독점할 가치가 있을 만큼 그것이 탁월하냐는 물음이다.

알다시피 유교는 중국을 통일한 한漢나라 무제 때(기원전 1세기 무렵) 국교, 곧 통치 사상이 됐다. 공자 맹자가 살았을 춘추전국시대에는 별로 빛을 보지 못했다. 유가(유교 학파)는 정치와 학문을 다투는 여러 동아리 중 하나에 불과했다. 한나라가 공자를 떠받든 덕분에 공자가 나중에 성인聖人 대접을 받았다. 공자 말씀에 좋은 얘기도 많지만 그 골자(뼈대)는 보수적인 것이라서 자기 살아생전에는 지지자가 많지 않았던 것으로 보인다. 어째서 보수保守인가?

먼저 공자가 즐겨 견준 두 주체가 있다. 군자君子와 소인小人. 군자는 능동적으로 남들을 포용하는 훌륭한 인격자요, 소인은 그렇지 못한 사람이다. 그러나 공자는 사농공상士農工商 가운데 선비士더러 '군자 같은 선비가 되라'고 했지,[43] 여타 피지배 민중에게 권유하지 않았다. 밑바닥 민중은 타고난 신분 때문에 소인을 넘어설 수 없다. 옛 그리스의 민주주의가 그때 그곳의 노예들과 아무 상관이 없었다는 사실을 떠올려라.

그 시절의 용어법이 요즘과 참 다르다. 이를테면 백성百姓이 고대에는 성씨를 가진 귀족층만 가리키는 말이었다가 한참 훗날에 '민중'을

---

43. 신영복은 '사士'를 피지배계층(=사농공상)의 하나라 봤다. 하지만 춘추전국시대에 사士는 하급 관리로 발탁되어 신분 상승 중이었고 나중에는 지배층의 주축인 '사대부士大夫'가 됐다.

가리키는 말이 됐다. 민중(대중)을 뜻하는 '인민人民'이라는 낱말은 북한에서 그 말을 쓴다 하여 남한에서는 금기어(사용을 꺼리는 단어)가 됐는데, 2,500년 전에는 '인人'과 '민民'이 한데 붙을 수 없었다. '人'은 지배층만을 가리켰고, '民'은 밑바닥 민중이다. 民은 노예의 눈알을 뽑은 모습을 형상으로 나타낸 글자다. 옛 그리스의 아리스토텔레스가 '노예는 말하는 짐승'이라고 정의한 것과 비슷하다.

공자는 주周나라의 예법禮法으로 돌아가자고 했다.[44] '인仁'이란 자기를 극복하고 예禮로 돌아가는 것이라고 그가 규정했는데 그가 숭상한 예는 주나라의 예다. 그렇다면 공자는 주나라 봉건제도 밑에 깔려 있던 노예 질서를 옹호했는가? 이 물음과 관련해 신영복은 비판의 시제時制를 조심하자고 한다(그의 『강의』 참고). 모든 사상은 역사적 산물이므로, 고대 사상을 오늘의 시제로 평가할 수 없다는 것이다. 『논어』가 인간관계론을 중심에 두었고, 이것은 특정 시대의 사회질서를 뛰어넘는 생각이라는 변론이다.

물론 공자가 노예제 질서를 옹호하는 말은 『논어』에 들어 있지 않다. 또 공자는 '정치는 곧 잘못된 것을 바로잡는 것'이라고 말한 적 있다. 그래서 (공자가 살았던 시대보다) 민중을 덜 착취했던 주나라 초기의 토지제도와 세금제도를 되살리라고 그가 말하지 않았겠느냐는 추론도 있다(주대환의 『좌파 논어』 참고). 하지만 아무리 덜 착취하는 노예제도라고 해도 그가 그것을 전제해놓고 철학을 펼친 것은 분명하다. 나중에 언급하겠지만 묵가나 양주, 장자의 말이 그 당시 사람들의 심금을 더 울리고, 공자의 평판이 높지 않았던 까닭도 그가 "왕이 좀 착

44. 중국의 첫 나라는 은나라(기원전 1600년~기원전 1000년)이고, 다음이 주나라(기원전 1000년~기원전 250년)였다. 공자는 주나라가 명맥만 잇고 있던 기원전 500년 무렵에 활동했다.

하면 세상이 좋아져요!"하는 미적지근한 시혜(施惠, 베풂) 철학에 머물렀기 때문이다. 공자를 부당하게 깎아내리는 투박한 비판을 조심하는 것은 맞지만, 공자가 계급적 한계(테두리) 안에서 세상을 봤다는 것은 부인할 수 없다.

진시황과 법가 그리고 유가

진나라 첫 황제(기원전 220년 무렵)는 오랫동안 분서갱유焚書坑儒, 곧 온갖 책을 불태우고 유교 선비들을 죽인 악독한 폭군으로 알려져왔다. "게다가 부하를 한반도에 보내 불로초不老草를 찾아오라고 시킨 탐욕스러운 놈!" 역사적 사실들을 귀동냥할 때에는 '혹시 그 얘기가 허튼 소문이 아닐까' 늘 조심해야 한다. 진시황과 관련된 얘기의 경우, 진나라를 거꾸러뜨리고 들어선 한나라가 지어냈다. 두 나라의 지배 사상도 달랐다. 진나라가 상앙과 한비자의 '법가' 사상을 내세운 반면, 한나라는 법가를 부정하고 유가를 내세웠다. 그러므로 기원전 1세기에 한나라의 사마천이 역사책을 쓸 때 진나라에 대해 과잉 비판을 했을 것으로 짐작하는 게 옳다. 분서갱유가 얼마나 심했는지, 알려진 사실이 없다. 오히려 진나라가 한나라보다 민중을 더 너그럽게 다스렸다는 기록이 최근 밝혀졌다.[45]

중국에 문화대혁명이 일어났을 때(1966~1976) '공자를 비판하자!'는 운동이 크게 일어났더랬다. '법을 세워서 다스리자!'는 법가 사상이 '어진 임금 만세!'를 되뇌는 유가 사상보다 낫다는 주장이 그때 맹렬하

---

45. 강신주의 『맨얼굴의 철학 당당한 인문학』 참고.

게 나왔다. 글쓴이도 기본적으로 그 주장에 공감한다. 물론 사상마다 장단점이 있으므로 '법가가 유가보다 죄다 낫다'고 단언할 일은 아니겠지만 말이다.

진시황은 진취적인 지배자였다. 가부장제도였던 주나라와 달리 남녀를 평등하게 대했고, 귀족과 평민에게 똑같이 법률을 들이댔다. 진시황은 처음으로 드넓은 중원을 한 나라로 통일했는데('은'과 '주'는 그렇게 큰 나라가 아니었다), 그럴 수 있었던 비결은 '법 앞에 누구나 평등하다'는 그의 진취적인 구호가 사람들에게 먹힌 데다가, 수백 년 동안 전쟁이 벌어져서 '이제는 전쟁 없이 살고 싶다'는 민심이 들끓었던 데 있다. 강력한 임금 밑에서는 반란이 일어나지 않으니 민중이 죽어나갈 걱정을 덜해도 된다.

진시황이 민중에게 더 호응을 받았던 까닭은 이중(두 겹)의 착취에서 벗어날 수 있었기 때문이다. 공자가 옛 노래를 모아서 실은 책 『시경詩經』에는 "쥐야, 쥐야, 큰 쥐야. 내 보리를 먹지 마라." 하고 염원하는 노래가 있다. 여기서 '큰 쥐'는 자기 권세를 휘둘러 민중이 땀 흘려 일한 것을 빼앗아가는 국가 지배층을 상징한다. 다산 정약용 (1762~1836)의 시 「애절양哀絶陽」도 이렇게 핍박받던 민중을 대변했다. 사내라는 이유로 어린애한테서까지 세금을 뜯자, 그 아비가 미쳐버려서 자신의 성기를 잘랐고, 그 어미가 그것을 들고 울면서 원님을 찾아가 항변했다는 이야기다. 이렇듯 지배층의 착취가 심해지면 민심民心이 나라로부터 떠난다. 그래서 반란이 일어나 새 나라가 들어서면 한동안은 그 착취가 줄어든다……. 이렇게 해서 동아시아의 옛 나라들은 대략 300년을 주기(사이클)로 왕조가 교체됐다. 그런데 대부분의 나라는 왕도 세금을 걷어가고 지방의 지주地主 호족과 고을 수령(원님)도 따로 민중을 뜯어먹었다. 진시황은 귀족(호족)들을 엄하게 다스려서

이 두 겹의 착취를 막고자 했다.

그러니까 진시황이 죽자 진나라가 거꾸러진 까닭은 그 나라가 반동적이어서가 아니라 너무 진취적이었던 데 있다. 공자가 엮은 책『예기禮記』에는 "예禮는 밑바닥 민중에게 해당되지 않고, 형벌은 지배층에게 들이대지 않는다"고 하는, 불평등한 사회 원리를 밝힌 대목이 있는데, 진시황은 전쟁에 공을 세운 평민을 등용하고 법을 어긴 귀족은 처벌했다. 그래서 '지배층의 한 식구'였던 귀족들이 진시황의 새 나라를 달가워하지 않았다. 그들이 진나라를 거꾸러뜨리고 한나라를 세웠다.

중국이든 조선이든 신하들이 신권臣權을 내세워 왕권에 도전했는데, 법가가 왕권王權을 옹호한 반면 유교가 신하들을 편들었다. 왕이 신하들(곧 귀족층)에게 어짊(!)과 덕(!)을 베풀면 어찌 되는가? 신하들은 "성은이 망극하나이다." 하고 감격하겠지만, 왕국 자체는 더 튼튼해질 수 없고 민중은 이중 착취에 시달릴 공산이 커진다. 실제 세상을 다스리는 통치 사상으로서 법가가 더 진취적일 수 있었다. 왕들은 왜 법가를 내세우지 못했을까? 중앙집권국가를 밀어붙일 사회적 실력이 약했고[46] 덩치 큰 귀족들이 달가워하지 않아서 그랬다(그들의 반란이 염려된다). 겉으로는 '덕을 베풀겠다'며 유교 사상을 내세우고, 속으로는 왕권을 세우기 위해 '법가' 이념을 은근히 들여다가 썼을 것이다. 그런다고 해서 호족과 수령이 따로 민중을 뜯어먹는 것을 막는다는 보장은 없었지만 말이다. 이런 배경 덕분에 유교가 한漢나라 이래로 줄곧 국가가 내세우는 통치 이데올로기가 된 셈인데, 그래도 유교를 두둔해줄 수 있겠는가?[47]

유교는 사실 '가족'을 두둔하는 사상이다. 이때의 가족은 핵가족이

---

46. 유럽의 근대 절대주의 국가는 신흥 부르주아들이 왕의 파트너가 됐기에 가능했다. 경제력이 있어야 군사력을 키울 수 있고, 그래야 중앙집권 정치가 가능하다.

아니고 한 문중門中 전체를 가리킨다는 것을 잊지 말자. 『논어』에 보면 섭공이라는 제후가 "우리 고을엔 바르고 곧은 사람이 있더라. 자기 아비가 양을 훔쳤다고 관청에 고발했다더군." 하고 말하자 공자가 자기 같으면 숨기겠다고 대꾸했다는 것이다. 유교의 진취성이 의심스러워지는 대목이다.

유교 사상은 근대에 들어와서 사실 생명력을 잃었다. 1894년 청나라가 일본에게 패퇴해서 대국大國으로서 망신살이 뻗치고, (일본 군대의 주둔으로) 조선 왕조가 사실상 숨을 거둔 마당에 그 두 나라의 통치 사상도 빛을 잃을 수밖에 없었다.

"나라가 망한 게 다 저 놈의 고리타분한 유교 탓이야! 송시열(17세기)이란 놈, 초상 치를 때 상복喪服을 1년간 입느냐, 3년간 입느냐를 갖고서 한참 싸움박질 벌인 것 좀 봐! 그따위 하릴없는 사상은 내다버리자!"

그런데 무슨 생각(철학)에 대해 죄를 묻는 것은 참 우습다. 게다가 유교는 조선의 지배층에게 그럴싸한 허울(간판)이 되어줬을 뿐이지, 그 철학 속에 '민중 착취 장려'의 내용이 들어 있는 것은 아니잖은가. 한 문명이 총체적인 실력(경제력과 군사력) 부족으로 식민지가 됐는데, 그것을 사상 탓으로 돌리는 것은 허튼 착각이다. 그것은 누구(무엇)를 탓하기도 어려운 거대한 역사적 흐름(민족 간 불균등 발전의 법칙)의 결과다.

그런데 백 년이 흘러, 20세기 후반에 와서는 또 시답잖은 '유교 찬

47. 진취적인 지식인 중에도 『논어』와 점치는 책 『주역』을 들이판 사람들이 여럿 있다. 나름으로 밝혀낸 바가 있겠지만, 그게 지금 시대에 간절한 공부거리였을지 좀 미심쩍다. 중세 지배 이데올로기로 복무하지 않거나 덜 복무한 (다른 학자들의) 숨어 있는 옛 철학들을 캐내는 것이 더 요긴하지 않았을까?

양'이 시끄럽게 일어났다. 동아시아 3국이 자본주의 경제로서 (다른 나라들보다) 잘나가자, 그게 다 유교 덕분이라고 여러 나라의 부르주아들이 칭찬해준 것이다.[48] 언제는 유교 때문에 나라가 망했다며? '유교 덕을 많이 봤다'는 것도 수상쩍은 말이다. 유교 문화를 통해 충성하는 체질을 익힌 사람들이 자본에게 충성을 다 바쳤다는 얘기이니, 그때의 유교는 송시열의 유교이지 공자 순자의 유교가 아니다. 이렇듯 양은 냄비 끓듯 이쪽저쪽으로 마구 터뜨리는 소리는 생각 없는 사람들의 잘난 체다.

유교(성리학)에서 잔잔하고 아기자기한 사상들을 찾아내는 것은 좋은 일이다. 옛 선비들의 공부법을 학생들에게 들려주는 것도 유익하다. 그때 사람들의 예절과 풍류風流를 돌아보면, 요즘 돈밖에 모르는 우리들 세상이 얼마나 천박한지도 새삼 깨닫는다. 유교 문화는 아무리 깎아내려도 신자유주의(자본주의) 현대 문화에 견주자면 신선神仙과도 같다.

그러나 그 철학이 '돈(자본) 종교'에 찌들어 사는 우리에게 다른 세상을 열어갈 영감靈感을 선사해줄 것 같지는 않다. '왕의 나라'를 너무나 당연한 것으로 전제해놓고, 어떻게 해야 지배층이 훌륭한 인격을 갖춰서 민중에게 덕을 베풀 수 있을지를 주로 궁리했는데 거기서 우리가 무슨 감동을 받을까? 젠장, 우리 대부분은 지배층과 전혀 딴 동네의 프롤레타리아 신세로 굴러떨어지고 있는데?

공자도 좋은 선생님이기는 하다. 그런데 죄 없는 희생양으로 처절하게 죽어간 예수나 자기 가진 것 다 내버리고 힘든 수행修行의 길을 간 고타마 싯다르타에 견줘서 그렇게 '성스럽다'는 느낌은 주지 않는다.

---

48. 최근 중국 정부도 공자 찬양 캠페인을 벌인다. 지금 세상에서도 공자는 기존 질서의 안정을 돕는다.

솔직히 한동안은 벼슬자리를 구하려고 발을 동동 구르다가 나중에 포기하지 않았는가. 그 자리에 오르는 것이 나쁘다는 얘기가 아니라 '성스럽다'고 말하기는 어렵다는 게다. '성인聖人' 상표는 한나라 황제가 붙여줬지 민중이 붙여주지 않았다. 뒤에 잠깐 언급하겠지만 '묵자' 같은 사람에게 오히려 존경심이 일어난다.

철학의 황금시대를 열어젖힌 제자백가

유교는 한나라 무제 이후에나 중국에서 득세했다고 했다. 강력해진 통일국가의 지배층 입맛에 맞는 사상이었기 때문에 그랬지 예수처럼 밑바닥 민중의 마음에 불을 질러서 그렇게 된 것이 아니다. 한 무제 이전에는 600년에 걸쳐 수많은 작은 나라들이 서로 다툰 춘추전국시대가 펼쳐졌는데 동아시아 철학의 황금시대는 바로 이때다. 제자諸子, 곧 여러 학자들과 백가百家, 곧 갖가지 학파들이 들꽃처럼 활짝 피어났다. 백화제방百花齊放! 포숙아와의 우정(관포지교)으로 유명한 관중, 공자, 노자, 양주, 장자, 묵자, 한비자, 순자 등등을 꼽는다. '자子'는 훌륭한 학자의 이름 끝에 붙이는 존칭이다. 이를테면 공구가 공자, 노담이 노자, 장주가 장자, 주희가 주자라고 불렸다.

우리는 유교에 대해 관심을 덜 갖는 대신에 이 드문 황금시대에 꽃핀 갖가지 사상에 더 주목해야 한다. 왜냐하면 우리는 우리가 살고 있는 시대의 지배적인 세상틀에 복종하려고 철학을 찾는 게 아니라 우리를 짓누르는 세상틀을 극복하고 넘어서려는 마음으로 철학을 찾기 때문이다. 그 세상틀을 문제 삼지 않고 그 속에서 자질구레한 개혁을 이뤄내는 것에 만족하는 사람에게는 공자와 유학(성리학)에서 배울 바가 꽤 많을 것이다. 하지만 지금 21세기가 그렇게 격양가(평화의 노래)를 부를 태평성대인가?

유교에 아무리 좋은 얘기가 많이 담겨 있다 해도, 옛 선비들 대부분이 만날 '공자 왈…… 맹자 왈……' 읊어낸 것은 문제가 있다. 동아시아의 역사가 오랫동안 멈춰 서 있었다는 얘기다.[49] 생물의 세계에서도 '종의 다양성'이 꽃필 때라야 생태계가 더 활력을 얻는 것 아닌가? 제자백가의 수많은 사상이 그 때문에 다 잊혔다.

시대 배경을 들여다보자. 춘추전국시대는 '철기(쇠그릇)' 문명이 본격적으로 들어온 때다. 그 덕분에 농업이 크게 발달했고, 빈부 격차가 커져서 옛 씨족 공동체가 무너져갔다. 힘센 제후들이 저마다 부국강병을 꾀하고 날이면 날마다 옆 나라와 전쟁을 벌였다. 한쪽에는 부유한 농민과 권세 높은 세력이 생겨났지만 민중의 삶은 더 피폐해졌다. 그 격동의 시대가 600년이나 이어졌다. 그때 사람들은 전쟁터에서 태어나 전쟁터에서 죽었으니 살아생전에 평화로운 시절을 겪은 적이 없다.

전쟁 때는 사람이 바닥까지 간다. 절망에 떠는 사람은 온갖 생각을 다 하기 마련이다. 삶이 바닥을 벗어나지 못하니 무슨 말이든 다 꺼낼 수 있다. 게다가 많은 사람에게 기댈 언덕이 되어주는 무슨 뚜렷한 지배 사상이 없으니 갖가지 사상이 꽃핀다. 혜시, 등석, 공손룡이 논리학을 따져 물었고(명가), 손무가 『손자병법』을 썼으며(병가), 허행은 자급자족 농업을 부르짖고 지주의 착취와 상인의 이윤 벌이를 반대했다(농가). 관중과 신불해와 상앙, 한비자는 법을 세워 부국강병에 나설 것을 주장했고(법가), 이와 상반되게 묵자는 전쟁 반대를 외치고 겸애

49. 21세기에 한국의 똑똑한 청년들이 전부 사법고시와 공무원 시험에만 매달린다면 한국 사회가 어떻게 될 것 같은가? 공자와 주희(주자) 때는 유학이 활기를 띠었겠지만 나머지 시기에는 '죽은' 학문이었다.

(박애)를 실천했다(묵가). 음양오행을 살핀 음양가와 신선가도 있었다.

그러다가 거대 제국 한나라가 들어서서 사상 억압에 나선 뒤로 유교와 노장사상, (6세기에 뿌리내린) 불교 빼고는 다 잊혔다. 2,000년이나 지나 18~19세기에 와서야 그 존재가 겨우 알려지기 시작했다.

그런데 고대는 책의 시대가 아니었다. 제자백가는 다 말씀으로 제 생각을 나타냈을 뿐이다. 후세에 전해오는 책은 무엇이나 그 제자들이 글로 적어서 엮었다. 그러니까 제자를 계속 배출하지 못한 사상가에 관해서는 단편적인 얘기 말고 전해오는 것이 없다. 전해오는 사상도 이 책에 적힌 것과 저 책에 적힌 얘기가 삐뚤빼뚤 달라서 '책을 어떻게 읽어내느냐.' 하는 해석학의 과제가 (아시아든 유럽이든) 만만치 않다.[50] 이런 배경을 머리에 넣고서 동아시아를 주마간산해보자.

노자에 대해 그동안 잘못 읽었다

대학 입시 참고서들은 '노자'를 다음과 같이 규정해놓았다.

"노자는 장자와 더불어 '도가' 학파를 이뤘고 '도교'라는 종교(또는 민간신앙)의 바탕이 됐다."

할인 판매하는 참고서뿐만 아니라 학문하는 사람들도 다 그렇게 봤다. 이에 대해 인문학자 강신주가 '아니다!' 하고 선을 그었다. 노자와 장자는 사상이 너무 달라서 하나의 '도가'로 묶을 수 없다는 것이다. "그동안 노자에 대해 떠든 얘기들은 다 틀렸다!" 그의 말이 옳다고 생

---

50. 가장 본때 있는 '읽기'는, 잘 알려진 사람이 자세하고 조리 있게 쓴 글이 아니라 여기저기 조각들로 흩어져 있는 희미한 옛글을 모아 윤곽을 그려내는 것이다. 사회 공부와 국어 공부가 따로 있지 않다.

각돼 여기 소개한다. 위키백과부터 읽어보자.

길 도道! 도가는 참된 길이 인위(人爲, 사람이 억지로 하는 짓)를 초월한 곳에 있으며 직관으로 이를 깨닫자고 한다. 무위자연無爲自然![51] 유가는 국가 통치 이념이 된 반면, 도가는 밑바닥 민중이 현실을 부정하고 도피하는 얘기로 읽었다(도교 신앙). 한나라 이후 도가 학파는 사라졌지만 불교에 영향을 끼치고 문예 발달을 도왔다(도연명의 「귀거래사」).

그런데 그동안 학자들은 노자의 책 『도덕경』에서 자기들이 읽고 싶은 것만 읽었다.[52] 그래서 그것이 개인들에게 인생살이의 길라잡이가 되어줄 형이상학적 수양론(도를 닦는 책)이라고 결론을 내렸다. "바람직한 삶의 가치는 이런 것이고, 삶의 테크닉(기술)은 저렇게 써라! 길을 찾고 덕을 쌓아라!" 그 책의 앞 대목을 살펴보면 그런 것 같기도 하다. "도가도 비상도道可道非常道, 명가명 비상명名可名非常名." 길이라 일컫는 것이 언제나 길이 아니고, 이름이라고 붙인 것이 꼭 이름이 아니란다. 이름 없는 것이 천지天地의 처음이고, 이름 있는 것은 만물의 어머니란다. 세상을 한눈에 꿰뚫는 철학(형이상학)을 말했다. 또 멋들어진 문학적 비유로 삶의 가치도 설파했다. "상선약수上善若水 수선리만물이부쟁水善利萬物而不爭." 으뜸으로 착한 것은 물과 같단다. 물water은 만물을 이롭게 하면서도 다투지 않는다고 했다. 물처럼 겸손하게 낮은 곳으로 흘러가는 삶을 살아라! 도를 닦는 말씀으로 이렇게 쉽고 가슴

---

51. '아무 일도 하지 말자'는 뜻이 아니라 '억지스러운 짓을 하지 말자'는 뜻. 저절로 그렇게 된다(자연).
52. '도'와 '덕'을 풀이한 경전. 그의 이름으로 나왔지만 훗날의 집단 창작물로 보인다. 노자는 공자보다 좀 앞서 살았다는데 확실치는 않다. 책이 쓰인 때도 단언하기 어렵다.

에 와 닿는 말이 또 어디 있을까.

하지만 『도덕경』의 뒷부분에는 이와 전혀 다른 얘기가 실려 있다.

약하게 하려면 먼저 강하게 해줘야 한다. 없애려고 한다면 먼저 높여
줘야 하고, 빼앗으려고 한다면 먼저 줘야 한다.

이것은 욕심을 버리고 착하게 살라는 말이 아니잖은가. 병법兵法에
서 교훈을 찾는 대목도 여럿 있다. 앞에서 '세상의 처음'과 '착함'을 말
하더니 왜 약탈과 전쟁 얘기로 옮아가는가?

글(책)을 읽는 데에 기본은, 이야기 전체를 하나로 엮어 읽는 것이다
(글을 제대로 쓰는 사람은 그렇게 쓴다). 세부 내용을 아무리 깊이 읽어
낸다 해도 전체를 아울러서 헤아리는 눈이 없다면 헛수고가 된다. 『도
덕경』은 세련되게 압축된 운문(운율을 띤 글) 형식의 철학적 주장이지,
이것저것 늘어놓은 백과사전이 아니라서 '앞뒤가 다를 수 있다'고 핑
계 댈 수도 없다. 그런데 내로라하는 학자들이 노자의 주장은 외면하
고 그 근거만 갖고서 뜬구름을 잡았다. 정치학 책을 앞 대목만 읽고서
윤리학 책이라고 오인했다. 인류 사회에 등장한 학문에는 이렇듯 어수
룩한 구석이 많다. 여러분이 배워온 교과서도 혹시 모르니 날카롭게
따져보기 바란다.

무슨 사상이든 자기주장을 말하고 그 근거를 댄다. 그 주장이 무엇
인지는 제쳐놓고, 근거에 해당하는 대목만 따로 곱씹는 것은 나무에
올라가서 물고기를 찾는 꼴이다. 『도덕경』의 앞 대목에서 도道가 어떻
고, 물이 얼마나 착하고…… 하고 멋스럽게 말한 것들은 『도덕경』의 뒷
부분에 나오는 주장을 뒷받침할 근거들이다. 주장이 무엇인가?

"빼앗기 전에 먼저 주라!"고 했다. 또 병법을 말했다. 이것은 통치자

(군주)와 그를 보필하는 관리 또는 선비들에게 건넬 말이지, 밑바닥 민중에게 건넬 말이 아니다. 맨 먼저 읽어내야 할 것은 이것 아닌가?[53] 『도덕경』에는 "성인聖人께서…… 이렇게 말씀하셨다"고 줄곧 적혀 있다. '성인'은 바람직한 통치자(군주)를 높여 일컬은 것이다.[54]

통치자는 민중에게서 세금을 거둔다(빼앗는다). 노자는 세금을 빼앗으려 하기 전에 민중에게 되도록 많이 베풀라고 군주에게 권고했다. 노자와 그 제자들은 사관史官 출신이다. 옛 역사 기록을 샅샅이 살피고서 '군주가 민중을 심하게 수탈(약탈)한 나라에서는 어김없이 반란이 일어나 그 나라가 무너졌다.'고 하는 결론을 얻었다. 그러니까 저수지를 만들어주거나 길을 닦아줘서 민중의 살림살이가 늘어나게 한 뒤에 세금을 거둬야 민중이 그 세금을 원망하지 않는다는 것이다. 노자 동아리는 국가가 세금 걷기(빼앗기)와 베풀어서 덕 쌓기(재분배)를 서로 교환하는 경제 원리를 계속 지킬 때라야 탈 없이 굴러간다는 사회과학의 앎을 (인류 중에) 처음으로 분명히 밝혔다.

『도덕경』에는 이런 구절이 있다. "도道는 하나를 낳고 하나는 둘을 낳고 둘은 셋을 낳고 셋은 만물을 낳는다." 결국 도道는 만물everything을 낳는다! 거꾸로 읽어보자. 만물은 도道에 따라야 탈이 없다고! 어렵게 읽지 마라. 어디 먼 데 얘기가 아니다. 군주들에게 정치철학을 들려주려고 이 책을 썼다. 수많은 왕들께서는 도道를 따라야 나라가 태평하다!

"그 '도'가 뭐냐고? 임금이 민중을 너무 착취하면 나라가 망한다는 것이여! 민중에게 늘 베풀어야(재분배해야) 나라가 오래오래 이어져!

---

53. 고대古代는 밑바닥 대중이 정치와 문화의 주인(주체)이었던 시절이 아니다. 노자든 공자든 선비 집단士과 지배층(제후, 대부)에게만 말을 건넸다.
54. 민주주의 시대에 살면서 성인聖人이란 말에 껌벅 죽으면 안 된다. 누구를 숭배하라는 명령이었다.

역사책 들여다보고 우리가 그 흥망의 법칙을 알아냈느니라!"

그러고 보면 노자 철학이 별것 아니다. 세상 돌아가는 꼴을 웬만큼 아는 사람은 요즘 다 알고 있는 것을 말했을 뿐이다(물론 까마득한 옛날에 깨친 것은 훌륭하다). 문제는 이것을 '도道가 만물을 낳고 어쩌고……' 무척 신비롭게(!) 덧칠을 해서 사람들을 어리둥절하게 만든 데 있다. 요즘도 이 덧칠 버릇이 (학자들 사이에서) 없어지지 않았지만 옛날에는 그 버릇이 훨씬 심했다. 옛날 얘기를 들을 때는 늘 그들의 과장법이나 '신비화' 상술을 조심해야 한다.[55]

그런데 노자 말씀이 꼭 '별거 아닌 것'만은 아니다. 그 얘기에 솔깃해하는 사람이 요즘도 무척 많기 때문에 그의 주장을 수용해야 할지 말지 잠깐 따져야 한다. 요즘도 국가에게 '복지 예산을 늘려라!' 하고 열심히 요구 운동을 벌이고는 그것으로 만족하는 사람들이 무척 많다. "그거라도 나아지는 게 어디냐! 우리, 가능한 꿈만 꾸자고!" 그런 사람에게는 노자 말씀이 훌륭하게 다가간다. 사실 공자처럼 '예禮가 어떻네, 덕이 어떻네.' 번드르르하게 말하는 것보다는 국가가 오래오래 살아남을 길을 정치경제 원리로 파헤쳐주는 것이 훨씬 무게 있다. 한비자는 노자 말씀을 '통치 기술을 잘 쓰라'는 얘기로 오인했지만 통치 기술에 골몰한 (그래서 당장 써먹히는) 법가보다도 노자가 훨씬 무게 있다.[56]

아무튼 노자 말씀은 옳은가? 무게 있는 사람의 중요한 주장은 한마디 한마디 곱씹어야 한다. (임금이여, 민중에게서) 빼앗기 전에 먼저 베

---

55. 노자는 '내성(내면 성찰)만으로 세상을 안다'고 폼을 잡아 독자들이 헷갈렸다. 실제론 역사책 읽고 알아낸 것이다. 문제는 그때 사관(역사 기록자)만이 그런 앎에 접근할 기회를 누렸다는 데 있다.
56. 그러나 한비자는 노자의 얘기를 무슨 '도를 닦아 인격자가 되자'는 말로 오인하지는 않았다.

풀라? 그게 가능하냐? 내가 돈 한 푼도 안 갖고 있는데, 어떻게 베풀 수 있느냐! 임금이 지금 값비싼 곤룡포를 입고 황금으로 칠한 용상에 앉아 있을 수 있으려면 (민중의 등골을 빼서라도) 먼저 겁나게 세금을 거둬들였어야 한다. 노자는 국가가 민중 위에 자리 잡으려면 먼저 커다란 수탈이 있어야 한다는 사실을 숨겼다. 아니, 예전에 선조先祖 임금들이 이미 수탈을 저질렀다. (그 옛 사실을 은폐하고서) 지금 왕과 민중이 백지 상태에서 교환 거래를 한다고 가정하는 것이다. 이것은 사람들이 자연 상태에서 서로 사회계약을 맺어서 국가를 세운다고 근대 유럽의 먹물들(홉스, 로크, 루소 등)이 가정했던 것과 비슷하다. 그렇게 사람들이 빈손으로 만나 갑작스럽게 사회계약을 맺는 일은 세상천지 어디에도 없다.

현실은 거꾸로다. (『도덕경』의 교묘한 권고와 달리) 먼저 빼앗아야만 되돌려줄 수 있다. 또 세금으로 거둬들인 재화(財貨, goods)의 일부만 재분배할 수 있다. 임금과 귀족들이 누릴 것을 쪼끔이라도 빼놔야 하지 않겠는가. 사실 임금들더러 '부귀영화를 누리지 말라'고 다그치는 것은 임금들로서는 좀 가혹하다. 덕을 쌓는다고 해서 꼭 나라가 태평해지라는 법도 없지 않은가. 자기들이 어쩌지 못하는 자연재해(가뭄, 홍수)나 외적의 침입 때문에도 나라가 흔들거릴 수 있다. 베풀어줬는데도 민중이 고마워하지 않을 수도 있다. 그러므로 거둬들인 재화를 통 크게 돌려주는 것은 성공이 보장되지 못하는 모험이다. 만물을 낳는 도道가 어떻느니, 하고 뻥구라를 섞어야 (임금이) 껌벅 죽어서 받아들일까 말까 한다.[57]

여기서 묻자. 노자의 말씀은 시인 윤동주의 표현대로 '하늘을 우

---

57. '도'와 '만물'은 이상적인 국가 통치의 길과 개별 임금들 사이의 관계에 들이댈 수 있다.

러러 한 점 부끄럼 없는' 그런 진리일까? "임금이 민중에게 베풀겠다는데 그것만으로 감지덕지해야 할 일 아냐? '재분배'를 다짐하는데도 '너희들 물러나라'고 하면 그럼 무슨 대안이 있어? 국가가 없으면 외적外敵이 쳐들어올 때 어떡할 건데?" 그래서 어찌 됐든 '국가는 있어야 한다'는 숙명론을 받아들이는 순간, 그의 말이 무게 있게 들린다. 그 시절, 아리스토텔레스도 '사람은 폴리스(국가) 없이 살 수 없다'고 맞장구를 쳤다.[58]

그런데 노자의 '도'가 사실은 그런 숙명론 위에 세워졌다는 것을 『도덕경』이 슬며시 털어놓는다.

빼앗으려고 한다면 꼭 먼저 줘야 한다는 것은 '미묘한 밝음'이다……. 물고기(민중)는 연못(국가의 틀)을 벗어나게 해서는 안 되고, 국가에게 이로운 도구는 사람들에게 보여서는 안 된다.

국가가 어찌해야 안정되게 굴러갈 수 있을지 통치자는 밝게 깨쳐야 하지만, 민중에게는 그 원리가 드러나지 않아야 한다. 그래서 '미묘한 밝음'이라고 했다. 군주가 베풀어주는 것을 민중이 은혜로운 선물로 여겨야 다음에 세금을 (더 많이) 거둬들일 때 순순히 따른다. 그것의 속셈('지금 돌려주니까 나중에 더 갖다 바쳐라')을 민중이 알아차리면 그런 복종 효과가 사라진다. 수탈과 재분배가 훌륭한 진리라면 왜 그 이치를 민중에게 숨기는가?

20세기 초반 한때, 독일 대중은 자기들을 '작은 총통(대통령)'이라 여겼다. 큰 총통 히틀러가 침략 전쟁을 벌이기로 결정한 것을 자기들

---

58. 하지만 맞장구치지 않은 제자백가도 여럿 있었다는 사실을 잊지 마라. '장자'만 해도 고귀한 군주와 미천한 민중을 구분하는 것이 꿈(허구)이 아닐까, 의심했다.

스스로 결정 내린 것으로 여겼다. "총통과 우리들은 같은 마음이니까!" 『도덕경』에는 임금이 너그러이 베풀면 그 뒤 무슨 일을 벌여도 민중이 '즐겁게 받아들인다'는 구절이 있다. 노자의 철학이 은밀하게 히틀러의 파시즘과도 닿아 있다는 얘기다. 히틀러도 노자처럼 국가 지배층과 민중이 무엇을 교환해야 하는지, 잘 알았다. 유럽 역사에서는 지배계급이 정치나 경제 면에서 위기에 빠져 있을 때 '자비로운 군주'가 나서서 민중의 마음을 확 사로잡은 때가 있는데 1848년 유럽 곳곳에 노동자 봉기가 일어나자 (프랑스혁명을 이어받았던 나폴레옹의 조카인) 나폴레옹 3세가 들어선 것이 그랬고, 2차 세계대전(1941~1945) 시절에 독일에 히틀러가, 미국에 루스벨트가 들어선 것이 그랬다. 노자 얘기는 현대 인류도 맞닥뜨린 문제를 짚었던 것이다.

노자의 핵심 낱말은 '무위자연無爲自然'이다. '무위'를 하면 하지 못할 일이 없다는 게다. 사사로운 마음을 버리고, 물이 흘러내리듯이 순리대로 "정치"를 해라! 베풀면 도로 받는다는 것을 잊지 마라. 욕심을 부려서 억지로 뭔가를 하려고 하지 마라……. 노자 얘기를 사람들 대부분이 '누구나 도를 닦자'는 얘기로 알아들었고, 그렇게 읽어서 꼭 안 될 것은 없지만 노자 자신은 '국가 운영'을 고민했던 것이고 모든 나라가 흥망을 걱정하고 전쟁이 끊일 날이 없던 춘추전국시대의 지배층에게는 그 고민이 무척 절박했다는 것을 새겨두자.

그런데 민중은 어떤가? 전쟁터에 언제 끌려 나갈지 모르는 시절에 '무위자연'을 말할 수 있을까? "이놈의 전쟁, 이제 끝장냅시다!" 하고 외쳐야 했던 것 아닌가? 무위자연을 민중의 처지에서 받아들이면 '현실 도피'의 옹색한 얘기가 된다.

흔히 '유가(공자)는 현실 참여, 도가(노자, 장자)는 현실 도피'로 비교되곤 했다. 이것은 『도덕경』을 잘못 읽고 내린 결론이다. 당나라 왕실은 노자를 받들어 모셨다. 그때 지배층은 노자를 잘못 읽지 않았다. 한편 유가는 지배층으로서 현실에 참여했지, 민중의 눈높이에서 정치를 말하지 않았다. 공자와 노자에 대해 여태 한 설명에서 "그럼 민중은 어쩌란 말이냐?"는 물음에 대한 답은 나오지 않았다. 이제 다른 사람을 찾아 나서자.

'국가'의 틀에 갇히지 않았던 장자

장자(장주)는 공자보다 얼마쯤 뒤에 살았다. 칠원漆園의 하급 관리를 잠깐 했다고 하는데 '칠원'은 요즘으로 치면 농림부 소속 농업시험장(또는 농촌진흥청)에 빗댈 수 있겠다. 그 밖에는 아무 벼슬도 하지 않았고, 그래서 가난하게 살았다. 옷차림은 남루했고, 신발은 떨어져 나가지 않게 끈으로 발에 묶어놨다고 한다. 하지만 마음만은 호연지기(浩然之氣, 드넓은 기개)로 넘쳤다. 아내가 죽었을 때 친구 혜시(논리학자)가 조문하러 왔더니 장자가 대야를 두드리며 노래하고 있었다.

내가 왜 슬프지 않겠는가. 하지만 또 생각해보니까 아내에겐 애당초 생명도, 기氣도 없었다. 있음과 없음 사이에서 기氣가 생겨나 그게 생명이 되었다가 다시 원래대로 돌아갔는데 그것을 슬퍼하고 운다는 것은 자연의 이치를 모르는 셈이다. 그래서 더 슬퍼하지 않기로 했다.

그의 얘기 내용에는 높으신 분들이 별로 나오지 않는다. 등장인물은 제 몸뚱이로 벌어먹고 사는 사람이나 몸이 불구가 된 사람, 삶이

고단한 사람들이 대부분이다. 그가 늘 그런 사람들과 만나며 살았다
는 것을 짐작케 한다. 아마 그의 아내가 (밥벌이에 무능한 남편 대신) 삯
바느질 같은 것으로 생계를 꾸렸겠지. 그가 태어난 송나라는 약소국
으로 늘 전쟁과 굶주림에 시달렸다. 이렇게 사람 됨됨이를 자세히 들
려주는 까닭은 그래야 그가 무슨 생각을 하며 살았을지 선뜻 떠올릴
수 있어서다.

우물 안 개구리는 바다를 말할 수 없다. 한 곳에 매여 살아서 그렇
다. 메뚜기는 얼음을 알지 못한다. 한 철에 매여 살아서 그렇다.

그림자가 싫어서 자꾸 달아나는 사람이 있었다. 빨리 달리려고 할수
록 그림자도 더 빨리 따라와서 마음이 급해졌다. 하지만 그가 나무
그늘에서 쉬었더니 그림자가 따라오지 않았다.

그는 무슨 어려운 개념 용어를 써서 제 생각을 말하지 않았다. 그
시절의 사상가들 상당수가 '우화'를 즐겨 입에 올렸는데 까닭은 여럿
이다. 군주(왕)에게 말을 건넬 때는 대놓고 충고하기가 조심스러웠고
(에둘러 말해야 했고), 또 사상 토론이 글(책)보다 말(대화)로 대부분 이
루어진 탓도 크다. 책이 귀했던 시절이다. 또 제 얘기가 민중에게 입에
서 입으로 전파되기 위해서도 알기 쉬운 우화나 비유를 들어야 안성
맞춤이다. 그래서 그때는 철학과 문학이 따로 있지 않다.[59] 요즘 철
학 책들이 몇몇 전공 학생들만 읽는 게 돼가는 (학문의 분업) 현상은
오히려 염려스럽다.

59. 그래서 옛 철학과 종교 책들(에 담긴 문학)을 빼놓고 옛 문학을 가르치는 것은 쪼가리
    교육이다.

우화나 비유는 꼭 하나의 풀이(해석)만 나오라는 법이 없다. 이를테면 앞에 인용한 그림자 얘기는 '무엇'인가를 내려놓으라는 권유다. 그 '무엇'이 무엇일지는 갖가지로 풀이될 수 있다. 그러니 장자나 옛 사상가들을 가리켜 '그의 생각이 이렇다(저렇다)'고 손쉽게 단정 짓는 것은 조심해야 한다. 이를테면 권세 없이 쓸쓸하게 살아야 했던 여러 사람들이 장자의 얘기에 솔깃해했던 것은 분명하지만 그렇다고 장자가 '현실 도피'를 주변에 권했던 것으로 단정하면 오독이 된다. 그렇게 읽힐 구석이 전혀 없는 것은 아니로되, 더 적극적인 메시지도 곳곳에 들어 있으니 말이다.

옹이가 많고 꾸불꾸불한 고목古木을 가리켜 장자가 일컫기를 이 나무는 사람들이 쓸모없다고 여긴 덕분에 살아남았다는 것이다. 그러다가 얼마 뒤 장자가 주막에서 쉬는데 주막집 주인이 잘 울지 않는 닭을 '쓸모가 없다'며 목을 비틀었다. 이를 보고 장자가 '쓸모가 있음과 쓸모가 없음 사이'에서 처신해야 할 것이라고 논평했다.

도道가 어디에 있느냐고 누가 물었다. 그거? 쇠파리에게 있지. 아냐, 엉겅퀴에 있어. 아니지, 옹기 조각에 있군. 옳다! 똥오줌에 있구나……. 질문한 사람이 기가 질려 입을 다물었다. 그러자 장자가 '구체적인 사물을 벗어나서 도를 말하지 말라'고 타일렀다.

장자의 생각을 '상대주의'라고 단정 지은 학자들이 많았다. 그런 막연한 규정이 오해를 낳는다. 고목과 닭 우화에서 장자는 상대주의를 말하지 않았다. 그 나무에 대해서 '달리 보자'고 했지, 닭에 대해서는 '쓸모없음 만세!'를 외치지 않았다. 아무튼 그는 '도'를 어떤 선험적인

(경험보다 먼저 있는) 원리로 여기는 것을 단호하게 반대했고, 그래서 노자가 무슨 신비로운(실제로는 딱히 신비롭지 않은) '도'를 말한 것과 선명하게 구분된다. 이 우화들은 진취적인 앎의 잣대를 나타내준다. 그는 "도는 걸어가야 만들어진다"고도 말했는데 이 말은 현대 유물론의 기본 명제다. 인류가 살아낸(집단적으로 실천한) 결과를 돌아봐야 비로소 어느 길로 가야 할지 알 수 있다!

소를 잡는 백정白丁이 말했다. 자기가 기술자라고 칭찬받지만 자기는 '도'를 좋아한다고. 처음 소를 잡을 때는 온통 소만 보였으나 지금은 마음으로 소와 만난다고. 소 몸뚱이의 결에 따라서 칼을 움직이므로 큰 뼈와 부딪치지 않는다고. 하지만 살과 뼈가 얽히고설킨 곳에서는 아직도 칼을 쓰기가 어렵다고.

배로 강을 건널 때 빈 배가 떠내려와서 자기 배에 부딪치면 성급한 사람도 화를 내지 않는다. 그러나 거기 사람이 타고 있으면 '비키라'고 소리치고 성을 낸다. 사람이 누구나 자기를 비우고 인생길을 흘러간다면 누가 그를 해칠까.

백정이 말한 '도'는 무슨 신선이 가르쳐주는 비밀스러운 영지(靈智, 그노시스)가 아니다.[60] 그 점에서 장자의 생각은 무척 근대적이다. 그 얘기는 내가 남(타자)과 어떻게 만나야 하느냐, 라는 커다란 주제를 가리킨다. 이것, 유럽이든 아시아든 옛 사상가들 중에 깊이 헤아린 사람이 많지 않았다. 가라타니 고진은 독일 계몽철학자 칸트가 '남(타자)과

---

60. 인류 초창기엔 비밀스러운 지혜를 우러르는 (지금은 극복되어야 할) 전통이 불교나 기독교에 다 있었다.

어떻게 대할까'를 숙고한 점에서 탁월하다고 말한다. 그가 알 수 없다고 한 '사물事物 자체'는 바로 남(타자)이라고 봤다. 내가 아무리 남(상대)에 대해 아는 것이 많다고 해도, 그 상대는 여전히 대하기가 어려운 존재다. 그 어려움을 직시하는 사람만이 세상을 제대로 깨닫는 것이다.

빈 배 얘기는 내가 남과 만날 때의 마음가짐을 빗대서 나타냈다. 남들을 제멋대로 쥐락펴락하려는 마음(자기의 고집스러운 생각)을 비워야 우리는 남들과 제대로 소통할 수 있다.[61] 허심虛心은 누구나 수긍할 우리의 길라잡이다.

우물에서 물을 긷는 농부에게 누가 새로 나온, 물 긷는 기계를 써보라고 권했다. '그런 기계가 있는 것은 알지만, 쓰고 싶지 않다'고 농부가 퇴짜를 놓았다. 기계가 남다른 일을 하는 것을 본 사람은 그 효율성에 매혹되어서 제 마음이 온통 기계에 쏠린다면서. 그렇지만 생명이 자리를 잃는다고. 그래서 자기는 기계를 부끄러이 여겨 쓰지 않는다고 했다.

19세기 초 영국에서는 '기계가 사람 잡는다'며 여러 노동자들이 기계를 때려 부수는 러다이트운동이 벌어졌다. 그들은 벌어먹을 생존의 기회를 앗아간 기계(자본) 문명에 대해 저항한 것이지만 그것 말고도 기계화된 사회가 숱한 사람들의 삶을 절름발이로 만드는 '인간 소외'의 문제도 점점 깊어졌다. 장자는 선견지명이 있어 그 문제를 일찍이 내다봤다. 맹자(유가)도, 한비자(법가)도 직시하지 못한 문제가 어떻게

61. 강신주는 남과의 만남(소통)을 주제로 장자의 얘기를 분석했다. 그의 『노자 혹은 장자』 참고.

장자의 눈길을 끌었을까? 그가 민중을 휘어잡을 것만 골몰하는 지배층의 옹색한 눈으로 세상을 바라보지 않았기 때문이다. 밑바닥 민중의 눈높이에서 바라보면 얼마든지 보인다.

상자를 열고 주머니를 뒤지고 궤짝을 여는 도둑을 대비하려면 끈으로 묶고 자물쇠를 채워야 한다. 이것이 세상에서 말하는 '현명함'이다. 하지만 큰 도둑은 궤짝을 짊어지고 상자를 들고 주머니를 둘러메고 달아나면서 오히려 끈과 자물쇠가 약해서 끊어지지 않을까 걱정한다. 세상에서 말하는 현명함이란 결국 큰 도둑에게 봉사하는 것 아니냐.

장자는 곳곳에서 권세를 키워가는 제후의 나라들이 '큰 도둑'에 불과하다고 꾸짖는다. 그는 공자나 한비자, 노자가 몸담고 있는 동네와 전혀 다른 곳에서 살아간다. 진리 추구에서 가장 핵심이 되는 지표는 바로 '누구에게 봉사하느냐'인데 장자는 '우리 편'이라 봐야겠다. 그가 제 생각을 에두르는 우화로 나타낸 탓에 갖가지로 해석될 수 있고, 그래서 더러는 지배층을 두둔하는 얘기로 읽힐 수 있다 해도 기본 성격은 그렇다는 말이다. 장자의 제자들 중에는 무정부주의자가 많았다. "학의 다리가 길다고 자르지 마라. (국가야, 제발) 내버려둬라!"

어느 날 장자가 나비가 된 꿈을 꾸었다. 훨훨 날아다니는 나비가 돼서 유유자적하게 재미롭게 지내면서도 자기가 장자라는 것을 알아채지 못했다. 문득 깨어보니 다시 장자가 됐다. 조금 전에는 장자가 나비가 된 꿈을 꾸었고, 꿈에서 깬 지금은 나비가 장자가 된 꿈을 꾸고 있는지 알 수 없다.

북쪽 바다에 '곤'이라는 거대한 물고기가 있었다. 그게 바뀌어 '붕'이라는 새가 됐다. 한번 떨쳐서 날면 그 날개가 하늘을 구름처럼 드리웠다. 매미와 산비둘기가 '어찌 9만 리를 날아간다는 말이냐'며 붕새에게 쯧쯧 혀를 찼다. 이들이 뭘 알겠는가.

내가 굳게 믿어온, '나는 아무개다'라는 생각은 혹시 착각이 아니었을까? 나비 얘기는 이렇게 제가 믿어온 것들을 새삼 되돌아볼 때 우리 마음속의 어떤 고집이나 편견 같은 것들을 떨쳐버릴(치유할) 수 있다고 말하는 것 같다. 그러나 그 얘기를 '모든 것을 다 알 수 없다'는 얘기로 읽으면 오히려 남들(타자)과의 소통이 어려워진다. 그는 깨어난 것 자체도 새로운 꿈이라고는 말하지 않았다. "나는 장자일까, 아니면 나비일까, 대관절 나는 누구일까?"를 줄곧 캐묻지 말고, 나비와 만나면 나비와 어울려 노는 데에 열중하라고 말하는 것 같다. '나'를 중심에 놓지 말고 내가 만나는 남(타자)을 중심에 놓아라! 개미와 만나면 개미와 놀고, 길거리에서 이슬람 테러리스트와 맞닥뜨리면 '그가 왜 테러를 저지르게 됐는지' 그의 처지를 허심하게 들여다봐라! 그 남들(타자들)과의 마주침을 머리에 넣지 않고서 '세상을 알았다'고 재지 마라.

붕새 얘기는 상당수 제자백가를 비롯해 좁은 눈으로 살아가는 사람들을 에둘러서 비판한 것이다. 그 시절에 당장 권세를 누리고 싶었던 사람들은 어떻게 힘센 나라를 세울까를 골몰했다. 법가와 유가와 노자는 통치자와 가르치는 자만 쳐다봤다. 그들은 '국가'만 그렸지 개개인이 어찌하면 자유로운 사람으로 살아갈 수 있을지를 생각하지 않았다. 정말로 근본이 되는 문제는 그것이다. 물론 국가라는 연못 속에서 살아가는 현실을 외면할 수는 없지만 정신만은 그 좁은 틀을 넘어서라고 그는 말한다.

장자 얘기는 '자유!'라는 낱말로 모아낼 수 있다. 그가 말한 '소요유 消遙遊'는 거리낌 없이(자유로이) 세상을 거닐고 싶다는 뜻이다. 그는 죽어서 묘당에 갇혀 숭배받는 거북이가 되느니 살아서 진흙 속에 꼬리를 끌고 다니고 싶다고도 했다. 진구렁에 뒹굴망정 생명은 얼마나 귀한 것인가! 그는 밑바닥 민중들이 자기 삶을 긍정하고 살아가는 것을 예찬했다. 김수영의 시 「달나라의 장난」을 잠깐 읽어보자.

팽이가 돈다 / 어린아이건 어른이건 살아가는 것이 신기로워 / 물끄러미 보고 있기를 좋아하는 내 큰 눈앞에서 / 아이가 팽이를 돌린다 (……) 제트기 벽화 밑의 나보다 더 뚱뚱한 주인 앞에서 / 나는 울어야 할 사람이 아니며 / 영원히 나 자신을 고쳐가야 할 운명과 사명에 놓여 있는 이 밤에 / 팽이는 나를 비웃듯이 돌고 있다 (……) 팽이는 지금 수천 년 전의 성인聖人과 같이 / 내 앞에서 돈다…….

팽이는 아무리 보잘것없는 팽이라도 자기를 중심으로 돌아가는 자유로운(자주적인) 존재다. 어떤 사람이든 자기 삶의 줏대를 세워내는 것, 이것이 우리가 추구할 세상의 으뜸 원칙이 아닐까? 그 옛날의 장자도 현대의 김수영처럼 주변의 아이와 어른들을 물끄러미 쳐다보고 거기서 이와 비슷한 생각들을 끄집어냈을 것이다.

장자는 세상일을 다 헤아리지 못했다. 그는 세상에 얼마나 허튼 앎들이 많은지 일깨우고, 바람직한 인간관계론, 곧 개인의 긍정과 남들(타자들)과의 소통을 주로 추구했을 뿐이다. 세상 정치에 대해 '유교와 법가 얘기가 하릴없다'고 봤지만 그 대안의 정치학을 내놓지는 못했다. 하지만 그것의 부재에 대해 길게 시비 걸 것 없다. '국가'에만 관심을 파는 동네를 벗어나 개개인의 자유를 북돋는 것만으로도 몹시 소중한 사상의 진전이니까 말이다.[62]

양주는 개인을 일깨우고 묵가는 현실과 정면 대결했다

양주는 공자보다 조금 뒤에, 장자보다 조금 앞서 살았다. 국가보다 개인을 앞세우는 개인주의 철학을 부르짖었고, 그래서 장자 동네에 적지 않은 영향을 끼쳤다. 묵자(묵적)도 공자보다 조금 뒤에 살았다. 처음에 유가에 몸을 담았으나 그 한계를 깨닫고 독립해 '겸애(박애)'와 '전쟁 반대'를 외쳤다. 제자들이 끈끈하게 뭉친 학파는 유가와 묵가, 이 둘뿐이다.

맹자가 쓴 책에 "양주와 묵가(묵자 학파) 얘기가 천하에 가득했다"고 적혀 있다. 유가나 법가 사상은 일부 선비만 끼리끼리 읊었을 뿐이고, 대부분의 선비와 민중에게는 양주와 묵가 얘기가 더 솔깃하게 다가갔다. 그런데 우리는 그동안 동아시아 철학에 대해 전혀 다른 통념을 품고 있었다. 동아시아에는 유교와 불교, 도교만 있었다는! 우리는 양주와 묵자(묵적)라는 사람이 살았는지도 잘 몰랐다. 그러니까 이런 놀라운 사실에 담긴 뜻부터 곰곰이 헤아려야 한다. 통념대로 세상을 보는 것은 허수아비의 앎이다.

먼저, 한나라가 들어선 뒤에 제자백가가 급속히 시들었던 으뜸 원인

---

62. 이 말을 허투루 듣지 마라. 국가들이 저지르는 숱한 범죄(이를테면 세월호 사건의 은폐)에 대해 늘 깨어 있으려면 개개인의 자유가 얼마나 소중한지부터 절실히 깨쳐야 하기 때문이다.

은 거대 국가가 자기들 비위에 거슬리는 사상들을 무참하게 억눌렀기 때문이다. 몇몇 책 빼고 왕실 도서관에서 죄다 사라졌다. 자기 집에서 읽는 것도 위험했다. '왕실 권장 도서'가 아닌 책을 읽는다고 소문이 난 선비는 손가락질을 당하거나 심지어 처벌을 받았다.[63] 또 꼭 검열의 영향이 아니라도, 선비들이 국가의 틀에 갇힌 탓에 갖가지 다양한 생각을 들이팔 기회(무대)를 얻지 못해서 제자백가의 훌륭한 제자student가 되기 어려웠다. 반면에 춘추전국시대에는 곳곳의 꼬마 국가들이 아직 든든하게 자리 잡지 못했던 탓에 제후(군주)들이 자기를 도와줄 훌륭한 인재人材를 애타게 찾았고, 한편으로 끝없는 전쟁에 시달린 민중에게는 제 삶을 붙들어줄 사상적인 기댈 곳이 필요했다. 시대 배경이 그랬던 까닭에 백 가지 꽃이 피어났던 것이다.

지금 시대도 양주와 묵자의 시절과 마찬가지로 다사다난多事多難한, 곧 사건 많고 탈 많은 시대다. "국가가 우리를 잘 돌봐줄 거야!" 하고 속 편히 믿을 수 있는 때가 아니므로 백가쟁명(百家爭鳴, 갖가지 의견의 제출)이 간절하다. 그 밑 작업의 하나로, 잊힌 두 사람을 되살리는 것이 필요하다.

우선 양주. 그가 위아설爲我說을 부르짖는다고 맹자가 비난했다.[64] "털 하나를 뽑아 온 천하가 이롭게 된다 하더라도 그렇게 하지 않을 사람"이라고 흉봤다. 하지만 맹자가 쓴 색안경을 벗고 그를 본다면 그는 무척 근대적인 사람이다. 신분의 굴레에서 벗어나 '개인'들이 우뚝 서라는 정언定言 명령이 근대에는 상식이 되지 않았는가. 그의 말을 몇

---

63. 조선시대엔 선비가 유학에 반대하면 '사문난적(글을 어지럽히는 역적)'이라며 처형되기 도 했다.
64. 강신주는 맹자가 '악플러'였다고 꼬집었다. 사상이 순자보다도 얕고, 논쟁만 벌였다는 것이다.

마디 옮긴다.

즐겁게 사는 것은 자연스럽게 사는 것이고, 그럴 수 있을지 여부는
자기에게 달려 있다.

생명은 참 귀중한 것이다. 모든 생활은 이 생명을 기르는 데 바쳐진
다. 생명의 주체는 '나我'이므로 나를 소중히 여기는 것이 무엇보다
우선이다.

그의 개인주의는 '유일자(단독적인 것)'를 말한 19세기 유럽의 막스
슈티르너와 비슷하다.

너는 세상에서 하나밖에 없는 존재야. 너부터 잘 살아봐!

크로포트킨 같은 무정부주의자와도 통한다. 그의 생각이 무엇이 부
족한지를 따지기 전에, 어떤 미덕이 있으며 왜 그 시절에 선비들과 민
중에게 열렬한 호응을 받았는지를 헤아릴 일이다. 안타깝게도 그의 자
료로 전해오는 것이 몇 안 되어서 더 길게 소개하기 어렵다.
　다음은 묵자(묵적). '묵墨'은 우리말로 '먹'이다. 묵자의 '묵'이 죄인
의 이마를 칼로 그어서 먹으로 이름을 써넣는 형벌을 가리킨다는 추
론이 있다. "우리는 이렇게 탄압받는 사람들이오! 민중이여, 함께합시
다!" 그런 뜻이 아니라 그저 검은색을 뜻한다 해도, 검은색은 노예로
서 부림을 당해 고되게 일하는 사람을 상징한다. 검정 일옷을 입고 허
례허식(쓸데없는 사치 문화)을 멀리하며 검소하게 살 것을 부르짖는 일
꾼들의 집단이 '묵가'라는 얘기다. '묵'은 목수의 연장의 하나인 먹줄

(직선을 긋는 도구)의 뜻도 있다. 그러므로 법도와 엄격한 규율을 상징하기도 한다.

아무튼 묵가 집단은 글만 읽는 선비가 아니라 노동하며 살아가는 밑바닥 일꾼들이다. 이 점에서 제자백가 모두와 다르다. 맹자에 따르면 그들은 "겸애(보편적 사랑)를 부르짖어 정수리에서 무릎까지 닳아 없어진다 해도 천하를 이롭게 하는 일이라면 꼭 행동에 옮기는 사람들"이었다. 거꾸로 묵자에게 유가는 "예禮를 번잡하게 해서 귀족들에게 기생하는 무리"로 비쳤다.

묵자는 놀랍게도 예수와 똑같은 말을 했다. "네 이웃을 네 몸같이 사랑하라!"고. 그는 하늘도 믿었는데 그에게 하늘의 뜻은 '두루 사랑하라'는 것이다. 이것을 정말로 실천하기 위해 끊임없이 '전쟁 반대'를 외쳤다. 전쟁에서 이긴 나라의 지배층만 보지 말고, 패배한 나라의 민중이 어떤 꼴을 겪는지 보라는 것이다.

한 사람을 죽이면 불의不義라고 단죄하면서, 한 나라를 공격하면 '의롭다'고 칭찬한다. 이런 허튼 논리에 온 나라가 물들고 있다!

그들 묵가는 타락한 전쟁 이데올로기의 범람을 꾸짖었을 뿐 아니라 실제로 다른 나라의 침략에 시달리는 나라에 달려가서 그들의 방어 전쟁을 늘 도왔다. 그저 학문과 사상만 들이판 게 아니라, 성城을 방어하는 기술과 전술을 열심히 익혔다.

역사에는 인류에게 어떤 본보기가 되는 사건이 이따금 생긴다. 역사책 『여씨춘추』에는 다음 기록이 적혀 있다.

기원전 381년 묵가의 우두머리인 맹승이 양성군의 요청을 받고 초나

라의 공격에 맞섰으나 패했다. 맹승을 비롯해 183명이 성 위에 누워
스스로 목숨을 끊었다.

그들은 도피하여 목숨을 구할 길도 있었는데 '의리義理를 저버리면
묵가가 세상에 있어야 할 이유가 없다'며 스스로 죽음의 길로 갔다.
또 하나. 묵가의 한 사람인 복돈의 아들이 남을 죽였다. 군주(제후)가
복돈의 처지를 딱하게 여겨 그 아들을 처형하지 않으려 했으나 복돈
은 대의를 거스를 수 없다며 제 자식을 스스로 죽였다.

묵가(묵자 동아리)는 그저 입으로 세상을 말한 게 아니라, 눈앞의 현
실에 맞서 죽음을 각오하고 싸운 사람들이다. 사회주의 변혁에 몸 바
친 20세기 사회주의 운동의 초창기 소박한 모습을 떠올리게 한다. "인
류 초창기에 그런 열렬한 사람들이 있었다니![65] 인류가 나아갈 길이
어느 쪽인지, 더 분명히 알겠다!" 묵가의 얘기는 전해오는 것들이 양
주보다 많다. 오늘날로 치자면 그 앎의 깊이가 도저到底하다고는 할 수
없으나 기개 높게 겸애(박애)를 부르짖고, 몸소 침략전쟁과 대결하는
그 삶의 됨됨이가 무척 고귀하다. 그 앞에서 법가도 유가도 노자도 빛
을 잃는다.

동아시아의 춘추전국시대로부터 우리가 건질 사상적 유산은 이렇
듯 비주류로 역사의 뒤안길에 묻혀 있던 목소리들이다. 이를테면 농가
農家로만 알려진 허행도 "임금이라고 왜 팔짱만 끼고 있냐? 임금도 농
사일을 해라!"하고 계급과 분업을 걷어치우자는 단호한 주장을 했을
정도다. 시대의 어둠이 깊었던 탓에 그때 선비들은 기개 높은 생각들

---

65. 우리가 영감을 얻을 시대는 오랜 중세 때도, 자본 체제에 깊숙이 편입된 요즘도 아니다.
국가가 아직 커지지 않아서 사람들이 국가 귀신에 덜 붙들려 있던, 그리고 자본 귀신은
아직 어슬렁거리지 않았던 묵가와 예수와 스파르타쿠스의 시대다.

을 많이 펼쳤고, 그 뒤 2,000년 동안 인류의 머리에서 나온 얘기는 그때 다 선보였다. 그러나 그 뒤로 동아시아 사람들은 오랫동안 옹색한 정신세계에 갇혀 살았다. 세계의 밤이 깊어가는 요즘, 다시 붕새가 힘차게 날갯짓하며 날아올라야 하지 않을까?

2 교회에서 떠나라!

한국의 기독교와 불교 지도자들은 세월호의 진실에 대해 침묵했다. 세상의 빛과 소금이 되기를 그만뒀다.

가톨릭의 프란치스코 교황이 지난 2014년 8월 한국을 방문했을 때 세월호 유가족들한테서 노란 리본을 건네받아 달고 다녔던 사실은 뉴스 보도로 잘 알려져 있다. 그런데 시복식(순교자나 교회가 인정하는 사람을 복자품福者品에 올릴 때 벌이는 의식) 행사장에 나타난 한국 가톨릭교 간부들은 한둘을 빼고 그 리본을 달지 않았다. 뿐만 아니라 교황에게 "그것(리본 달기), 정치적 중립을 어기는 짓 아닌가요?" 하고 볼멘소리를 늘어놓기까지 했다. 이 글은 이렇게 한국인 모두를 중립적으로 두루 포용하겠다고 자처하시는 한국 가톨릭교 간부들에게 헌정(봉헌)하는 글이다.

골수 종교인들이 싫어하는 사람 얘기부터 꺼내자. 종교와 관련해 유물론자들이 두고두고 비난받은 말이 있다. "종교는 (민중에게) 아편"이라고 마르크스가 낙인찍었다는 것이다! 이 입방아 다음에는 사회주의 국가들에서 얼마나 야만스럽게(?) 종교를 탄압했느냐, 하는 수군거림이 뒤따른다. "남북이 만날 때 가끔 북한의 종교인(목사, 스님)이라고 얼굴 비치는 사람들 있지? 걔네, 북한에도 종교의 자유가 있다고 둘러대려고 데려다 놓은 허수아비들이야!" 그러니 우리 얘기를 이 화두로 시작하자.

종교는 무척 힘이 세다

우선 역지사지부터 해보자. 마르크스가 종교를 그저 '쓰레기 같은 것, 해악만 끼치는 것'으로 도끼눈만 떴을까? (무신론자들에 대한 미움에 사로잡힌 나머지) 그것을 생각하는 순간만큼은 그를 '단순 무식한 생각의 소유자'로 확 깎아내리고 싶기도 하겠다. 하지만 '아편'은 그렇게 간단히 '쓰레기'로 취급될 게 아니다. 아편은 사람들에게 심신心身의 고통을 잊게 해준다. 고통을 겪는 사람에게 얼마나 고마운 존재인지 모른다. 현대 의학도 사실 처방이 간단하다. 심한 통증에 시달리는 환자에게 아편을 주사해주고 그것으로 끝이다(아편을 병원과 몇몇 기관이 독점해서 비싼 값을 받는다). 당장 그 병을 어쩌지 못하는 환자에게는 아편 말고 다른 뾰족한 수가 없다.

마찬가지로 인간 세상을 고통 속에 살아가는 사람에게 종교는 당장 그 고통과 번뇌를 잊게 해주는 놀라운(!) 효험을 발휘한다. 마르크스는 사실 종교를 깎아내린 게 아니라 그 뛰어난 효능을 완전히 인정한다. "종교는 정말 힘이 세구나!" 그가 '당장 교회와 절을 없애자!'고 외쳤을까? 아서라, 그렇게 힘이 센 종교를 어떻게 쉽게 없애나? 당장 아파서 울부짖고, 다른 뾰족한 치료법은 없는 환자한테 어떻게 아편을 끊으라고 하겠냐! 다음 질문이 잇따를 수 있다. "그는 그렇다 치고, 사회주의 혁명이 일어난 나라(곧 북한)에서 교회를 없앤 것은 어떻게 설명할 거냐?" 글쓴이는 "역사 속에서 교회가 나쁜 짓(곧 기성 체제를 변호하는 사상적 통치기구 노릇)을 한 데 대해 한번 벌(비판)은 받아야 하는 것 아니냐?" 하고 대꾸하겠다.

그리고 더 깊은 딴 논점을 잠깐 들이민다. 20세기에 한국에는 훌륭한 무교회주의자들이 살았다. "교회 없이 신을 믿자! 교회의 첨탑이 높이 올라가면 진실한 신앙이 교회 뒷문으로 빠져 달아난다"고 일깨운 사람들이다. 함석헌과 김교신과 장기려(그는 중학교 도덕 책에 소개됐다). 교회 바깥에서 오히려 진실한 신앙이 더 싹트는 법이거늘 '예수를 따르겠다'고 나선 신자들이 어찌 종교 비판의 캠페인이 대대적으로 벌어졌다고 그렇게 난리 뻐꾸기 울음을 내느냐. 진실한 믿음은 굶주린 사자를 마당에 풀어놓은 옛 로마의 원형 경기장 안에서 오히려 더 타올랐던 것 아니냐. 마르크스의 말은 딴것이다.

"종교를 비판한다 해서 종교를 없앨 수 없어. 종교가 그렇게 번성하게 만든 이놈의 사회를 뜯어고치는 게 우리가 할 일이야. 세상이 바뀌면 사람들이 굳이 종교를 찾지 않을 거야(그러니까 종교를 탓하는 것은 이제 그만하자)."

언제 그렇게 될까? 이 세상이 고귀한 영혼들로 가득한 곳이 될 때! 그는 '종교는 영혼 없는 세상의 영혼'이라 했다. 이 세상이 물욕 가득한 곳이 될수록 사람들의 영혼은 갈 곳을 잃고 교회를 찾게 된다. 그런데 마르크스 시절만 해도 교회 안에 영혼이 얼마쯤은 깃들었나 보다. 예배당 마루에 엎드려 "하느님, 저 부자富者 됐어요. 다 하느님 덕분이에요." 하고 버젓이 제 자랑을 늘어놓는 사람이 수두룩한 요즘의 한국 복음교회에는 그나마 거기 눌러 살던 영혼마저 울면서 달아날 판이다.

윤리 책은 한가로운 얘기만 늘어놨다

여기서 고등학교 윤리 책을 잠깐 들춘다. 중간 제목들만 봐도 그 교과서가 퍼뜨리려는 메시지가 쉽게 읽힌다.

원시 종교도 나름의 구실을 했다. 종교는 초월적 실재에 대한 믿음인 바, 삶의 유한성과 불완전성을 덧없어하는 사람들이 종교를 찾는다. 종교 간에 서로 공존하는 게 옳고 종교와 과학도 서로 사이좋게 지내야 쓰겠다. 종교인의 사랑 실천을 본받자. 어쩌고……

대입 수능고사를 위해 소소하게 기억해둬야 할 것은 이 책에 좀 있겠으나, 그럴 필요 빼고는 굳이 새겨 읽을 것 없는 책이다. 무슨 날카로운 생각거리 따위는 선사해주는 게 없다.

글쓴이 같으면 윤리 책을 (내리먹이는 결론들이 아니라) 다음과 같은 질문들로 채우겠다.

종교는 꼭 초월적 실재만 믿는 것일까?
종교는 꼭 믿어야 할까?
왜 종교 간에 다툼이 일어날까?
종교와 과학은 그 앎의 지위가 같은가?

간단한 물음부터 답해보자. 종교 간의 다툼은 우선 역사 유물론으로 읽어내야 한다. 겉으로 종교 간의 다툼으로 비치는 것도 실은 사회 세력 사이의 다툼이고, 그 뿌리에는 사회경제적 이유가 있다. 언론은 그 뿌리를 들추지 않고 겉만 보고서 '그것이 사태의 원인'이라고 왜곡되게 진단한다. 서방(미국과 유럽) 언론들이 "기독교 문명과 이슬람 문명의 대립"이라고 완강하게 선전해댄 것이 그 대표적인 예다. 이런 진단은 정치적(이데올로기적) 속셈을 분명히 표현하는 것인데, 이슬람 세계 민중들이 제국주의 열강에 대해 반발하는 것을 숨기고 사람들 관심을 딴 데로 돌리려고 '이슬람, 그거 마음에 안 들어.' 하고 떠든 것이다. 일부 이슬람인들이 유럽 기독교 문화를 비난하는 것이 사태의 본질이 아니다.

종교 자체와 관련해 알아두어야 할 것은, 진정한 종교는 다른 종교를 너그러이 관용한다는 사실이다. "저 사람들이 나쁜 짓을 한 것은 아니지. 좀 어리석어서 참종교를 깨닫지 못했을 뿐이지." 어리석은 사람(가령 점집을 찾는 사람)은 타이를 일이지 벌을 주거나 악마가 깃든 사람으로 꾸짖을 일이 아니지 않은가. 옛 프랑스에 개신교 동네와 가톨릭 동네가 전쟁을 벌인 적 있는데, 두 쪽이 다 '저쪽 종교는 사악하다'는 것을 전쟁의 구실로 내세웠다면 둘 다 사악한 믿음을 품었던 셈이고, 그때 그 나라에 기독교의 참정신은 깡그리 씨가 말랐다고 볼 일이다.

윤리 책은 '종교와 과학이 사이좋게 지내자'고도 했다. 나쁜 말은 아니지만, 견공께서 풀 뜯어먹는 것만큼 한가로운 얘기다. 미국 여러 주州는 교과서에 진화론을 넣을 거냐, 창조론을 넣을 거냐를 갖고서 입씨름을 벌여왔다는데 그 다툼을 놓고 어떻게 공존을 말할 수 있을까. 결국 '어느 쪽이 옳다'고 판가름을 내야 하지 않는가? 그런 주제를 굳이 꺼낼 요량이면 종교(교회)가 과학의 발달을 억눌러온 엄연한 역사를 교훈거리로 내놓고 시작해야 옳다.

중세 유럽은 신학이 왕좌에 앉아 있었고 과학은 그 신학(또는 종교 이데올로기)을 점점 밀어내고 위로 올라왔다. 이 변화를 겸허하게 수긍하지 않는 사람은 참종교인이 아니라 단언해도 좋다. 창조론을 사실 fact로 믿고 진화론을 밀어내려는 것은 인류 문화의 시곗바늘을 거꾸로 돌리려고 설치는 짓이다. 사람은 제 눈을 안경으로 삼는 완강한 버릇이 있거니와, 종교(근본주의)가 인류를 망치는 짓이 왜 또 벌어지지 않겠는가. 유럽 제국주의가 아프리카 민중을 수탈하는 데에 백인 선교사들이 앞장섰던 역사적 죄악을 떠올리자면 종교가 또 다른 야만의 앞잡이가 되지 말라는 법이 없다.

종교를 꼭 믿어야 할 까닭이 없다

지금 시대에 과학과 종교(신학)는 그 앎의 지위가 다르다. 과학은 사실을 다루고, 종교는 그것이 갖는 의미를 해석해낸다(해석학의 지평). 이를테면 20세기의 천문학이 '빅뱅'을 밝혀냈다. 우주 공간에 명멸하는 별빛들이 점점 거리가 멀어져가는 것을 거꾸로 역산하면 백억 년 전쯤에 대폭발이 있었을 거라고 짐작된다. 사실fact은 거기까지이고, 가톨릭교회가 그것이 신神의 작품이라고 말하는 것은 과학적 결론에다가 토를 다는 의견(해석)이다. 불교에서는 사람이 윤회(輪廻, reincarnation: 구원받을 때까지 거듭 재탄생하기)를 한다는데, 그것이 딴 우주에서 지금의 우주로 넘어온 순간이라고는 왜 못 읽는가. 이것은 자연의 법칙으로도 설명될 수 있는 이행이다.

윤리 책은 "사람에게 종교적 성향이 있다"면서 종교가 그렇게 보편적인 것인 만큼 우리 사회에서 대접받아야 한다고(여러분도 잘 알아두라고) 학생들에게 내리먹인다. 우선 '종교적 성향의 보편성' 얘기는 입씨름을 부를 표현이라는 것을 일러둔다. "그거? 지금 세상을 주름잡는 것들이야. 그러니까 다 옳은 구석이 있어!" 이 얘기를 중세 신학자들은 '존재하는 것은 (무엇이나) 아름답다'고 고상하게 나타냈다. 그런데 정말 그럴까? 내 생각에는 지금 무슨 종교든 사람들의 영혼을 고귀하게 가꿔주는 일과 관련해, 별로 하는 일이 없어 보이는데? '종교적 성향' 얘기는 교회든 절이든 찾아갈 생각이 없는 학생에게 "너도 종교를 가져라, 인마! 그거, 보편적인 거잖아?" 하고 은근히 꾀는 얘기가 혹시 아닐까? 그것은 (아무리 넌지시 건네는 말이라 해도) 일종의 강요다. 그리고 강요하는 종교는 참종교가 아니다.

이렇게는 말할 수 있다. "사람에게는 제가 겪은 것을 넘어서 더 깊은 것을 생각해보려는 유사pseudo-초월적 성향이 있다"고. 자기 미래를 알고 싶어서 점집을 찾는 것도 소박하나마 그런 욕구의 표현이다. 경험을 다루는 영역 '너머'에 대한 앎도 필요하다며, 칸트와 헤겔은 형이상학을 다시 들여왔는데 이것도 같은 맥락이다. 그렇지만 신중하게 선을 긋자. 칸트는 "앎과 관련해서는 신神을 쳐다보지 마라. 인간의 자유에 기초한 도덕(실천이성)을 위해서만 신을 불러내자"고 했고, 헤겔은 초월적 실재로서의 신 개념을 거부했다. 그리고 불교에서 '공空'을 말하는 것은 '초월적 실재(또는 정신분석학 용어로 '큰 타자')' 따위는 없다는 뜻인데 왜 그 대목은 빼놓나? 윤리 책이 기독교의 전통적 신 개념을 읊조리는 것은 참 게으른 짓인 데다가 불교를 우습게 제쳐놓는 짓이기도 하다.

여기서 화자(話者, 말하는 이)에 주목하자. 윤리 책의 화자는 올곧게 자라나는 청소년이 아니다(그랬으면 좋으련만). 화자는 국가다. 현대 국가가 민중에게 바라는 생각을 읊었다.

종교는 참 많은 구실을 하는 중요한 것이지요. 국민 여러분! 딴 종교와 싸우지 말고, 과학과도 사이좋게 지내세요. 불우 이웃도 좀 도와 주시고요. 그게 종교 정신이에요……

국가는 그래야 편하다. 그래야 이 사회가 탈 없이 굴러간다. 그것으로 족한가? 학생 여러분을 주체(주인)의 자리에 올려놓고 생각해보라. 종교끼리, 또는 종교와 과학이 싸우는 것은 지금 당장의 국가가 걱정할 일이지, 여러분이 (크게) 걱정할 일이 아니다.

여러분이 진지하게 물어야 할 것은 "꼭 종교를 믿어야 할까? (그래야 한다면) 참종교는 무엇일까?"다. 참종교는 그저 "다른 종교나 과학과 공존하겠다"고 다짐하는 것쯤으로 얻어지지 않는다. '예수를 따르겠다'는 실존적 결단이나 '색즉시공(色卽是空, 불교의 진리)'의 깨달음에 다다라야 웬만큼 참종교를 말할 수 있다. 또 그동안 2,500년간의 종교적 실천에는 허튼 구석도 참 많았다고 겸허하게 수긍할 줄 알아야 그 종교에 진정성(!)이 있다.

국가도 무슨 축구 경기 심판 비슷한 노릇을 자랑할 일이 아니다. 팔짱 끼고서 구경하다가 여러 종교들 사이에 싸움박질이 벌어지는 것만 뜯어말리는 일! '이웃 사랑'의 실천과, (영혼 없는) 세상에 영혼을 불어넣는 일에 나설 줄 아는 국가만이 민중에게 등대가 되어준다. '화자'가 국가라 해도 윤리 책을 그런 한가로운 내용으로 채워서는 안 된다는 말이다.

지금의 종교는 희망이 없다

글쓴이는 지금 같은 종교들이라면 학생들더러 '그런 것, 믿지 마라!'

하고 퇴짜 놓고 싶다. 내 말은 종교인들을 깡그리 부정하는 말은 아니고, 지금의 세상을 주름잡는 '종교 주류 세력들'을 겨냥해서 던지는 말이다. 이를테면 2013년 봄에 266대 가톨릭 교황 자리에 오른 프란치스코 교황이 신자유주의 질서를 비판하고 낮은 곳으로 다가가려는 모습을 보이는 것은 보기가 좋다. 하지만 그런 쪼그만 변화만으로 지금의 종교를 긍정해주기에는 세계의 밤이 워낙 깊고, 종교가 해온 것이 없었다. 기독교든, 불교든 전태일 같은 참사람을 길러냈던가?[66]

글쓴이는 '제2의 종교개혁(또는 변혁)'이 필요하다고 단언한다. 이와 관련해, 먼저 마르크스와 그 제자들의 생각을 잠깐 짚어봐야 한다. 종교에 대한 그들의 생각이 '대체로' 옳긴 해도 2%가 부족하다고 생각되어서다. 마르크스 같으면 '종교개혁(변혁)이 필요하다'는 얘기를 지금이라도 꺼내지 않을 것이다. '사회혁명으로 충분하다'고 여겼으니까 말이다. 그가 사회활동에 나선 1840년대는 유럽에 노동운동이 처음으로 (급격히) 올라오던 때다. 1789년의 프랑스 시민(부르주아) 혁명이 봉건영주 계급과 '제3신분(곧 부르주아)'의 대결이었고 근대 시민사회를 활짝 열어젖힌 천지개벽이었다면, 1848년의 유럽 혁명은 새로 지배계급이 된 부르주아에 맞서 노동자들의 도전이 시작된 싸움이다(마르크스의 유명한 '공산주의자 선언'은 이때 나왔다). 물론 이 싸움은 사회적 역량이 아직 미약했던 노동자들의 처절한 패배로 끝났지만 아무튼 새로운 사회적 격변을 예고하는 큰 사건이었다. 그의 이론이 노동자들을 일으켜 세우는 데에 온통 쏠렸고, 세상도 사회혁명의 물결이 일렁이던 때였으므로 그는 더 이상 종교를 탐구하지 않았다.

그는 헤겔의 제자 포이어바흐(1804~1872)의 종교 비판을 그대로 받

---

66. 도스토옙스키는 예수가 지금 세상에 돌아온다면 교회 지도자들이 그를 불편하게 여기거나 묵살해버릴 거라는 얘기를 자기 소설에 썼다.

아들였다. 포이어바흐는 '종교는 무한한 것에 대한 생각일 뿐'이라 여겼다. "사람들은 무한한 것을 추구하는 자기의 내적 본성을 사람 바깥에 있는 어떤 것(곧 신)으로 투사(投射, 딴것에 되비추기)했을 뿐이다." 사람에게 소중한 모든 가치와 꿈들을 '신'이라는 표상symbol에 옮겨놓고, 그 '허구'를 섬긴다는 얘기다. 그렇게 투사해놓은 것들을 되찾아 사람 스스로가 풍요로운 영혼의 주체가 돼야 한다는 휴머니즘이다.[67]

이 말에 따르면 참세상이 들어서기를 바라는 사람은 교회에 가서 허깨비와 놀 것 없이 사람의 마을로 가서 실제 사회를 뜯어고치는 사회혁명에 헌신하기만 하면 된다. '민주주의 싸움에 함께합시다!' 하고 종교인들과 손을 맞잡는 것은 좋은 일이지만 그들과 '유신론이 옳으니, 무신론이 옳으니' 하고 굳이 토론을 길게 벌일 것은 없다. 좋은 세상이 오면 교회에 갈 사람도 줄어들 터이니 말이다.

그 뒤로 160여 년이 흘렀다. 사회를 뜯어고치는 큰 변화들이 여러 나라에서 한때 벌어졌고, 민중이 천지개벽의 감격을 맛본 역사적 경험도 몇 차례 있었다(다시 역사의 기관차를 밀고 가려면 그 감격스러운 시절들을 결코 잊어서는 안 된다). 하지만 근대 사회가 짊어진 모순이 워낙 깊어서 지금은 세계 어딘든 사회 변화를 밀고 갈 비전과 열정들이 많이 사그라진 실정이다. 여기저기 참사람으로 올곧게 크는 사람이 나오지 않는다면 세상을 흔들어 바로잡을 수 없다. 그런데 무엇인가를 갈구해서 여전히 교회로 찾아가는 사람들을 그저 '일없다'고 내버려둬서야 사람을 세우는 일이 크게 진전되기가 어렵다. 교회 문을 두드리는 사람에게 "우리, 참종교가 뭔지, 세상이 바뀌려면 어찌해야 하는지 함

---

67. 포이어바흐는 17세기의 유물론자 스피노자에 견주면 훨씬 점잖다. 스피노자는 신神은 아무 뜻이 없는 텅 빈 낱말이라 본다. 우리는 '모르겠다' 싶은 어떤 영역이 있을 때 죄다 그것을 '신'에게 떠넘긴다. "그것은 하느님만 알아(우리는 몰라)." 또는 "하느님, 우리 애가 대학 입시에 붙게 해주세요."

께 토론해봅시다!"하고 말문을 열어야 한다.

오랫동안 종교는 중세 사회질서를 두둔하는 구실을 맡았다(세계 종교들이 처음 출현할 때는 그러지 않았는데 사람들은 그 기원을 까맣게 잊어버렸다). 『신神의 마을』을 쓴 5세기의 아우구스티누스는 사람의 심리적 내면을 따로 발명해서 교회가 사회의 불평등한 위계질서 속에서도 평화를 누릴 길을 찾아냈다. "사람에겐 내면의 세계가 따로 있어요. 그러니 시저의 것(곧 사회 통치 과업)은 시저에게 맡기고, 우리는 하느님의 것(내면의 신앙)만 챙깁시다! 이 세상에서 겪는 고통은 얌전하게 받아들이고 그 대신에 우리, 내세來世를 꿈꿔봐요!"[68] 13세기의 토마스 아퀴나스는 성경을 교회와 세속 권력이 탈 없이 공존하는 쪽으로 시시콜콜 해석해냈다. 한동안 그렇게 그럭저럭 굴러갔다.

그러다가 이런 상태를 극복하려는 이단 운동(종교의 급진화)이 일어났고, 유럽의 경우 칼뱅과 루터의 종교개혁도 성사됐다. 그런데 그것으로 족한가? 칸트와 헤겔은 기독교를 칼뱅과 루터보다 더 급진적으로 고쳐 읽었고, 유물론자들은 아예 "신? 그거 미신(또는 사람의 무의식에 투영된 것)이야!"하는 지경으로 치달았다. 두 쪽의 얘기를 더 통 크게 아우르는 신학이 나올 수도 있지 않을까?

성경책을 다시 제대로 읽어라

종교개혁(혹은 변혁)의 방향 찾기는 성경책을 다시 읽는 데서 시작된

---

68. 엄마가 제 아이들을 (천국에 보내 지상의 비참한 삶을 벗어나게 하려고) 실제로 죽인 사건이 1994년 미국에서 벌어졌는데 목사들 말을 곧이곧대로 믿은 것이 탈이었다. 『지젝이 만난 레닌』에서 인용.

다.[69] 『탈무드』(입으로 전해온 유대교 율법 모음)의 한 대목을 먼저 들춰보자.

> 랍비(유대교 지도자)끼리 말다툼을 벌였다. 랍비 하나가 논란의 옳고 그름에 대해 '하늘의 증명을 따르겠다'고 말하자, 하늘에서 '그래야지!' 하는 말씀이 들려왔다. 그러자 딴 랍비가 들고일어났다. 하늘의 목소리라고 특별히 봐줄 것 없다며, 당신(하느님)이 시나이 산에서 내려주신 율법에 '다수의 뜻에 따르라'고 하지 않았느냐고 대들었다. 하느님이 '내 자녀들이 나를 묵살했다'고 괴로워하며(또는 즐거워하며) 달아났다.

『탈무드』의 얘기는 하느님이 할 일은 율법을 만들어주는 것으로 끝났다는 생각이다. 그 뒤로 아무 할 일이 없다면 사실상 신은 죽은 것 아닐까? 『탈무드』에 이렇게 '신의 죽음'을 내비치는 대목이 이곳뿐이 아니라고 한다.[70]

> **덧대기**
> 유대교는 히브리 민족만을 위한 배타적 종교이고, 기독교가 보편 종교로 발돋움했다고 흔히들 구분하지만, 꼭 그렇지만은 않다는 주장도 있다. 유대교에는 자기 민족(또는 공동체)만 보살피는 야훼 신과 보편 종교로 발돋움케 해주는 모세의 신이 뒤섞여 있다는 것이다.

"그거 참, 신이 죽었다고?" 하고 긴가민가하는 사람들을 위해 요즘

---

69. 루터는 사제司祭들만 읽던 라틴어 성경을 독일 민족어로 옮기는 일부터 했다(종교개혁의 토대).
70. 지젝이 쓴 『헤겔 레스토랑』 참고.

의 사례를 더 든다. 40여 년 전에 어느 신문기자가 이스라엘의 메이어 총리에게 "신을 믿느냐?"고 물었다. 대꾸가 걸작이다. "나는 유대 민족을 믿소. 그런데 그들이 신을 믿는구려." 이렇게 말을 둘러댄 것도 심상찮으려니와, 여론 조사에 따르면 이스라엘 사람의 60%는 신을 믿지 않았다. 그런데도 "신께서 우리 유대 민족에게 이 나라를 줬다"고 하는 말을 그들은 흐뭇하게 받아들인다. 나는 믿지 않지만, '믿고 있다고 가정된 주체'에 기대서 마치 믿는 것처럼(!) 행동한다. 그 신기루 같은 주체는 '유대 민족'이다. 사람들이 앞뒤 모순되게 신에 대한 믿음과 불신을 뒤죽박죽으로 뒤섞고 있음을 알 수 있다. 2,000년 전의 랍비들이 뛰어난 지성인이었으니만큼 『탈무드』 얘기는 신神이 있고 없고에 대해 그들이 진지하게 따져본 생각의 한 끄트머리를 밝힌 것으로 봐야 한다.

신약 성경으로 넘어가자. 가장 강렬한 대목은 예수가 십자가에 못 박힌 장면이다. 예수가 울부짖었다. "엘리 엘리 라마 사박다니(나의 하나님, 나의 하나님, 어찌하여 나를 버리셨나이까)!" 그때 땅이 흔들리고 해가 가려졌던 것은 그리스도가 십자가에 못 박힌 순간이 아니라, 신=성자聖子가 신=성부聖父에게 버림받은 순간이었다.[71] 인간이 신에게서 고립되는 것과 신이 신 자신에게서 고립되는 것이 겹친다. 그리스도 자신이 기독교도가 저질러서는 안 될 가장 큰 죄(곧 믿음이 흔들리는 죄)를 저질렀다. 이 대목은 신학자들이 '너무 어둡고 두려운 문제'라서 직시하기를 꺼렸다. 하지만 우리는 이 난해한(괴기스러운) 장면이 신에 대한 믿음을 둘러싸고 예수를 따르던 사람들 사이에 큰 혼란과 충격이 닥쳤던 사실을 신비롭게 둘러서 나타낸 것이라 읽는다. 그때 십자

71. 체스터튼은 기독교가 신이 한순간 무신론자로 보인 유일한 종교라고 칭송했다.

가 위에서 죽은 것은 그리스도만이 아니다. '저 너머'에 거주하시는 초월적 실재로서의 신도 죽었다. 예수의 제자들이 그런 신 관념을 가까스로 청산했다는 말이다.

하늘 저 너머의 신神은 죽었다

"어떤 신이냐?"가 문제다. 그때나 지금이나 무지렁이 같은 민중이야 제게 복福을 주시는 존재로서 신을 믿는 이가 많았으리라(기복 종교). 그러나 성경은 뛰어난 지성들이 기록한 것이라 무척 미묘하고 깊은 생각을 담은 대목이 많다. 이를테면 '과연 신이 전능한 존재일까?' 하고 의심하는 욥기! 아우구스티누스(5세기)도 고백告白에 대해 생각해봤다. 하느님이 전능한 존재라면 우리가 우리의 죄를 하느님께 털어놓기 전에 우리 사정을 죄다 알아차리지 않을까? 그렇다면 구태여 우리가 그에게 털어놓을 까닭이 있을까? 그게 아니라면 하느님도 무엇이 모자란 유한한 존재라 해야 한다. 그런데 이것은 있어서는 안 될 일이다. 이렇듯 신의 전능全能함이든 존재 자체든 쉽게 입증되지 못하는 주제다. 17세기의 파스칼은[72] "신이 있는지, 없는지 우리는 솔직히 모른다"고 털어놨다. '신이 있어야 한다'고 믿는 데에 내기를 걸었을 뿐이라 했다.

성경을 다시 읽는다. 기독교회는 예수가 십자가에 못 박힌 것을 가리켜 '인류의 죄를 대신 속죄했다'고 게시(!)한다. 예수의 자리에서 곰곰이 생각해보라. 예수 자신도 과연 그렇게 생각했을까? 그가 그렇게

---

72. 확률과 압력 이론을 연구했다. 신은 이성이 아니라 심성을 통해 체험할 수 있다고 봤다.

여겼다면 그는 자기의 죽음이 전화위복의 결과(인류가 자기를 숭배하게 되는 것)를 낳을 것을 뿌듯해하면서 골고다의 언덕을 올라갔다는 얘기가 된다. 그런데 이렇게 추론하는 순간, 이 사건의 비극성과 아우라(신비로운 분위기)가 사라진다. 짜고 치는 고스톱! 그것은 도착(倒錯, 어그러짐)의 심리다. 이와 달리, 그가 그런 결과를 몰랐다면 그를 완전한 존재로서 성자聖子라 모시는 것이 좀 우스워진다.

성경은 군데군데 날카로운 진실을 드러낸다(기독교가 다른 종교들보다 '더 깊다'고 보는 까닭은 그래서다). '엘리 엘리 라마 사박다니'라는 울부짖음은 예수가 '초월적 신이 있었으면……' 하는 소망을 버리고 죽었다는 뜻이다. '예수가 우리 인류의 속죄양이 돼주었다'는 생각은 우리가 그렇게 믿고 싶다는 얘기에 불과하다. 나중에 태어난 인류의 일부가 그런 근사한 해석을 덧붙였다! 바울의 자리에서 한번 보자. 그는 예수를 만난 적도 없고 (TV가 없던 시절이니) 얼굴도 모른다. 예수의 말을 몇 마디 전해 들었는데 자기를 '메시아(구세주)'라 일컫는다는 것이 분노를 자아낸다. 바울은 "저놈들, (유대교 동네에서) 쫓아냅시다!" 하고 떠들고 다녔다. 예수가 십자가에 못 박히자 제자들도 믿음을 잃고 뿔뿔이 달아났다. 예수가 똑똑한 사람인 것은 분명하지만 그를 따르는 사람도 흩어졌고, 그래서 지금은 '아무것도 아닌 존재'가 됐다. 그런데 어째서 바울은 느닷없이(뒤늦게) 예수가 메시아라고 깨달았을까?

다시 2,000년 뒤로 돌아가자. 벤야민이 갈파했다. 메시아(구원자)는 우리 자신이라고! 인류를 구원할 사람들은 바로 우리 자신이 아니냐고! 그런데 알다시피 우리 하나하나는 약하고 힘없는 존재다. 나약한 메시아들이 힘겹게 한 걸음 한 걸음 나아가는 것만이 인류를 구원할 길이 아니냐는 것이다. 바울이 유대인 동네에서 스스로 벗어나, 다시 말해 누구도 자기를 도와주지 않는 외톨이로서 예수를 섬길 놀라운 결심을 했을 때, 그가 벤야민 같은 생각을 안 했을까? 그는 복음을 전하러 2만 킬로미터를 다니다가 돌로, 곤장으로 아홉 번 매 맞고, 세 번 바다에 빠지고, 감옥에 두 번 갇히고, 결국 예순 살 나이에 로마군에 붙들려 죽임을 당했다. 그가 자기를 그저 메시아를 모시는 수동적인(소극적인) 존재로 여겼을까?

바울이 '예수가 메시아'라는 깨달음을 얻은 것은 예수가 이름 높은 종교 지도자에서 아무것도 아닌 존재로 굴러떨어진 뒤다. 예수가 모든 위엄을 빼앗긴 문둥이 같은 신세가 되었을 때라야 '그가 메시아답다'고 느낀 것이다. 헤겔은 지금의 십자가에서 '장미'를 볼 수 있을 때라야 십자가의 형벌이 구원으로 바뀐다고 했다. 무슨 권세 있고 사람들에게 영향력 높은 사람이 메시아가 되는 것이 아니다.

이 비밀(?)을 오이디푸스도 살짝 내비친다. 그가 패륜(윤리 파괴)을 저지른 장본인으로서 사람 동네에서 내쫓기고 얼마 뒤부터 그리스의 여러 도시로부터 오이디푸스를 초청하는 연락이 왔다. '오이디푸스가 영험하다(신비로운 힘이 있다)'는 소문이 돌아서였다.[73] 그가 혼잣말을 했다. "사람은 쓰레기 같은 존재로 굴러떨어졌을 때라야 무엇이라도 되는가?" 예수가 잘나갈 때 열두 제자들이 예수를 '메시아'라고 모셨던 것도 사실 허당(허튼 믿음)이었다. 예수가 문둥이(처럼 손가락질받는 존재)가 되자, 다들 실망해서 달아나지 않았던가.

'삼위일체(성부와 성자와 성령은 하나)'니, 어쩌니 하는 폼 나는 미사여구(레토릭)는 걷어치워라. 예수는 전통적인 신 관념('저 너머'의 신)을 갖고서 자기의 죽음을 수월하게 감당하지 못했다. 바울도 마찬가지다. 예수를 믿고 나서야 비로소 유대교의 초월 신 관념을 넘어설 수 있었

---

73. 우리는 제 인생이 바닥까지 내려갔다가 온 사람은 그 시련으로 남다른 지혜를 얻었으리라 여긴다.

다. 이 사회로부터 천덕꾸러기 똥덩어리 신세로 손가락질 받는 처절한 경험을 치러낸 사람만이 인류를 구원할 영험함을 얻게 된다는 깨달음을 통해서 말이다. 그 첫 문둥이가 예수일 뿐이고,[74] 기독교가 인류에게 계시한 것도 오직 그것뿐이다.

바울의 기독교는 (성부, 성자가 아니라) 성령의 기독교였다.[75] 성령(곧 성스러운 영혼)은 어디 숲속이나 허공을 떠도는 것이 아니라 신자들의 몸에 깃들어 있다. 그러므로 유물론적으로 말하자면 '신자 공동체'가 성령이다(그 물질적 근거). 신을 믿는 사람들이 있는 한限에서 신이 있는 것 아닌가? 우리가 주목할 것은 성부聖父도, 성자聖子도 아닌 성령이다. 종교를 완전히 부정하는 사람들의 생각처럼 성령도 한갓 지푸라기로 치부해야 할까, 하는 질문이 필요하다.[76]

성령은 크리스천이 독점한 것이 아니다

역사 속의 인물 예수는 죽었지만 예수의 성스러운 영혼은 죽지 않았다. 바울과 베드로가, 또 누가 그 영혼을 이어받아 세상 구원의 길에 나섰다. 로마 제국의 모진 탄압을 겪으며 초기 기독교도들을 엮어간 것은 릴레이 주자들처럼 그들이 이어받은 '성령'이다. 성령은 개개인의 마음속에 깃들어 있지만 그 개개인의 것이 아니기 때문에 '이어받

---

74. 바울은 "내 연약함을 자랑한다(내가 놀림받을 때마다 놀림받던 그리스도와 하나가 된다)"고 했다.
75. 바울은 예수가 어떻게 살았고, 어떤 기적을 보였는지에는 아무 관심이 없었다.
76. 개인들 위에, 그들을 넘어선 신비로운 영혼이 따로 있는 게 아니다. 그러나 사람에게는 개인들의 현실 말고도 '무엇인가가 더' 있다. 이것을 꼭 '성령'이라 일컫지 않아도 좋으나 아무튼 무엇이 있다.

는다(감화된다)'는 말이 성립한다.[77]

그런데 '성령'을 꼭 기독교 신자들만 독점하고 있지 않다는 사실을 깨닫는 게 핵심이다. 프로이트는 이것(성령)을 '죽음 충동'의 표현이라 읽었다. 20세기 초 자본가들의 탄압으로 목숨을 잃은 미국의 노동운동가 조 힐을 기리는 노래에 다음 구절이 들어 있다.

사람을 죽이려면 총 이상의 것이 필요하지…… 저들이 죽일 수 없는 것이 (사람들을) 계속 엮어가네.

이런 경우는 곳곳에 있다. 동학농민전쟁(곧 우금치 전투) 때 무지렁이 농민들로 하여금 동료들이 수없이 죽어 넘어지는 것도 아랑곳하지 않고 나아가게 한 것도 그들 모두가 받아안은 어떤 성스러운 영혼(충동)이다.[78]

죽음 충동이란 자살 충동이 아니라 때로는 자기의 죽음마저 무릅쓰고 남들에게 또는 대의大義에 헌신하는 마음이다. 누군가(무엇인가)를 위해 내 가진 것을 다 주고 나(자아)를 비워내 버리려는 열정이다. 몹시 추운 날 남에게 내 옷을 벗어주고 덜덜 떨면서 돌아올 때의 기쁨 같은 것이다. 나(자아)를 죽이고, 나를 거들떠보지 않으려는 충동. 전태일이 그 본보기가 아닌가.

(가련한 내 이웃들아) 나를 버리고, 나를 죽이고 너희에게 가마!

---

77. 정신분석학에서는 '성령'을 죽음 충동으로 풀이한다. 라캉과 지젝의 책을 참고하라.
78. 일본군은 동학군의 그 기백이 두려워서 조선 젊은이를 다 죽였지만 25년 뒤 3·1만세가 다시 터졌다.

사람 마음에는 어떤 열정이 끓어오르는 순간, 그를 화살처럼 날아가게 하는 어떤 불멸(죽어도 죽지 않는 것)의 차원이 있다. 시인 고은이 노래했다.

우리 모두 화살이 되어 온몸으로 가자…… 가서는 박혀서(썩어서) 돌아오지 말자!

누군가 그런 (영혼이 타오르는) 열렬한 사람과 맞닥뜨릴 때 우리는 한편으로 존경심이 솟으면서도 한편으로는 두려움을 느끼고 뒤로 물러나지 않을까?

저 사람이 내 팔을 붙들고서 함께 필사즉생必死卽生의 싸움터로 나아가자고 하면 어쩌나…….

기독교의 2,000년 역사는 이 두려운 성령의 발현을 적당히 길들이고 가라앉혀 기성 질서와 공존케 하려고 애써온 과정이 아니었을까. '형(아비)만 한 아우(자식) 없다'고 했는데, 과연 예수를 온전히 뒤따른 제자들이 (초기 기독교도들 빼고) 몇이나 됐을까.

우리는 무신론을 단언한다. 그런데 기독교와 동떨어진 동네의 사람들만 그렇게 생각하는 게 아니고, 실은 기독교와 (그 선조인) 유대교 속에도 '신이 죽었다'는 생각이 곳곳에 깔려 있다. 신은 애초부터 죽었는데 단지 본인(곧 신)만 그 사실을 몰랐다가 기독교에 와서 마침내 알게 됐다. 나치 히틀러의 집단수용소에 에티 힐섬이라는 젊은 여성이 갇혀 있었다. 그녀는 동포를 도우려고 스스로 제 정체를 밝히고 나섰다. "나, 유대인이오!" 그 결과, 그녀는 죽어갔다. 힐섬의 일기에 이렇게 적혀 있다.

당신(하느님)이 우리를 도울 수 없다는 것, 알아요. 우리는 당신에게
'왜 아우슈비츠(수용소) 같은 게 생겨났는지 해명해봐라.' 하고 요구
하지 않겠습니다. 우리가 당신을 돕겠어요. 그게 우리 자신을 위하
는 길이니까요.

우리의 무신론은 힐섬보다 한 걸음만 더 내딛는 것이다. 한국 가톨
릭 추기경이 세월호의 진실 캐기를 훼방 놓은 이 시대에 힐섬이 살았
더라면 그녀도 틀림없이 한 걸음 더 나아갔을 것이다.[79]

그리스도는 왜 죽어야 했는가? 우리를 굽어살피리라 여겨지는 초
월적 실재(큰 타자)의 허구(픽션)가 죽으려면 그 실재the real의 한 부분,
곧 어떤 신인神=人의 몸과 피가 그 대가로 지불돼야 한다. 기독교의 트
라우마는 신이 자기를 비운 것(=케노시스)이다. 먼저 하늘의 신이 케노
시스를 통해 땅 위의 사람으로 내려온다(자신의 전능함을 잃어버린다).
유대교는 이것을 인정하지 않았다. 다음으로는 사람인 그리스도가 죽
음으로써 신은 드디어 죽는다. 다시 말해, 신이 죽었다는(원래 없었다
는) 것을 사람들이 깨닫는다. 외상外傷, 곧 트라우마가 두 번 일어났다.
성경의 빼어난 대목들은 이런 통찰을 여실히 내비치는데 종교제도(곧
교회)가 이 낮달 같은 사실을 완강히 부인해온 탓에 이를 직시하지 못
하는 크리스천이 많다.

좀 어려운 설명을 덧붙이자. 유대교에서 신은 이미 즉자적in itself으

---

79. 우스갯말. 신에게 진보 정당 사람들이 자기들 운명을 물었다. 그 답을 듣고 통진당과 노
동당 사람이 고개 돌려 울었다. 크리스천이 질문했다. 이번에는 신 자신이 고개를 돌리
고 흐느끼기 시작했다.

로, 그 자체로 죽었다. 유대인들은 (율법을) 신이 만들었다고 치고 그 율법만 따랐지 신에게 더 바라는 게 없었으니 신이 이 세상에 더 남아 있을 이유가 없었고, 무슨 일이 벌어져도 힘을 쓰지 못했다. 기독교에 와서 신은 대자적for itself으로, 남들에 대해 죽었다. 예수에게 "이제는 니가 신神이 돼라. 나는 신 노릇 그만할란다." 하고 통고하고는 사라져버렸다. 예수가 낭떠러지 끝에 몰려 그를 찾았는데 응답이 없었다.

신 없이, 신적인 것을 추구하라

'신이 없다'는 사실을 사람들이 남김없이 깨닫는다면 어찌 되는가? 한동안 허랑방탕하게 헤매고 다닐 사람도 많겠지만 이 변화는 사람들을 무척 진지하게 만들 것이다. "누구(무엇)에게도 기대지 않고 우리 스스로 진리의 잣대를 세워 살아야 해!" 우리 얘기는 아무것도 믿지 말자거나 내 손에 움켜쥔 것만 믿자는 게 아니고, 전혀 그 반대다. 누군가 우리를 보살펴주는 존재가 사라졌는데도 살아남을 수 있는 신앙만이 가장 철저한 뜻에서의 신앙이 아닐까? 우리는 이상향(유토피아)을 만들어가는 정치 기획과 영원한 감동을 줄 예술 기획에 열렬하게 가담하고 그것을 단호하게 믿는다. '그 생각이 옳다'고 보장해줄 아무런 장치(곧 큰 타자)도 없이!

우리는 기독교와 기독교를 맞세운다. 기성 사회질서 속에서 영광과 풍족함을 누려온 지배제도(곧 교회)로서의 기독교와 억눌린 세상을 들어엎는 치열한 사회운동(초기 기독교, 이단 운동과 종교개혁, 해방신학)으로서의 기독교를! 앞의 것은 신이 있어야 잘 굴러간다. 영혼 없는 세상에서 괴로움을 겪는 사람들이 기댈 곳 없어서 신을 찾을 터이니 교회는 장사가 날로 번창한다. 그렇게 황금알을 낳아주는 신을 교회가 버릴 리 없다. "우리더러 알거지가 되라고?" 하지만 길 잃은 영혼들에게 진정으로 희망이 되어줄 것은 뒤의 것이다. 신神 없이 신적神的인 것을 추구하려는 진정성만이 사람들로 하여금 자유를 위한 싸움에 나서게 만든다.[80]

파스칼과 달리, 우리는 '신에 대한 헛된 믿음을 버리자'는 쪽에 내기를 건다. 무신론자만이 참으로 신자信者가 될 수 있다. 우리는 인간해방을 위한 싸움에 몸 바친 사람들 중에 참으로 믿음이 깊은 사람들이 많았던 것을 안다. 체 게바라는 이렇게 말했다.

> 진정한 혁명가를 이끄는 것은 강력한 사랑의 감정이다. 혁명가는 열렬한 영혼과 냉정한 정신을 결합해서 눈 하나 깜빡하지 않고 힘겨운 결정을 내려야 한다.

19세기 유럽에 마르크스주의가 퍼져나갈 때 보수 세력이 그것을 가리켜 '세속화된 기독교'라고 비난했던 데에는 (그들의 생각과 달리) 큰 진실이 들어 있다. 그리스도가 20세기에 살았더라면 틀림없이 게바라처럼 제국주의와 맞선 싸움에 총을 들고 나섰을 것이다. 한때 사회주의 혁명을 이끌었던 해방 정당들도 성령으로 나아가는 신자 공동체와 어딘지 닮은 구석이 참 많다. 스탈린의 말을 들어보라.[81]

---

80. 나치의 홀로코스트(대량 학살)와 이스라엘의 팔레스타인인 학살 같은 섬뜩한 사건에 대해 무기력한 증인이 되는 것이 가장 순수하고 온전한 하느님의 케노시스(자기를 비우기)라면 어쩔 것인가?
81. 소련 공산당은 사회주의 혁명을 처음 선보인 역사적 의의가 있지만 이론(비전)도 여러 군데 미숙했고 (혁명이 고립된) 현실과 일찍 타협하는 바람에 내부 모순이 쌓여서 몰락의 길로 갔다. 결과가 드러난 지금 그 잘못을 짚는 것은 쉬운 일이고, 그 실천에서 배울 점을 찾는 것이 훨씬 소중하다.

우리 공산당원은 특수한 재질로 만들어졌습니다. 우리는 위대한 프롤레타리아 전략가, 레닌 동지의 조직체를 형성하는 사람들입니다. 아무나 당의 구성원이 되어 시련과 고통에 맞서는 게 아닙니다.

특별히 부름을 받은 사람들이라는 것이다. 초기 크리스천들이 성부聖父의 존재에 대한 미련을 선뜻 버리지 못했듯이 스탈린주의자들도 '역사'라는 (관념적인) 큰 타자에 기대고 믿었다. "우리가 옳았음을 역사가 증명해줄 것이다! 우리 공산당은 역사를 실현해내는 큰 타자의 도구다!" 그 점에서 (소련을 이끌었던) 스탈린주의자들도 철저한 유물론자는 되지 못했다.

우리는 왜 종교를 쉽게 외면하지 못하는가? 논리적 일관성을 갖춘 유물론은 종교의 핵심 통찰을 받아들인다. 요컨대 '상식common sense'의 세계는 참된 현실이 아니라는 종교의 깨달음을 받아들인다. 다만 더 높은 '초감각적 현실'이 있다는 종교적 통념을 거부할 뿐이다. 기독교에 깃든 합리적 핵심인 '성령(나를 비워내려는 열정)'에 관한 통찰을 계승하려는 까닭은 사람이 영혼 있는 존재로 고양되지 못하고서는 세상을 바꾸는 커다란 과업을 엄두 내기 힘들어서다. 지구촌이 하나로 엮이고, 사회 지배세력도 세계적으로 똘똘 뭉친 지금, 세계 민중이 연대해서 힘을 키우지 않고서는 무슨 변화를 끌어내기가 쉽지 않다.

1920년대 러시아의 경험이 뜻깊다. 그때 러시아는 사회 변화의 물꼬는 텄어도 내전(외세를 등에 업은 반동 세력의 창궐)과 사회 붕괴, 추위와 굶주림으로 민중이 무척 절망적인 상태에 놓여 있었다. 그 절망을 딛고 일어설 길은 오로지 뜻있는 사람(=전위)들이 유토피아를 향한 열정을 품어 안는 길뿐이었다. 지금도 마찬가지다. 앞으로의 인류도 그런 '미친(숭고한)' 열정을 받아안지 못하고서는, 괴물이 돼가는 세계 자본주의 체제를 시원히 갈아엎을 엄두를 내지 못할 것이다.

교회제도의 소유자들은 민중에게 "죽어서 영원한 삶을 누릴 것을 믿으시오." 하고 꾄다. 우리는 그런 가짜 질문을 작파하라고 다그치면서 묻는다. "당신, 지금 살아 있소? 한갓 짐승처럼 목숨만 잇고 있는 것 아니오?" 우리가 참으로 살아 있을 때는 우리 안에 있는 어떤 강렬한 충동에 이끌려 참삶으로 나아갈 때뿐이다. 내가 아니라 내 안에 있는 어떤 거룩한 영혼(곧 성령 비슷한 것)이 행동할 때 우리는 헤겔의 절대자(절대적인 것)에 가 닿고, 그 순간에 영원한 것과 만난다.

가짜 믿음에 맞서려면 참믿음이 간절하다

왜 참종교나 참믿음이 우리에게 절실한가? 자본주의가 일종의 유사 pseudo-종교이기 때문이다. 돈과 상품의 물신을 믿는 사람들 마음은 천지개벽이 일어나야 바뀔 만큼 끈질기다. 자본주의는 훗날의 후손들의 힘까지 빌려서 지금의 자기를 지탱한다. "당장 빚을 내서 공장을 돌리자고. 그 빚은 후손들이 갚아줄 거야!" 도박에 미친 놈이 그 도박판을 박차고 나오려면 심각한 깨달음과 결단이 필요하듯이 저희끼리 황금알을 낳는 자본판을 뜯어치우려면 이웃 사랑의 대업을 떠안는 숭고한 젊은이들이 여기저기서 움터 나와야 한다. 전태일을 가리켜 '노동자 예수'라 일컬었던 데에는 커다란 진실이 담겨 있다.

제2의 종교개혁, 아니 변혁이 절실하다. 20~21세기에 세계 곳곳에 종교적 근본주의가 발호했다는 것은 자본주의 문명이 조종弔鐘을 울리고 있다는 뜻일 뿐만 아니라, 종교가 눈먼 곳으로 치달아 인류의 미래를 더 어둡게 한다는 뜻이다.[82] 그러니 역사에 청신호가 등장하려면 종교(신자들)부터 깨어나야 한다. 우리는 과감하게 '참 기독교는 무신론!'이라고 단언한다.

성경을 다시 읽어보시오. 십자가 위의 두려운 장면에서 눈을 떼지 마시오. 깨달았거든 교회를 떠나 무소의 뿔처럼 혼자서 가시오. 교회 밖에 있는 인류 해방의 일꾼들과 함께 새 해방 공동체를 만듭시다!

장기려의 시대에는 교회가 덜 타락했다. 그래서 '교회가 신실한 신자를 변변히 길러내지 못한다'는 것을 그가 알면서도 교회에 남아 있었다. 하지만 앞으로 신을 볼모로 삼아 장사하는 교회들은 끝없이 추락해갈 것이다. 추락하는 것에는 날개가 없다. 우리는 그렇게 돈과 세상 권세에 눈이 먼 교회들을 가리켜 '개독교'라 부른다.

종교에 무관심했던 유물론자들도 '무엇이 사람을 숭고하게 만드는지' 깨달음을 구해야 한다. 이치만 냉정하게 따지는 유물론이 아니라 '초월론적 유물론'이 긴요하다. 사회 변혁의 열정이 차츰 가라앉아온 여태껏의 시대 흐름을 되돌리자면 말이다. 최선의 무리들은 확신(믿음)이 없고 최악의 무리만이 열광적으로 날뛰는 이 시대 흐름을! 게바라는 어디로 갔는가?

---

82. 이슬람 근본주의가 자본 체제에 대한 빗나간 반발인 반면, 기독교 근본주의는 자본을 돕는 앞잡이로 구실한다. 근본주의자에게 신은 모든 것을 허용한다. 테러든, 학살이든!

덧대기

최근 '유럽연합'이 벌인 조사에서 스웨덴, 노르웨이, 핀란드, 덴마크에는 '신을 믿는다'는 사람이 20~30%에 불과했다. 반면 그리스, 이탈리아, 루마니아, 포르투갈 사람들은 70%가 넘었다. 앞에 말한 나라들은 사람들 삶이 안락하고, 뒤에 말한 나라들은 경제위기로 고통을 겪고 있다. 인간 사회가 나아질 것을 낙관하는 사람들은 신을 찾지 않는다는 얘기다. 근대 유럽에서 내건 '계몽'의 목표도 이것이었다. 우리는 신을 찾는 사람들의 마음을 이해하지만 신이 그 고단한 세상살이를 극복케 해주지는 않는다는 사실을 잊어서는 안 된다.

3 불교가 우리의 나침반이 되어줄까?

「심청전」에서 아름다운 효성을 읽어내는 사람은 세상을 헛읽은 사람이다.

　불교는 기원전 6세기에 인도 동북쪽에서 태어난 고타마 싯다르타라는 역사적 인물이 창시創始했다. 그는 수행을 통해 '붓다(부처)' 곧 '깨달음을 얻은 사람'이라는 칭호를 얻었다. 불교는 주로 그의 가르침을 전하고 실천하는 종교다.

　사람들에게 친숙한 불교 낱말에 '인생무상人生無常'이 있다. 17세기의 소설 「구운몽九雲夢」을 보면 절에서 수행하던 '성진'이라는 놈이 어디 갔다 오다가 8선녀를 만나 즐겁게 수다를 떤다. 절(사찰)에 돌아와서도 8선녀를 못 잊어 하다가 지옥으로 내쫓긴다. '양소유'라는 인물로 세간(세상)에 태어나 8선녀의 후신인 여덟 여자와 차례로 인연을 맺는다. 그리고는 하북河北과 토번(옛 티베트)의 반란을 다스린 공功으로 중국 나라의 승상(영의정)이 된다. 생일을 맞아 산에 올라 잔치를 벌이던 양소유는 여덟 아내와 '인생무상'을 말하다가 스님의 설법을 듣고 꿈에서 깨어나 본래의 성진性眞으로 돌아온다. 그 뒤 그들은 도를 닦아 극락세계로 들어갔다……. 이형기의 시 「낙화落花」도 불교의 세계관을 잘 나타내준다.

가야 할 때가 언제인가를 / 분명히 알고 가는 이의 / 뒷모습은 얼마나 아름다운가 // 봄 한 철 / 격정을 인내한 / 나의 사랑은 지고 있다 (……) 나의 사랑, 나의 결별 / 샘터에 물 고인 듯 성숙하는 / 내 영혼의 슬픈 눈.

무상無常과 공空이 불교 사상의 핵심

무상은 이렇게 화려했던 인생도 결국에는 덧없이 스러질 수밖에 없다는 쓸쓸함을 나타내는 말로 많이 쓰인다. 대중가요에 담긴 숱한 노랫말이 그렇다. 하지만 이 낱말이 실제로 담고 있는 뜻은 그렇게 감상적感傷的인 것, 센티멘털한 것이 아니다.

세상 모든 것은 늘 바뀌어서, 영원한 것이 없다! 무엇이든 유한하다(끝이 있다). 그러니까 만물의 겉모양에 속지 마라!

불교의 가르침을 최대한 압축하면 이것 하나로 요약된다. 이 가르침을 건성으로 듣지 말고, 아주 막강한 한 대상(과녁)에 들이대보자. 현대 한국과 미국 대학의 주류 경제학은 "자본을 굴리자!"라는 절대 명령을 전제해놓고 입방아를 찧는다. "시장의 보이지 않는 손길이 세상 만물에 조화를 가져다줄 거야!" 하는 게 그들의 선험적인(=경험에 앞서는) 믿음이다. 그런데 과연 그럴까? 1990년대에 소련이 무너진 뒤로 천하天下가 자본주의 체제로 통일됐을 때, "이제 역사歷史는 끝났다. 자본주의는 영원하리라!" 하고 흐뭇해한 사람들이 많았는데, 정작 그때를 고비로 하여 자본주의 체제가 차츰 하강 곡선을 긋기 시작했다. 세계적으로 있는 놈들과 없는 분들 사이의 사회 양극화(兩極化, polarization)가 더 심해져서 자본주의 초기의 야만스러운 현실로 되돌아가고 있다. 사람들이 만든 사회 체제는 언제나 무상한 것임이 다시 입증됐다.

'공空'도 무상과 비슷한 뜻의 낱말이지만 그 뜻이 더 깊다. 이 말은 『반야심경』에서 나왔다.[83] "색즉시공色卽是空 공즉시색空卽是色." 불교에서 '색色'은 무슨 색깔을 가리키는 말이 아니라 '앎의 대상이 되는 사물들 모두'를 뜻한다.[84] 물질세계의 모든 것들은 공空하다! '있음'이 '없음'과 다르지 않다!

유럽 철학은 세상 만물의 뒤(배후)에 '무엇'인가가, 어떤 궁극적인 존재(있음)가 있다고 여겼다. 그것을 어떤 '하나One'나 '이데아'라 부르기도 했고, '신神'으로도 일컬었다. 궁극적인 존재를 물이나 불로 여긴 학자도 있다. 옛 인도 철학에서도 브라만(절대자)이나 아트만(영혼이나 생명) 같은 것들이 있다고 봤다.

그런데 아시아 철학은 차츰 없음無 쪽으로 생각이 많이 쏠렸다. 도교에서는 '허(虛, 텅 빔)'와 '무위(無爲, 하는 바가 없음)'를, 유대교 신비주의에서는 '성스러운 무無'를 말했다. 불교도 '있음'보다 '없음'을 사유(思惟, 생각)하는 쪽이긴 한데 그렇다고 '무(없음)'에서 만물이 나왔다고 봤을까? 그렇지는 않다. 있을 수도 있고, 없을 수도 있을 때 '공空하다', 곧 '비어 있다'고 일컫는다. 뒤집어 말하자면 그것이 저 스스로, 저 혼자의 힘으로 있는 실체(實體, substance)가 아니라는 뜻이다. 이를테면 무슨 금은보화가 저 스스로 있는가? 다른 모든 것과 관계를 맺을

---

83. '반야'는 큰 지혜라는 뜻. 『반야(바라밀다)심경』은 불교 사상의 핵심을 짤막하게 잘 표현한 경전이다.
84. '색'은 색깔 → 색깔과 모양을 지닌 것들 → 물질의 세계로 뜻이 넓혀져왔다.

때에만 비로소 있다. 그래야 금은보화가 된다. 만물은 인(因, 내적/직접적 원인)과 연(緣, 외적/간접적 원인)에 따라 생겨나는 것이다.[85] 이를 연기緣起라 한다.

공 사상과 숫자 제로

공空에 대해서는 용수(나가르주나)가 날카롭게 파헤쳤다. 기독교의 이론적 밑돌을 놓은 사람이 바울이라면 불교의 경우는 2세기에 살았던 용수다. 그는 공이 있음과 없음의 두 극단을 떠났으므로 중도中道라 했다. 그의 생각은 "가정假定된 공리公理만으로는 참인지 거짓인지 결정할 수 없는 명제가 어디나 있다"는 것을 증명한 20세기 수학자 괴델의 정리定理와 비슷하다. 그는 심지어 '공空하다'고 생각하는 것조차 공하다(부질없다)고 여길 만큼 모든 생각을 과격하게 무너뜨렸다. "모든 것이 가변성(바뀔 수 있음) 속에 있다"는 것을 그렇게 드러냈다.[86]

불교의 공 사상은 수학과도 관련이 깊으므로 잠깐 그 얘기를 곁들인다. 고대 수학의 발달은 인도가 이끌었다. 지금 우리가 쓰는 숫자(1, 2, 3, 4……)를 '아라비아 숫자'라 일컫지만 실은 인도에서 나왔다. 게다가 제로, 곧 영零의 발명이 수학의 놀라운 비약을 가져왔다. 옛 바빌로니아나 중국에서도 '영'의 관념이 얼핏 선보이기는 했으나 그것이 수학에 깊숙이 자리 잡은 것은 6~7세기 인도에서였다.

'0'이 왜 대단한가? '1004'와 '14'를 견줘보라. 제로가 없었다면 겨우

---

85. 일상용어로는 간단하게 '사람 사이의 관련'을 가리킨다. "옷깃만 스쳐도 인연(연관)이 생긴다."
86. 공空 철학을 유럽의 하이데거나 데리다의 해체 철학과 비슷하다고 견주는 학자들이 많다.

9개의 숫자(1~9)만으로 어찌 '1004'와 같은 큰 숫자를 대뜸 나타낼 수 있었겠는가. 그것 덕분에 곱셈, 나눗셈은 물론이고 제곱근, 세제곱근 같은 복잡한 셈도 거뜬히 해냈고 마이너스(음수)와 방정식도 술술 풀었다.

'0'의 첫 번째 기능(구실)은 10진법에서 '빈자리'를 지켜주는 일이지만, 더 깊은 뜻은 '아무것도 없음'을 나타낸다는 것이다. "아니, 무슨 그런 철학적인 숫자가 다 있냐?" 옛 그리스의 학자들도 '0'을 잠깐 상상해보기는 했으나 곧 '말도 안 돼!' 하고 걷어차버렸다. 무슨 숫자를 0으로 나눠보면 괴상한 결과가 나왔기 때문이다. 하지만 7세기의 어느 인도 학자가 "임의의(=어떤) 숫자를 0으로 나눈 몫은 '무한대(無限大, infinity)'이다"라고 정의를 내려서 0의 개념을 우뚝 세웠다.[87]

원래 불교는 수학과 무척 친했다. 석가모니(싯다르타)부터 뛰어난 수학적 재능을 뽐냈고, 불교 책에는 피타고라스학파 못지않은 수학적 상상력이 담겨 있다. 옛 종교가 다 그랬지만 종교와 학문(앎)이 서로 나뉘어 있지 않았다. 게다가 인도에서 숫자 '제로'를 발명해낸 것은 오로지 불교 사상 덕분이다. 옛 인도말(산스크리트어)로 '0'은 수냐sunya이고, 이것이 한자말 공空으로 번역됐다. '수냐' 곧 '공空하다'는 말은 아무것도 없다는 뜻이다. 무슨 물질이든, 사람의 삶이든 죄다 부정否定된다. "아무리 행복을 누려봤자 뭐하나? 다 부질없는/덧없는 것이거늘……." 그러나 세상 모든 것을 부정하면 그 빈 공간에 역설적으로 자유가 생겨난다. 그 생각의 자유를 한껏 발휘하던 사람들이 숫자 제로(0)도 창안했던 것이다.

87. 유럽인들은 10세기까지만 해도 인도에서 생겨난 숫자 '0'을 받아들일 엄두를 내지 못했다. 그것은 앎의 비약을 필요로 했다.

다시 본래 얘기로. 무상과 공은 불교 사상의 합리적 핵심이다. 하지만 윤회와 업보業報가 곧이곧대로 다 받아들여도 좋을 관념일지는 좀 미심쩍다.

윤회(輪廻, reincarnation)는 일정한 깨달음이나 구원된 상태에 다다르지 못한 사람은 이곳에서 저곳으로, 전생前生에서 다음 세상으로 계속 옮겨가야 한다는 얘기다. 업(業, karma)은[88] 전생에서 저지른 짓(행위) 때문에 지금 세상에서 받는 응보(보답)이다.

힌두교(기원전 15세기부터 움튼 인도의 토속 종교)에서는 '윤회 따위는 없다'고 말하는 것은 인과 법칙을 어기는 것이라 본다.[89] 바빌로니아의 함무라비 법전(기원전 18세기)에서 '눈에는 눈, 이에는 이'라며, '니가 당한 만큼 갚아줘라.' 하고 규정한 처벌 원칙과 잇닿아 있다. '죄지은 놈을 가만 놔두면 세상 꼴이 어찌 되겠냐'는 것이다. 그리스말 aitia는 '어떤 것의 원인이 되다'는 뜻뿐만 아니라 '그것에 대해 죄를 짓다/책임을 지다'는 뜻도 있다. 그러니까 윤회 관념은 불교 특유의 것이 아니라 옛 서아시아와 유럽에 널리 퍼졌던 사고방식이다. 힌두교와 자이나교, 고대 이집트나 그리스 피타고라스학파, (지혜를 추구한) 영지주의에 다 있었다.

오히려 윤회 관념을 송두리째 부정하지는 않되 거기서 벗어날 길을 제시했기에 불교를 보편 종교의 하나라고 추어준다(칭찬한다). 그 길이 '열반'(옛 인도말로 니르바나)이다. 니르바나는 처음에는 풀무질로 바람을 불어넣어 활활 타오르던 불이 차츰 사그라지는 것을 가리키는 말이었다. 그러다가 불교에서 마음의 집착(얽매임)과 번뇌(괴로움)를 태

---

88. "농사를 업으로 삼는다"고 할 때는 단순히 '먹고살려고 하는 일'이다. "내가 어떤 업을 짊어졌을까?" 할 때는 불교적인 뜻이다.
89. 기독교가 유대교에서 나왔듯이, 불교는 힌두교에서 한 걸음 더 내디딘 종교다.

위 없앤다는 뜻의 비유로 쓰기 시작했다. '번뇌가 사그라져서 깨달음의 지혜(보리)를 얻은 경지'가 열반이다. 버둥거리며 살아가는 윤회와 미혹(헷갈림)의 세계에서 벗어나(해탈해서) 깨달음(열반)을 추구하라는 것이 불교가 일러주는 길이다. 기독교에서는 '율법을 넘어서 사랑으로 나아가라'고 했는데 불교는 앎(깨달음)을 강조한다.

불교의 두 얼굴

20세기 후반에는 유럽의 지식인들 가운데 불교의 진취성을 주목하는 사람이 많았다. 유럽 문명이 수백 년간 제국주의 침략을 일삼고 두 차례의 세계대전으로 여러 나라를 잿더미로 만들어버린 데에는 기독교의 책임이 적지 않다고 여겨서 대안이 될 만한 다른 정신세계를 찾아보고 싶었던 게다. 기독교 문명은 전쟁과 폭력의 세계에 발을 담근 적이 많았던 반면, 불교 문명이 그런 적은 드물어서 얼핏 보면 불교가 '평화의 종교'라는 이미지를 띤다.[90]

무상과 공에 대한 날카로운 생각들을 현대 물리학의 이론적 탐구와 견주어보는 학자들도 있다. '물질의 최소 단위가 있다'는 생각마저 의심하는 학자도 있고, 아시아 대륙에서 노니는 나비 한 마리의 날갯짓이 미국의 뉴욕에 폭풍우를 몰고 올 수도 있다며 '나비 효과'를 말하는 사람도 있었다. 이런 생각들은 공空 개념과 통한다.

밑바닥 민중이 주인으로 일어서는 사회 변혁을 꿈꾼 사람들은 미륵부처 사상에서 영감을 얻으려고 했다. 환란患亂에 시달리는 민중을

---

90. 하지만 요즘 미얀마와 스리랑카는 불교도와 다른 종교 간에 폭력적인 다툼이 벌어지고 있다.

구하러 먼 미래에 미륵불이 세상에 내려올 것이라는 신앙이 일찍이 신라시대 때부터 싹텄고, 반란의 주역(견훤, 궁예, 정여립 등)은 자신을 '미륵불'이라 내세웠다.[91] 애당초 고타마 싯다르타(석가모니)부터가 인도의 카스트(계급) 사회를 변혁하겠다는 큰 희망을 품고 출가出家했던 것으로 읽는 것이 온당하겠다.

그러나 인류의 야만스러운 역사와 관련해, 비판받아야 할 대상은 꼭 기독교만이 아니다. 이를테면 1960년대 미국에 선禪불교를 들여오는 데에 앞장선 일본인 승려 스즈키는 1930년대에 일본제국주의가 아시아를 침략하는 것을 불교의 이름으로 두둔하는 데도 앞장섰다. '행복 전도사'로 나선 티베트 불교의 지도자 달라이 라마에 열광하는 유럽인이 많았지만 티베트에서 불교 사원(사찰)은 민중을 가혹하게 억압하는 반동 세력으로 구실해왔다.

그리고 유럽에 전파된 불교는 자본주의가 말썽 없이 굴러갈 수 있도록 돕는 구실을 톡톡히 해냈다. 세계적 대기업들이 불교 명상 프로그램을 들여다가 극심한 생존경쟁에 시달리는 자기 노동자들의 기분(불안)을 달래주는 데에 써먹었다. 자기 절제를 강조하는 프로테스탄트 윤리가 자본주의의 탄생을 도왔다면 요즘 흔들리는 자본주의를 지탱해주는 '아편'은 불교문화다. 불교는 탐욕과 생존경쟁을 마음껏 부추기는 자본주의 체제 자체에 대해서 따져 묻는 지혜의 눈은 부족하고, 사람들이 그 세계를 어떻게 탈 없이 견디게끔 돕느냐만 골몰한다. 불교에 심취한 애플사社의 창업주 스티브 잡스가 이익을 덜 추구했다며 그를 불교자본주의의 모범으로 칭송하는 사람도 있다. 잡스가 천민(야만) 자본가보다 나은 구석이 있다 해도, 그런 몇 자본가에게 희망

91. 전라도 김제 모악산의 금산사나 화순의 운주사에는 미륵신앙과 얽힌 전설이 많다.

을 거는 것은 너무나 한가로운 수작이 아닌가.[92]

희생양 둘: 심청전과 등신불

그래서 우리는 불교 사상과 승려 집단이 태어난 사회인류학적 뿌리를 살펴려고 한다. 그래야 그 사상의 특징이 무엇인지 감(느낌)을 잡을 수 있어서다. 우선 「심청전」을 불러낸다.

학생들은 "「심청전」의 주제는 효도와 인과응보因果應報예요." 하고 간단히 기억하고 끝내거나 "제가 죽어서 아비 눈을 틔우는 것보다 제가 살아서 아비를 계속 모시는 게 더 속 깊은 효도가 아닐까요?" 하고 소박하게 이견異見을 말하는 것으로 만족하기 십상이다. 그런데 열심히 책을 읽어서 그런 하릴없는 겉핥기 앎을 얻느니, 땀을 흘리며 축구공을 차거나 친구들과 맹렬하게 수다를 떠는 것이 더 건강하다.

심 봉사는 '눈을 뜨고 싶다'는 욕망이 불같이 일어나 몽운사 스님에게 '공양미 300섬을 바치겠다'고 덜컥 약속했다. 땡전 한 푼 없는 놈이 뭘 믿고 그런 허튼 짓을 벌였을까? 속으로 믿는 구석이 있었다. 그 시절 그런 일이 한둘이 아니었던 것처럼 자식을 팔아먹으면 된다. 집에 돌아온 그에게 '왜 낯빛이 어두우냐?'고 청이가 묻자 '너 알아서 쓸데없다'고 유치하게 화를 낸 것을 보라. 장 승상댁 부인이 자기를 수양딸로 데려가는 대신에 300섬을 대주기로 했다고 청이가 거짓말을 하자, 그 말을 그대로 믿고 유치하게 기뻐한다. 그 거짓말에 따르더라도 딸

92. 애플은 아시아 노동자들을 저임금으로 쥐어짜고, 경쟁 업체를 짓눌러 엄청난 돈을 번다. '독점' 이윤은 반사회적인 것! 디자인과 설계에만 집중한다는 멋있는 선전과 달리, 하청 기업들을 짓짜고 있다.

과 생이별을 해야 하는데 그것은 제가 알 바 아니다. 청이가 아무 생각도 감정도 없이 오직 효성으로 똘똘 뭉친 로봇(또는 괴물)이 아니라, 우리네와 다를 바 없는 평범한 사람이라고 치자. 그 청이에게 제 아비가 어떤 모습으로 비칠까?

더 깊은 질문을 던지자. 청이는 꼭 죽어야 했던가? 수양딸이 아니라도 좋다. 장 승상댁에 몸종으로 팔려가는 것이야 얼마든지 현실에서 가능하다. 또 몸종으로 팔려갈망정 자식이 살아 있어야 부모가 죄의식을 덜 느낀다. 그런데 왜 청이는 그 현실적인 길을 선택하지 않고 굳이 제 목숨을 버리려고 했을까?

청이는 세상에 아비와 단둘이 살았다. 아비에 대한 애착이 무척 깊었다(아비 하나 바라보고 살았다). 그런데 그 아비가 제 눈 뜰 이기적인 욕망에만 잔뜩 사로잡혀 있다. '아비가 자기를 버리려고 한다'는 데에 절망하지 않을 사람이 누구일까. "몸종으로 팔리느니 차라리 죽어드리지요. 딸의 목숨과 맞바꿔서 눈을 뜨고 어디 잘 살아보세요!" 청이는 제 마음속에서 아비를 깨끗이 지우기 위해 제가 죽는 길을 선택했다. 여러분은 그 절망을 실감나게 역지사지할 수 있겠는가.[93] 정신분석학자는 그 행동을 '격렬한 우울증의 결과'로 설명할 것이다.

「심청전」을 읽고서 "아, 아름다운 효성이여!" 하고 감탄하는 사람은 정신 나간 사람이다. 공자 맹자도 자식을 팔아먹는 아비한테 효도하라고는 (낯이 뜨거워서) 차마 말하지 못한다. 또 '효도의 방법이 현명하지 않다'고 여기는 학생은 정말 세상 물정 모른다. 그럼 장 승상댁에 팔려가라는 말인가.

---

93. 청이가 나중에 황후(왕비)가 된 뒤, 맹인 잔치를 열어 심 봉사를 불렀다. 심 봉사가 겁이 덜컥 났다. "왜 날 부를까? 내가 딸 팔아먹은 죄밖에 없는데, 그것을 혼내려고 (임금이 나를) 불렀을까?"

청이 얘기는 가슴 저리는 끔찍한 얘기다. 옛날에는 저희들이 살아야겠기에 그렇게 자식을 팔아먹거나 버리는 부모가 적지 않았다. 요즘도 찢어지게 가난한 아프리카 동네에는 '마귀가 들렸다'며 어린애를 내쫓거나 (사실상) 죽이는 일이 심심찮게 일어난다. 없는 집 아이들 일부가 그렇게 세상에서 희생된다!! 이것, 꼭 옛날의 조선(고려) 땅에서만 벌어진 일이 아니다.

김동리의 소설 「등신불等身佛」 이야기.[94] 이 소설은 중국의 어느 절에 있는 등신불의 유래由來를 들려준다. 당나라 때 '만적'이 재가한(다시 결혼한) 어머니를 따라 진씨 집으로 온다. 어머니는 진씨 재산을 독차지하려고 전처 아들 '신'을 죽일 음모를 꾸민다. 이를 안 '신'이 집을 떠나고 만적도 스님이 된다. 만적이 문둥병에 걸린 신을 어쩌다가 만나서 그가 가출한 곡절을 알게 됐다. 만적은 어머니의 죄업을 갚으려고 제 몸을 불사른다…….

먼저 청이. 아비의 욕심을 채우려면 그녀가 어디든 팔려가야 했다. 가부장에게 버림받은(희생당한) 가엾은 존재다. 왕이 죽었을 때, 멀쩡하게 살아 있는 몸종들을 더불어 파묻는 순장殉葬의 관습이 고대 사회(우리의 경우 삼국시대 초기)에 버젓이 활개 쳤던 것을 떠올리면 몸종으로 팔리는 것쯤이야 아무것도 아니다.

---

94. '등신'은 사람 몸과 크기가 같다는 말이니, 사람의 시체를 불상으로 모신 것! 김동리는 일본군에서 달아나 그 절에 숨어든 조선 청년(주인공)이 혈서를 쓰느라 손가락을 물어 뜯은 행위와 만적의 행위를 견줘보라고 했는데, 작가가 두 행위에 비슷한 구석이 있다고 암시한 것은 허튼 비교다.

희생양을 영웅으로 둔갑시키다

인류사를 들춰보면 폭력과 죽음으로 얼룩지지 않을 때가 없었다. 구약 성경에서 아담의 아들 카인은 제 동생 아벨을 죽였고, 로마를 세운 로물루스는 제 동생 레무스를 죽였다. pharmacy는 약, panpharmacon은 만병통치약이라는 뜻이다. 그런데 그 어원을 들추면 조금 뜨악하다. 고대 그리스와 로마의 마을(폴리스)에서는 평소에 노예들을 사육飼育했다가 마을에 재앙이 닥쳤을 때 그 원흉으로 몰아서 처형하고 민심을 달랬다. 그 희생양을 '파르마코스'라 일컬었다. 사람들 사이의 욕망 채우기 경쟁이 불러낸 폭력 때문이든, 자연 재난 때문이든 집단 전체가 정신적 공황과 두려움에 빠지게 될 때, 대중은 무엇에 대해서든 화풀이를 할 수 있어야 자기들의 감정을 누그러뜨릴 수 있다. 어떤 애꿎은 한 대상이 그 과녁으로 뽑혔다.

20세기 초반, 독일 대중은 독일이 식민지 쟁탈 경쟁에서 밀릴 뿐 아니라 (1차 세계대전 패전국으로서) 전쟁 배상금까지 물어야 하는 현실에 대단히 화가 나 있었다. 또 경제 대공황으로 살림이 어려워지자 누군가 분노를 퍼부을 대상이 필요했다. 괜스레 유대인(또는 유대인 자본가)들이 미워졌다. 유대인을 600만 명이 넘게 처죽이고 나서야 세상에 대해 화가 풀렸다. 고대의 신화나 종교는 이렇게 희생양을 바치거나, 악마라고 생각되는 타자(他者, 딴 동네 사람들)들과 잘 싸운 싸움꾼들을 기리는 데서 출발했다.[95] 인류는 신화와 원시종교가 담고 있는 이런 어두운 비밀에 대해 그 겉뜻을 곧이곧대로 믿는 맹문이(일의 경위를 모

---

95. 구약 성경 '시편'에는 "야훼여! 나와 다투는 자와 다투시고, 나와 싸우는 자와 싸우소서." 하고 신을 부르는 구절이 있다. 야훼의 정의로움은 유대 민족의 틀에 갇혀 있었다. 고대 종교의 폭력성은 계급으로 갈려가는 사회의 폭력성을 그대로 비춰주고(반영하고), 한편으로 그 폭력을 조절(통제)한다.

르는 사람)로 오랫동안 살아왔다.

문제는 그 희생양이 때로는 성스러운 존재로 둔갑한다는 데 있다. 청이는 효녀의 상징이 되고,[96] 비참하게 죽은 고려의 최영 장군은 무녀(무당)들의 숭배 대상이 됐다. 인류의 가장 흉악한 죄를 떠맡은 오이디푸스가 죽자, 그리스 도시들 사이에서는 그 주검을 성물聖物로 여겨 서로 쟁탈하려는 다툼이 벌어졌다. 옛 서라벌에서 에밀레종을 만들 때 티 없는 아이를 쇳물에 던져 넣었고, 그 덕분에 신비로운 종소리가 울려 나왔다는 전설도 희생양 설화說話의 하나다.

르네 지라르라는 학자는 모든 인류 문화가 처음에 이렇게 희생양을 성스러운 존재로 미화하는 데서 비롯됐다고 단언한다. 왜 그랬을까? 인류의 어둡고 폭력적인 모습들을 덮어 감추지 않고서는 사람들이 멀쩡한 얼굴로 흐뭇하게 웃으며 살아갈 수 없어서 그랬겠지.

청이가 제 아비 때문에 죽었다고? 슬퍼하지 마! 걔가 연꽃으로 환생해서 극락에 가서 잘 살고 있을 거야. 그러니까 세상은 결국에는 밝아지는 곳이라고 믿으라고!

안데르센은 옛날 아닌 19세기 사람이다. 그도 자기의 동화를 가엾은 성냥팔이 소녀가 비참하게 얼어 죽은 것으로 차마 끝낼 수 없었다. 그래서 "그 애가 하늘나라로 올라갔다"고 멋스럽게 꾸몄다. 세상이 무척 비참하고 야만스럽다는 사실을 부정하고(감추고) 싶은 인류의 문화적 욕구는 정말이지 너무나 강렬하다! 대학입시 참고서를 들춰보면

---

96. 어차피 허구인데, 심청이 효의 상징이 되지 말라는 법 있느냐는 대꾸도 있겠다. '만적'은 제 몸을 불사를 만했지만 심청은 자기희생을 해야 할 까닭이 없었다. '허구'라고 멋대로 지어내도 되는 것은 아니다.

"심청은 인류를 구원하는 성스러운 여인입네, 어쩌네⋯⋯." 하고 군세 게 단언해놓았다. 그 새빨간 거짓말을 벗겨내야 인류 모두가 사람답게 살려면 어찌해야 할지, 성숙한(두려운) 문제의식이 우리에게 찾아온다. 그래야 우리가 끔찍한 실재(實在, the real)와 맞닥뜨리기 때문이다.

부처도 희생양이었다

다음은 등신불 이야기. '부처님!' 하면 불교를 일으킨 석가모니만을 떠올리는 사람도 많겠지만, 사실 부처님은 수없이 많다(고 한다). 기독 교에서는 "예수를 본받고 예수를 따르자!"고 말할 뿐이지만, 불교에서 는 누구나 다 '성불成佛하라'고, 곧 부처가 되라고 권한다(적어도 말로 는). 만적도 불타 죽어서 부처가 됐다. 그래서 등신불이라고 기림(추앙) 을 받는다.

그런데 그 숱한 부처님들의 사회적 정체正體가 무엇일까? 지라르는 그들도 인류 사회의 '희생양'이라고 못 박는다. 앞서 말한 파르마코스 노예들과 카니발(축제)의 신神이라는 디오니소스, 인간 윤리를 저버린 오이디푸스, 불을 훔쳤다 하여 끝없이 형벌을 받는 프로메테우스가 그렇듯이! 부처(보살)들이 남을 돕는 거룩한 존재라는 멋진 통념(흔한 생각) 때문에 사람들이 이 속사정을 똑바로 헤아리지 못할 뿐이다. 겉 으로 보면 만적이 어머니의 죄를 대신 갚으러 제 몸을 불살랐다. 스님 들 가운데 이렇게 제 몸을 불사른 사람이 적지 않다. 그런데 혹시 불 교 사회가 그들더러 그렇게 죽으라고 끊임없이 떠다밀었던 것 아닐까? 만적의 일그러진 얼굴을 떠올려보라. 경주 석굴암에 앉아 계신, 자비 롭게 웃음 띤 부처님 얼굴과 전혀 다르다. 후자는 가상假象이요, 전자가 실재다.

옛 인도에는 마을을 떠나 숲속 정글로 들어간 특별한 무리가 있었다. 출가한(집을 떠난) 스님들은 고행苦行을 한다. 그들은 속세의 욕심(물욕, 식욕, 성욕……)을 내버리고 제 육체를 한갓 돌멩이나 주검으로 여길 것을 요구받는다. 걸레 같은 옷을 입어야 하고, 남들에게 구걸해서 살아야 한다. 사람들이 발우(동냥 바가지)에 넣어주는 음식에 독이 들어 있어도 군말 없이 고맙게 먹어야 한다. 그들이 이 세상에서 그렇게 고생하는 까닭은 전생에 저지른 나쁜 업(잘못)에 대해 징벌을 받는 것이라고 한다. 그들은 살아 있어도 산 사람이 아니다. '열반'이라는 낱말 자체가 깨달음과 죽음, 두 가지 뜻을 다 갖고 있다. 승려들이 깨달음을 추구한다는 것과 죽음을 추구한다는 것은 같은 말이다.

불경의 하나인 『법화경』에는 회견(약왕) 보살이 제 몸을 불태운 얘기가 나온다. 이것은 힌두교 시절부터 이어져온 '사람을 희생물 삼기' 전통의 하나다. 사람 제사가 옛날 얘기로 끝났을까? 20세기 초 일본에는 이웃들의 눈병이 낫기를 바라며 제 눈을 뽑아 스스로 썩지 않은 주검, 곧 미라가 된 사람이 있었고, 티베트의 어린 스님이 마을에 흉년이 들자 스스로 성물이 되려고 쪼그리고 앉아서 죽어갔다는 얘기도 전해온다. 1960년대에 베트남에서는 불교 탄압과 미국의 침략에 항의하여 여러 스님이 잇따라 제 몸을 불살랐고, 2010년 8월 한국의 문수 스님이 낙동강 가에서 '4대강 사업, 당장 그만두라!'는 유서를 남기고 같은 길을 갔다. 불교 전통에서는 이렇게 "남들의 죄를 대신 갚으려면, 또는 남들이 고난에서 벗어나려면 승려들이 죽어야(희생돼야) 한다"는 불문율이 전해왔던 것이다.

희생양 문화를 끝장내지 못한 불교

그러니까 불교는 속세를 떠나 특별한 세계에서 살아야 했던 '승려(곧 속죄양)들의 철학'이다. 그 사회인류학적 뿌리를 들춰내야 왜 불교가 그렇게 없음과 텅 빔(공)을 추구하는 생각에 빠져들었는지가 이해된다. 속세의 보통 사람들이 '없음'과 '텅 빔(곧 색즉시공)'을 지향했던 것이 아니다. 그런데 우리가 살펴야 할 대목은 그 승려들이 속세 사회와 어떤 관련을 맺었느냐다.

잠깐 기독교와 견주자. 수많은 신화가 희생양을 당연하게 여겼던 반면, 성경에는 죄 없는 희생양들의 항변이 여러 군데 담겨 있다. 구약성경에 나오는 '욥'이 그랬고, 예수가 그랬다. 희생양을 만들어내는 폭력적인 인간 문화를 처음으로 고발한 것이다.

아무 죄 없는 예수가 죄 많은 인류 대신에 죽었잖아? 예수가 그 죄를 다 갚았으니까[97] 더 이상 그따위 희생양을 만들어내는 폭력 문화가 나와서는 안 돼! 인류 여러분, 좀 더 성숙해지셔서 사람답게 살아갈 세상을 만들자고! 예수가 그 첫 싸움을 시작했어요!

이와 달리, 불교는 "희생양, 그거 문제 있어요!" 하고 뚜렷하게 문제를 드러내지 못했다. 집을 떠나 정글로 간 사람들이 은연중에 그런 희생양 노릇을 받아들였다는 얘기다.[98] 이를테면 출가자들은 세속 사람이 건네준 동냥밥을 무엇이든(!) 고스란히 먹어야 했다. 그 행위에는

---

97. 죄가 아니라 '인류가 짊어진 빚'을 갚았다고 풀이하기도 한다. 죄와 빚은 한통속의 뜻이다.
98. 인도에서 초기에 출가한 사람들은 무덤 근처에 불당을 짓고 죽음을 명상하며 살았다.

일반 사람들의 죄업을 다 받아들인다는 뜻이 들어 있다. 석가모니도 썩은(독이 든) 동냥밥을 군말 없이 먹고 죽었다는 사실을 아는가? 수천 년 동안 스님들이 꼭 길거리에서 얻어온 동냥밥만 먹은 것은 아니지만, 출가자들이 생겨난 처음에는 그랬다. 지금도 미얀마 같은 나라는 그 풍속이 여전히 이어진다.

스님이 될 사람은 머리를 깎을 뿐만 아니라 연비燃臂 의식이라 하여 향불로 팔뚝의 일부를 태운다. 이는 힌두교의 희생제의였던 '불 제사'를 이어받은 것으로, 상징적으로 자기를 불태운다는 뜻이다. 사람 세상을 위해 자기를 제물로 내놓는 것이다. 물론 인류 사회가 신화와 미신의 세계에서 차츰 벗어남에 따라, 말 그대로 자기 몸을 불태우거나(소신공양), 불 제사를 드리는 의식(儀式, ritual)이 차츰 약화되거나 승화昇華되어서 무슨 끔찍한 느낌을 자아내지는 않는다. 그렇더라도 그 문화가 어디서 비롯됐는지, 기원origin을 잊지 않는 것이 무척 중요하다.

소설 「등신불」의 주인공('나')은 등신불의 얼굴이 무척 처참하게 일그러져 있는 것을 보고 충격을 받는다. "그가 등신불이 됐다"고 불교 사회가 이념적인 덧칠을 하고, 무슨 근사한 절집에 모셔놓은 덕분에 그게 그럴싸해 보이는 것이지, 실제의 '만적'은 탐욕이 들끓는 사람들에게 등 떠밀려 절망 속에 제 목숨을 끊은 가엾은 희생양에 지나지 않는다. "여기는 연좌제連坐制 세상이야.[99] 네가 니 엄마 죄를 대신 갚아!" 아무도 그의 존재를 모르는 성냥팔이 소녀도 생각해보자. 그녀의 주검이 과연 신비로운 후광으로 빛났을까? 인류는 자기네가 만들어낸

---

99. 무슨 죄에 대해 친척이나 관련자가 함께 처벌받는 제도. 남북 분단에 희생당한 사람의 가족들이 이 올가미 때문에 오랫동안 응달진 삶을 살았다. 1980년대에 들어서 비로소 연좌제가 폐지됐다.

무슨 문화적 허울(겉모양)들이 대단히 폼 나는 옥구슬일 거라고 착각해서는 안 된다. 만적의 민낯 앞에서 사실 석가모니도, 미륵불도 하릴없는 존재들이다.

불교와 우상 숭배

불교에서 말하는 철학 이야기를 들어보면 무척 날카롭다. 용수(나가르주나)는 '공空하다!'고 말하는 것조차 공허하다고 내지르지 않았던가.[100] 모든 것을 부정해버린다. 그래서 "형이상학을 무너뜨리자!"고 부르짖는 20세기 유럽의 해체 철학(포스트모더니즘)과 견주는 사람도 많다. 스님 원효는 불교의 계율을 깨뜨리고 요석공주와 놀아났는데, 이런 짓(=파계)도 똑똑한 승려는 세상 질서를 전혀 아랑곳하지 않는다는 일종의 행위극(퍼포먼스)이다. 불교 사회에는 그것보다 훨씬 끔찍한 파계 행위도 많았다. 그들은 세계를 포기한 사람들이다. 그 급진적인 세상 비판(또는 '색즉시공'의 일깨움)을 생각하면 불교 철학이 대단한 혁명 사상인 것처럼 느껴지기도 한다. 그 말 표현들을 곧이곧대로 믿으면 말이다.

하지만 그 번드르한 말 표현들의 뒷면을 들춰보자. 석가모니가 죽자마자 인도 여러 나라 사이에서는 그의 사리(유골에서 나온, 구슬 같은 것)를 둘러싸고 누가 차지하느냐, 싸움이 벌어졌다. 그 뒤로도 불교 사회에서 '사리 숭배'는 당연한 전통으로 이어져왔다. 그런데 그게 과연

---

100. '색수상행식 곧 5온이 어떠하냐' 묻는 수능 문제가 있었다. '모두 공空하다'가 정답! 그렇게 지식 쪼가리만 묻고 더 깊이 삶의 방향을 묻지 않는 학교 교육은 정말로 공하다! 그냥 외워두는 공부라니.

당연한가?

'부처'는 깨달은 사람이다. 불교 이야기에 따르면 누구나 부처가 될 수 있다. 그런데 그 장삼이사(張三李四, 보통사람들)의 유골에서 나온 뼛조각들이 무어 대단한 것이라고 그렇게 탑에 모셔서 숭배까지 하는가? 이것, '모든 것이 다 공空하다!'는 불교의 가르침을 비웃는 짓이 아닌가? 유대교와 기독교가 옛 자연종교들보다 우월한 이념, 또는 보편 종교라고 추어주는 까닭의 하나 '우상 숭배'를 금지한 데 있다(가톨릭에는 성모마리아 우상 숭배가 남아 있다만). 불교는 더욱이 인격신 같은 것, 취급하지도 않았다. 부처님이 신神도 아니라면서, 불탑 세우기 같은 우상 숭배가 당연히 벌어진 것을 보면 불교 이야기가 '겉 다르고, 속 다르다'는 것을 놓쳐서는 안 된다.

불교 사회에서 승려 집단은 속세 사람들의 죄업을 대신 짊어지고 가는 사람들이자 미래를 비춰줄 희망의 등불이라고 존경을 받아 왔다. 그들에 대한 존경의 표시로 '사리'를 모신 불탑을 세웠다. 그런데 세상일에는 공짜가 없다. 속세 사람들은 우상 숭배의 대가로 무엇을 얻는가? 승려는 안간힘을 다해 깨달아야 하지만, 일반 사람들은 (극단적으로 말하자면) 미혹에 빠져 살아도 된다. 누구나 깨달아야 할 의무를 '사리 숭배'로 대신하면 된다. "우리를 대신해서 누군가가 깨달음을 얻겠지."[101] 승려들은 욕심을 버리고 자기를 죽이는 삶을 살아야 하지만, 그 덕분에 속세 사람들은 제 욕심들을 버리지 않아도 된다. "우리가 짓는 죄는 우상들께서 갚아주실 거야!" 결국 승려 집단은 기성 사회의 폐습을 덜어내는 개혁 효과를 얼마쯤 발휘하는 것밖에는 더 구실하지 못했다.

101. 티베트의 불교도들은 불경을 적어 넣은 바퀴통을 열심히 돌리고서 "아, 깨달음을 얻었다." 하고 여긴다. 사람 대신에 바퀴통이 믿음을 만들어낸다.

깨닫는 일이 전문 직업으로 분업화되는 순간, 그 집단적인 실천이 기성 사회의 낡고 완강한 구조를 흔들어대는 충격 효과는 사그라진다. 불교의 열쇠말 중 하나는 '탐욕을 버리라'는 것인데, 현실의 자본주의 체제가 탐욕으로 똘똘 뭉쳐 굴러가는데도 여태껏 승려 집단이 과연 당차게 따져 묻고 도전했던지 캐물을 필요가 있다.

"당신들은 탐욕스러운 세상 몰골을 (당신들의 물욕 포기 행위로) 적당히 덮어 가리는 장식품 구실만 해오지 않았소?"

불교는 근대를 넘어설 비전을 주는가

우리는 불교가 인도 대륙의 단단하게 굳어 있던 사회계급(카스트)의 벽을 넘어서려는 보편 종교로 탄생했다고 알고 있다. 처음에 석가모니가 '깨달은(출가한) 사람들'의 무리를 모으려고 했을 때는 이들이 사회를 계몽해서 사회계급(카스트)의 벽을 허물 전위(前衛, 선봉대)가 되어주기를 바랐을 것이다. 그때 인도는 브라만(제사장), 크샤트리아(왕족과 무사 계급), 바이샤(상인과 농민), 수드라(밑바닥 육체노동자)와 파리아(불가촉천민) 같은 카스트(계급)들로 짜여 있었다. 크샤트리아 출신의 석가모니가 세운 불교의 진출은 으뜸 카스트인 브라만의 몰락을 동반하는 것이었던 만큼 역사의 진보다. 초기 기독교가 그랬듯이, 누구에게나 성불成佛의 문을 열었던 것도 인류 사회를 계몽하는 변화였다.

그런데 우리가 묻는 것은 다른 질문이다. 불교가 지금의 인류에게도 사회 변혁의 비전을 제시할 수 있느냐다. 승려 집단(승가)이 제정일치祭政一致 사회를 넘어설 변화는 감당해냈지만 국가 자체를 넘어설(허물어뜨릴) 비전까지 품지는 못했다. 인도의 불교는 왕국의 성쇠(융성 쇠퇴)와 같이 갔다. 아소카 왕(기원전 3세기) 시절에는 번성했다가 통일 왕국이 무너지자 토속 종교인 힌두교에 다시 밀려났다. 결국에는 인도의 악명 높은 카스트제도를 시원하게 흔들지 못한 결과다.

고구려와 신라에는 나라를 지키는 호국 불교로 들어왔다. 그때의 국가는 그 이전의 신정神政 사회보다야 진취적인 구석이 있었으므로 덮어놓고 비판할 일은 아니겠지만 아무튼 불교적 비전이 국가의 테두리를 넘어서지 못했다는 것을 부인할 수 없다. 속세를 떠나 세계를 포기한 사람들이 결국에는 세계 긍정의 틀로 돌아왔다. 공空의 철학이 어떤 생각(이념)도 무너뜨릴 것 같은 기세를 보였지만 그것은 생각(사변)의 세계에서나 발휘된 용맹 정진이었고, 현실에서는 적당한 진보를 곁들인 보수의 틀 안에서 기본적으로 놀았다.[102] 겉으로는 부정(없음)의 철학이지만 속으로는 긍정(있음)의 이데올로기가 됐다.

두 가지 다른 사상 흐름과 견주자. 중국의 춘추전국시대(기원전 770년~기원전 220년)에는 제자백가 가운데 국가를 긍정하는 흐름(법가와 유가)보다 "국가 없이 살아보자"는 무정부주의적 흐름(양주, 장자)이 더 활발했다. 또 기독교는 5세기 초 아우구스티누스가 왕국과 교회의 공존을 꾀하는 타협적인 신학을 세우기 전까지, 국가(곧 로마제국)를 부정하는 유토피아적 열정이 살아 있었다. 아직 인류의 초창기라서 사상이 대담해질 수 없었다고 (불교가) 변명할 일이 아니다.

물론 우리는 기독교가 종교개혁과 갖가지 이단 운동을 꽃피웠듯이 불교도 인류 사회의 변화와 더불어 자기 개혁의 노력을 이따금 보였던 것을 수긍할 수 있다. 고대 사회로부터 물려받은 희생제의와 같은 무속적 요소들을 많이 덜어낸다든지, 현실 사회의 변화와 호흡을 같

102. 신라 원광법사가 '세속5계'를 지었다면 불교가 완전히 국가 이데올로기(임전무퇴)에 포섭된 셈이다.

이하는 참여 불교적 실천[103]에 더 나선다든지 하는 노력들이 있었던 것은 분명하다.[104] 하지만 결국 큰 틀에서, 계급과 국가의 강고한 벽에 갇혀버렸다. 그리고 그런 소소한 실천들에 흐뭇해하기에는 인류가 타개해야 할 현실의 모순이 훨씬 깊다.

인류가 오랜 중세 봉건사회의 굴레들을 벗어버리는 데에 기독교의 종교개혁이 얼마쯤 구실하지 않은 것은 아니다. 그렇다 해도 지금(21세기)의 인류 사회를 명실상부한 자유 평등의 터전으로 가꿔가는 데에 기독교 세력이 변변히 주체로 나서지 못한 것과 마찬가지로, 세계의 변화와 관련해 불교 동네도 예나 지금이나 꿔다 놓은 보릿자루 신세를 벗어나지 못했다. 이를테면 20세기는 전쟁과 혁명의 시대였다. 한때 너나없이 '사회주의'라는 낱말을 깃발로 내세웠는데 '불교 사회주의'라는 낱말도 그때 나왔다. 하지만 세상을 앞서가는 이념이 거기 들어 있던 게 아니라 '남들이 세상 변화를 외치니까 나도 외친다'는 흉내 내기에 불과했다.[105] 불교는 현실의 벽을 허물고 넘어서는 선봉장이 돼주지 못했다.

불교의 남다른 점을 수긍해주자면 철학적 사변(사색)이 뛰어나다는 것이다. 신비로운 숫자 영(제로)의 발명이 그와 관련 깊다고 앞서 말했다. 그렇다면 종교로서 불교는 접어두더라도, 불교 철학은 더 북돋

103. 7세기에 중국의 혜능이 창시한 선불교(남종선)는 민중(농민)을 신앙의 주체로 세우는 진취성이 있었다. 그 이전의 화엄 불교가 왕의 통치를 빛내줬다면 선불교는 지방 호족(군벌)들에게 문화적 위신을 덧씌워준 면도 있다. 중국에 불교와 도교가 퍼지고 유학이 케케묵은 것이 되자 이에 위기를 느낀 주희(12세기) 등이 철학을 보강한 신유학(성리학)을 일으켰다. 송나라가 가라앉는 데 대한 대응!
104. 불교는 기독교와 맞닥뜨리면서 기독교 문화를 많이 모방했던 사실을 부인하기 어렵다.
105. 태국은 20세기 중반에 사회민주화에 부응하는 불교 개혁이 일어났다. 그것은 진취적인 흐름이지만 그 지도자 풋타탓이 내세운 '담마 사회주의' 슬로건은 뾰족한 내용이 없다. 소극적인 진보만 있었다.

아야 할까? 현대 물리학(양자역학 등)이 매우 어려운 얘기로 흘러가자 불교 동네에서 "그거, 우리 얘기야. 불교 철학은 참 대단해." 하고 흐뭇해하는 반응이 많았다. "힉스장場이 발견됐다고? 그것, 공空을 입증한 거야." "초끈candle&rope 이론도 불교에서 먼저 말한 거예요." 등등.

현대 물리학 이론 중에 불교적인 생각과 닮은 것이 많다는 것은 분명하다. 하지만 '닮았다'는 것과 '같다'는 것은 다르다. 공空이 나온 맥락과 힉스장이 도입된 배경은 조금 다르기 때문에 그 둘이 닮았다는 것이 불교에게 그렇게 큰 자랑은 아니다. 게다가 초끈 이론 같은 것은 아직 가설로 머물 뿐, 진리로 입증되지도 못했다. 물론 인류가 꽃피운 훌륭한 유산遺産이긴 해도 불경을 열심히 들여다본다 해서 거기서 물리학의 새 법칙이 나오는 것은 아니라는 말이다. 자연 탐구에 들어가기 전에 '생각 연습'을 하는 데에는 도움이 되겠지만 말이다.

문제는 세상을 살아가는 사람의 태도(인생철학)와 관련해서 불교의 교리가 나침반이 돼줄 수 있겠느냐는 의문이다. 불교가 사회 변혁에 능동적으로 나서는 모습을 보이지도 않는데 말이다. 이를테면 광란의 시장 경쟁을 멈추게 하고 사람답게 살 사회를 실제로 마련하는 데에 한몫하지 않고 그저 "마음속으로 세상과 거리를 두고 자기를 돌아봐라!" 하고 명상을 권하는 것이 인류에게 희망을 주는가? 일본과 유럽의 최고경영자CEO들 가운데는 회사에 선禪 바람을 들여온 사람이 많다. 그들은 불교가 불편한 철학이라고 전혀 느끼지 않는다는 말이다. "자본주의 체제, 이거 맞아?" 하고 불교가 의문을 제기하지 않아서다. 그 서슬 퍼런 공空 철학의 칼날은 왜 자본주의 근처에 얼씬도 하지 않을까?

앞서 인용한 일본 선불교의 스즈키는 '선'이 정신 테크닉일 뿐이라고 솔직히 털어놓은 적 있다.[106] 유대인 집단학살의 주역 하인리히 히

물러도 '선'에 심취할 수 있고,[107] '국가 없이 살고 싶다'고 갈구하는 무정부주의자도 선불교에 기댈 수 있다. 선불교가 틀렸다는 얘기가 아니라 그것이 너무 공허한 내용이라 진리를 보증해주지 못한다는 말이다. 오히려 선이 파시즘의 도구로 쓰이기까지 했다. 스즈키는 '무사(사무라이)의 칼이 곧 선禪'이랬고, 그래서 일본군이 1937년 중국 난징에서 대학살을 벌인 것도 옳다고 여겼다.[108]

열반 원리와 죽음 충동을 견준다

불교 교리와 관련해 결정적인 질문(비판)은 열반 원리에 대해서다. "없음만이 오로지 옳은 것이다. 세상 모든 것이 헛되고 헛됨을 깨달아라! 그러면 너는 평화와 안식을 얻을 수 있느니라!" 그런데 미망(迷忘, 어리석은 갈망)을 없애려는 노력은 우리가 미망에 얽매이도록 만드는 실재the real의 핵심을 외면하게 만든다. 현실이 완강하게 어둡고 적대적인 대립 틀 속에서 굴러가는데 이를 외면하고 마음의 평화를 찾아서야 종교가 무슨 얘기를 떠들건 간에 한갓 허튼소리를 넘어설 수 없다.

슬라보예 지젝은 불교의 열반 원리를 기각하고(내버리고) 그 대신 죽음 충동의 관념을 가까이할 것을 권유한다. 열반에 따르면 모든 생명

---

106. '선'은 잡념을 버리고 마음을 모으는 수행법. '요가'처럼 다양한 자세를 취하지 않고 앉아서 한다.
107. 그는 인도 서사시 「바가바드 기타」를 즐겨 읽었다고 한다. 교양 있는 사람도 파시스트가 된다.
108. 2차 세계대전을 치르면서 기독교든 불교든 진리를 담지하는 사회 주체로서 다 파탄이 났다.

시스템은 긴장이 가장 낮아지는 곳을 지향하고 결국 죽음을 향해 나아간다. 이것은 쾌락 원칙(쾌락을 추구하고 불쾌감을 피하려는 사람의 으뜸 심리)의 가장 차원 높은 표현이다. 불교는 차이difference를 만들어내는 모든 정념(情念, emotion)을 억눌러서 내적 평화를 만들어내자고 한다. 그렇지만 쾌락 원칙을 넘어서지 못한다. 이와 달리, 죽음 충동은 이런 열반 원리를 넘어서고 열반 원리와 부딪치며 유지되는 긴장이다(프로이트가 이 개념을 처음 다듬었다). 죽음 충동은 열반 원리의 대립항으로서 고통을 달갑게 받아들이는 삶을, 또는 생물학적 죽음 너머에서 지속되는 유령ghost 같은 삶의 차원을 가리킨다. 무슨 말인가?

이를테면 어떤 중년 여성이 가족을 내팽개치고 오직 교회 전도 활동에 빠져들었다고 치자. 그녀는 그동안 이 사회에서 아무런 보람도 느끼지 못하고 소외된 삶을 살았다. 언제 문득 교회가 그녀를 잡아당겼다. 남편과도 단칼에 이혼하고 자식과도 관계를 끊고 그 삶에 뛰어들었다. 그녀는 교회에 참여할 때라야 자신이 진짜 삶을 산다고 느꼈다. 그것도 남들이 알아주지 않는 이단(소수파) 교회에 보따리 싸들고 들어간 그녀를 두고 친척들 사이에서는 '그 사람, 미쳤다'는 소리가 절로 나왔다. 다들 그녀를 (세상에) 없는 사람으로 취급했다. 이렇게 누가 뭐라든 제가 가고 싶은 길을 가는 사람을 가리켜서 '죽음 충동에 따른다'고 일컫는다(그 신앙이 진취적인지, 눈먼 것인지는 딴 문제이고, 왜 그녀가 그 길로 돌진하느냐만 주목하자).

우리가 그냥 살아남기로 한다면야 아무리 즐기며 산다고 하더라도 결국 삶 자체를 잃는다. 내가 참삶을 사는 것은 나를 '한갓 삶(생존) 너머'로 데려가는 어떤 과잉(넘쳐남)에 참여할 때뿐이다.[109] 우리의 삶

109. 정신분석학자 라캉은 성령聖靈을 가리켜 기표記表가 상징계에 진입하는 것이라고 했다.

을 삶답게 하는 어떤 보이지 않는 핵심이 죽음 충동이다. 가끔은 죽음마저 무릅쓸 만큼 불타오르는 충동. 그 중년 여성을 떠올리며 친척들은 '기괴하다'고 느낄지 모른다. 그런데 spirit라는 낱말은 '정신'과 '유령(귀신)'의 두 뜻을 다 갖고 있다. 정신이 도저到底하게 깊은 사람은 주변 사람들에게 유령처럼 느껴진다![110]

여기, 두 사람이 있다. 한 사람은 현실적인 것을 잘 알아서 이 사회에서 능력(스펙)을 인정받았다. 그는 눈앞에 보이는 것만 믿지 무슨 '인류의 대의大義'니 '숨은 역사'니 하는 이념적인 것을 거들떠보지 않는다. 그는 건강한 body line을 가꾸려고 매일 한강가를 뛴다. 또 한 사람은 팔레스타인에서 늘 가난과 공포에 시달리는 인생을 살았다. 어느 날 폭탄이 든 트럭을 몰고 가서 스스로 죽는 미친 짓으로 제 삶을 끝냈다. 누가 '그림자 목숨'을 살았고 누가 (한 순간이라도) 참삶을 살았을까?

힉스장Higgs boson이라는 것이 있다. 1964년 물리학자 힉스가 내놓은 가설로, 바닥상태일 때 0이 아닌 값을 갖는 (아직 발견되지 않은) 양자quantum가 힉스장 안에서 자극을 받아, 쿼크나 전자와 같은 다른 기본 입자에 질량을 부여한다는 내용이다. 나중에 힉스 입자boson가 실재한다는 것이 입자가속기로 밝혀졌다. 힉스장은 '없음에서 있음을 창조한다'는 명제의 물리학 버전이다. 에너지가 빠져나갈 환경 속에서 물리 시스템은 결국 에너지가 최저 상태에 다다른다. 질량을 잃을수록 에너지의 수위는 제로가 된다. 그러나 압축기로 공기를 빼내고 온도를 최대한 낮춘 용기container에 힉스장이 나타나면 에너지가 더 줄

110. 영화 「쇼생크 탈출」에서 주인공이 교도소 사무실에 난입해 모차르트의 오페라를 틀어 방송으로 내보낸다. 음악이 울려 퍼진 적 없는 감옥에서 죄수들은 별안간 벅찬 환희의 순간을 경험한다. 노래 내용은 남녀가 서로 유혹하는 이야기인데 죄수들에게는 경건하고 기괴한 느낌으로 다가갔다.

어든다. 무엇(곧 힉스장)을 잃을수록 그 시스템은 에너지가 증가한다는 역설이 나타났다.[111] 힉스장은 '없음보다 못한 무엇'이다.

슬라보예 지젝은 죽음 충동과 힉스장의 역설을 견준다. 힉스장은 '있음'을 지탱하는 것이 '없음(긴장의 최저 수위)'과 '공(모든 질서의 소멸)'에 머무는 것보다 더 경제적이라는 뜻을 제시한다. 죽음 충동을 지탱하는 것은 이런 틈(간극)이다. 반면에 불교는 윤회를 끊고, 오로지 '없음'으로 돌아가는 데에만 온 정신을 팔았다. 불교가 하지 못하는 것은 없음을 넘어, '없음 너머'에 있으며 없음에 형체(모양)를 부여하는 있음(현상적 현실)으로 되돌아가는 것이다.

간추리자. 불교에서 건질 것은 '큰 타자(초월적 신)는 없다'는 단언이다. 없음과 텅 빔을 사색하는 것은 훌륭한 철학이고, 무아無我도 옳다. 그 관념을 파시스트 스즈키처럼 아무 데나 무분별하게 들이대지만 않는다면 말이다.[112] 심리적 삶의 실체적 행위자로서 자아ego는 없다. '자아'란 실제로는 아무것도 없는 주체성의 핵심에 마치 실체가 있는 것처럼 물신화한 환상에 불과하다. '참된 나(I)'가 있는 게 아니라 그런 것 자체가 없다.

한편 불교에서 우리가 받아들일 수 없는 것은 '깨달음이 최고'라는 열반 원리다. '없음'에 붙들려 있는 불교는 삶의 길라잡이로서 2%가 부족하다.[113] 깨달음 말고 무엇이 더 있어야 한다. 깨달음은 불탑을 세워 숭배해야 할 것이 아니다. 사리를 모신 불탑은 승려 집단을 어떤 정신적 특권을 누리는 집단으로 재생산하는 데에나 쓸모가 있었다.

111. 힉스장의 역설은 프로이트가 말한 '상징적 거세'의 미스터리를 구현한다. 상징적인 것을 빼앗는 변화(=거세)가 '어떤 있음'이 생겨날 공간을 열어준다.
112. 그는 무아無我의 경지에서 칼을 휘두른다고 뻐겼지만 실제로는 무뇌의 경지에서 지랄했을 뿐이다.
113. 기독교의 경우도 유물론적 신학으로 거듭날 때라야 사회 구원의 주체가 될 수 있다.

21세기는 '자본주의가 영원하다!'는 노래가 정신없이 울려 퍼지는 때다. 돈 빼고는 모든 것이 냉소의 대상이 됐다. "돈이 있어야 나는 행복해요!" 어디에도 성스러움이 사라졌으니 거짓스러운 성역, 곧 특권적인 성직자 집단 따위는 다 해체돼야 한다(이 말은 기독교에도 해당된다).

그리고 앎(깨달음)만으로는 그 강력한 냉소주의와 맞짱 뜰 수 없다. 어찌 보면 우리는 '종말(끝)의 시대'를 살고 있다. 핵전쟁으로, 생태계 파괴로 인류는 멸망의 운명과 맞닥뜨렸다고도 볼 수 있는데 그렇다면 우리는 '덤'으로, 시한부 인생으로 살고 있는 셈이다.

"인류가 이성을 잃지 않는 한에서만 인류의 목숨은 보장된다!"

이런 세상을 헤치고 나아가려면 사랑이, 그것도 '미친' 사랑이 긴요하지 않을까?[114] 철학이든 종교든 그런 사랑을 북돋는 데 무능한 사상들은 미련 없이 박물관에 보내야 하지 않을까? 불교의 격언 가운데 "부모를 만나면 부모를 죽이고, 부처를 만나면 부처를 죽여라!" 하는 말이 있는데, 불교 쪽에 되돌려줘야 할 말은 이것 같다.

---

114. 프로이트는 무의식에 억눌린 것들이 거듭 되살아나는 반복 강박은 쾌락원칙을 뛰어넘는다고 했다. 이 반복을 초래하는 죽음 충동의 종교적 표현이 '성령'이고, 일상적 표현이 '미친 사랑'이다.

덧대기

풍요로운 무無에 대하여. '없음'은 꼭 텅 빈 것만이 아니다. 기독교의 바울은 "내가 모든 지식을 알지라도 사랑이 없으면 나는 아무것도 아니다"라고 했다(nothing). 이때의 없음nothing은 텅 빈 것이다.

그런데 사랑을 품으면 어찌 되는가? 그렇다고 해서 내가 대단한 사람이 되는 것이 아니다. 어떤 '있음'을 손쉽게 베풀어주는 사랑은 가짜 사랑이 아니냐. 사랑을 품어도 나는 여전히 아무것도 아니다(nothing). 그러나 여기서 '아무것도 아님'은 자기가 아무것도 아님을 알고 있는 없음nothing이다. 자신이 결핍돼 있음을 깨달음으로써 역설적으로 풍요로워지는 '없음'이다. 이렇듯 '없음'은 그저 텅 빈 것만이 아니고, 보이지 않게 무엇을 낳는 없음이 되기도 한다. 문제는 어떻게 '있음'에서 '없음'으로 가느냐가 아니라 어떻게 '없음'에서 무엇인가를 생겨나게 하느냐.

4 유물론과 관념론, 변증법

헤겔은 한동안 '죽은 개'로 취급되기도 했지만 여전히 근대 철학의 핵심을 말해준다.

유물론(唯物論, materialism)은 오로지 유唯, "세상에는 유일唯一하게 물질만 있다(또는 물질이 중요하다)"는 뜻의 낱말이다. matter는 '문제, 중요한 일, 상황(사건)'이라는 뜻 말고도 '물질'이라는 뜻도 있다. 거기서 갈라져 나온 material은 '물질의, 재료, 소재, 원료'라는 뜻이다. 물질이 으뜸 원리라는 물질주의!

관념론(觀念論, idealism)은 '관념(생각)'이 으뜸이라는 말이다. idea는 '생각, 방법, 의견, 관념, 이념, 착상……'의 여러 뜻으로 쓰인다. ideal은 '이상적인, 관념적인, 이념적인'이라는 뜻이다. 그러므로 idealism은 문맥(맥락)에 따라 '이상주의'(꿈을 펼치는 생각)로도, '관념론'으로도 옮길 수 있다. 이 두 뜻은 서로 동떨어진 게 아니다. 긍정적으로 보자면 이상(理想, 완벽한 세계에 대한 꿈)을 좇는 것이, 부정적으로 보자면 한갓 머릿속 생각(=관념)에 지나지 않을 수 있다. "그게 너에겐 이상이겠지만, 우리가 보기엔 한갓 허튼 관념일 뿐이야!"[115]

---

115. 인문학(문과) 공부는 이렇게 그 낱말 하나하나의 뜻을 세심하게 새기는 데서 시작해야 한다. 유럽 학문에서 이어받은 낱말이 많으므로 영어(또는 독일어 등등)에 담긴 뜻도 아울러 새길 일이다. 그래야 그 말의 겉뜻에 머물지 않고 개념(핵심 알갱이)을 잡아내기가 수월해진다.

세상에는 갖가지 물질이 있고, 사람의 관념과 이상도 갖가지다. 그러므로 세상의 이치를 따지는 사람은 유물론이 '더' 그럴싸하다고 여기거나, 사람의 관념(이념)과 정신이 '더' 중요하다고 보거나, 어느 쪽으로든 생각이 쏠리게 마련이다. 이 둘을 합친 어떤 새로운 이론(理論, 사물의 이치를 밝힌 앎)이 나오지 않았으므로, 아니 나올 수 없으므로 여러분은 어느 쪽이 더 옳다고 여기는지, 이 글을 읽고서 생각해보기 바란다. 미리 밝히자면 글쓴이는 유물론을 지향한다. 왜 그쪽을 윗길로 치는지는 나중에 (역사유물론 대목에서) 밝히겠다. 그 얘기에 앞서, 교통정리가 필요하다.

먼저 '어느 쪽이 옳다'는 간단한 판정만으로 이 둘의 비교를 다 해낸 게 아니라는 사실을 덧붙인다. 같은 유물론이라 해도 생각이 갖가지라서, 어떤 유물론은 조잡하고 어떤 유물론은 세련됐다. 관념론 쪽도 마찬가지다. 그러니까 조잡한 유물론보다는 세련된 관념론에서 배울 바가 더 많고, 조잡한 관념론보다는 세련된 유물론이 더 낫다. 또어떤 학자는 큰 틀에서는 관념론을 말하지만, 그 세부 내용 속에는 유물론적 접근도 들어 있고, 다른 학자는 큰 틀에서 유물론을 말하지만, 그 세부 내용 속에 관념론적 접근이 들어 있다.[116] 그들 생각의 잘잘못을 이모저모 찬찬히 따져야 옳지, "이 사람은 ○○론자라서 틀렸다. '○○론'은 죄다 틀린 거야!" 하고 단칼에 그의 이야기를 잘라버려서는 안 된다.

이렇게 교통정리를 하는 까닭은 이 두 쪽 사이에 그동안 셀 수 없이 많은 토론이 벌어졌기 때문이다. 그리고 사람이 논쟁을 벌일 때에는

---

116. 이를테면 소련의 스탈린은 유물론을 강경하게 주장했지만, 세상 변화의 주체가 오로지 혁명 정당이라는 그의 생각은 관념론적이다. 반대로, 칸트와 헤겔은 관념론 철학을 세웠지만 현실의 물질적 변화(곧 자본주의 체제로의 이행)에 대해 둔감하지 않았다.

"우리 편 생각이 더 옳다!"는 데에만 다들 꽂혀서, 우리 편 생각이 판정승을 거두기만 바라지, 상대 쪽 얘기에서 배울 바를 배우겠다는 마음가짐을 잃어버리기 십상이라서다.

잠깐 다른 낱말도 소개한다. 유물론과 맞겨루는 말에 유심론唯心論도 있다. 마음心만이 유일하게 중요하다는 뜻! 이것은 불교에서 나온 말이다. 일체유심조一切唯心造! "모든 것을 마음이 만들어냈다. 그러니까 무슨 일이든 마음먹기에 달렸다." 그런데 아시아에서도 현대 학문은 (대부분) 유럽 학문에서 생겨난 낱말을 이어받아 쓰고 있다. 대학에서 인문학을 희롱하는 사람들이 이 낱말(유심론)을 '덜' 쓰는 탓에 "세상에는 유물론과 관념론, 두 가지 생각 방식이 있구나!" 하고 간단하게 기억하는 게 좋겠다.

어떤 낱말이 담고 있는 뜻은 어원(語源, 말이 생겨난 곳)을 헤아릴 때 많이 드러난다. '유물론'이라는 낱말은 300여 년 전(곧 17세기 후반)에 처음 쓰였다. 유럽의 근대 철학을 처음 이끌어낸 합리론자 데카르트와 경험론자 프랜시스 베이컨이 죽고 나서 얼마 뒤이고 만유인력의 법칙을 발견한 뉴턴이 젊어서 한창 공부하던 때다. 근대에 들어와서 자연과학이 차츰 발달하기 시작한 때에 이 낱말이 나왔다는 것은 이 둘 사이에 연관이 깊다는 뜻이다. '관념론idelism'이라는 낱말은 겨우 19세기에 들어와서야 널리 쓰이게 됐다. 그러니까 19세기에 들어와서야 유물론과 관념론이 '네가 옳으니, 내가 옳으니' 하고 열렬히 다퉜던 것이지, 그 이전에는 그런 주제를 놓고 논쟁을 벌일 일이 없었다는 말이다. 아마 19세기쯤에 와서야 유물론이 세련된 이론을 많이 갖추고, 지지자도 늘어난 탓에 관념론 쪽에서 "어, 이거 저쪽을 만만하게 봐서는 안 되겠구나! 입씨름을 좀 벌여야겠다." 하고 여겼을 것이라 보인다.

유물론과 관념론

먼저 유물론의 발자취를 보자. 유럽 철학은 그리스에서 싹텄는데, 만물의 근원을 탈레스(기원전 624~548년)는 물, 아낙시메네스는 공기, 헤라클레이토스는 불이라 생각했다. 아직 주먹구구로 생각하던 시절이라 '유물론'이라 하기는 어렵고 소박하게 '자연 철학'이라 불린다. 하지만 유물론의 첫 걸음마는 뗀 셈이다. 데모크리토스(기원전 460~370년)는 생각이 좀 더 세밀해졌다. "무한한 진공 속에 갖가지 물질이 있는데 그 물질을 쪼개 보면 원자로 되어 있다"고 했다. 에피쿠로스(기원전 340~270년)가 이 생각을 더 다듬었다. "원자 운동에 편차가 생긴다"고 파악해서 데모크리토스의 기계적 결정론에 미묘한 수정을 덧붙였다.[117]

유럽의 정신세계를 기독교가 지배하게 된 뒤, 곧 5세기 이래로 유럽에서는 유물론 사상이 자취를 감추었다. 그러다가 17세기에 자연과학의 발달과 더불어 유물론도 다시 움텄다. 그러니까 유물론은 관념론보다 먼저 움텄다가 오랫동안 관념론(곧 종교)에 억눌림을 받았다는 얘기다. 신神이 세상 만물을 창조했다는 생각만큼 강력하고 단순한 관념론이 또 어디 있겠는가.

얼핏 생각하면 뉴턴은 열렬한 기독교 신자였으니 그의 자연과학과 종교가 사이좋게 공존하는 것 아니냐 싶기도 하겠지만(그는 만유인력 법칙이 신의 존재를 증명하는 것이라 여겼다), 그가 물질이 어떻게 운동하느냐는 문제에만 몰두했다는 사실을 유념하기 바란다. 신이 우주 창

---

117. 태초에 원자가 허공 속을 평행 낙하했다. 이는 세계가 있기 전에는 어떤 의미(목적)도 없었다는 뜻이다. 클리나멘(무척 작은 기울어짐)이 문득 생겨나 평행 낙하를 미세하게 교란해서 가까운 원자끼리 마주치게 했다. 원자들은 클리나멘과 마주침을 통해 자기 실존에 이른다. 장자도 비슷한 말을 했다. "도道는 걸어 다닌 덕분에 이뤄진 것이고, 사물은 우리가 그렇게 불러서 그런 것처럼 보인다."

조에 어떻게 개입했느냐, 하는 사변적인(=경험의 도움을 받지 않고 머릿속 생각만 해대는) 궁금증은 별로 품지 않았다. 같은 17세기에, 『리바이어던』을 쓰고 사회계약론을 말한 토마스 홉스는 "이 세상에 실재하는 것은 물체뿐이고, 모든 것이 물체의 기계적(역학) 운동에서 생겨난다"고 밝혀 유물론 철학을 분명히 했다. 그도 종교를 부정하지는 않았으나(그랬다가는 교회 세력에게 혼난다), 학문이 종교의 시녀(몸종) 노릇을 그만둬야 한다는 생각은 분명히 했다. 자유주의 정치사상을 내세운 존 로크도 앎의 기원을 '감각적인 경험(곧 물질세계)'에서 찾았다. 그는 철학에 관심이 없었으나 유물론과 가까워질 여지가 많았다. 그의 후배들인 18세기 프랑스 계몽사상가들(디드로, 엘비시우스 등)은 대담하게 유물론 사상을 내세웠다. 그들은 자연을 움직이는 것이 '기계적 법칙'이라고 봐서, '기계적 유물론'이라 불린다. 로크보다 한 술 더 떠 "죄다 의심하자!"며 회의론을 밀어붙인 영국의 흄도 자연스럽게 무신론자가 돼버렸다. 사실 유물론과 무신론은 한통속이다.

17세기 스피노자는 데카르트(1596~1650)가 "세상에는 정신과 자연이 있다"고 2원론을 펼친 것에 반대해서 "세상에는 정신과 자연, 둘 다 포괄하는 유일한 실체로서 신神 하나만 있다"고 1원론(=근원은 하나뿐이라는 생각)을 들고나왔다. 실체란 '그 자체로 생각되는 것, 저 스스로의 힘으로 있는 것'이다. 그런데 그가 생각한 신은 '하늘 저 너머'에 있는 초월신도, 그리스도의 몸으로 나타난 인격신도 아니다. '자연 자체'가 신이라고 단언했으니 범신론(모두가 다 신)이다. 세계를 설명하는 유일한 원리가 '자연'이라고 했으니 자연주의적 유물론인 셈이다. 그는 이런 '위험한(!)' 생각을 나타냈다 하여, 기독교 교회로부터 또 그가 속한 민족 집단(곧 유대교)으로부터도 내쫓겼다.

19세기 중반에 독일의 마르크스와 엥겔스가 더 세련된 유물론을 들고나왔다. 그들은 물체의 세계(곧 자연과학)에 주목하기보다 인류의 역사가 어떻게 생겨나고 바뀌어왔는지를 주로 파헤쳤다. 인류 역사의 밑바탕에는 물질적인 생활, 곧 먹고사는 일을 어떻게 해결하느냐 하는 문제가 깔려 있다고 했다. 먹고사는 일로부터 여러 가지 관념과 표상symbol, 의식(생각)이 비롯됐다는 게다. 이를 '역사 유물론'이라 일컫는다.

유럽의 관념론은 피타고라스(기원전 6세기)와 그 제자들에게서 처음 선보였다. 그들은 세계의 근거(아르케)가 수數라는 기묘한 생각을 했다. 그들은 영혼이 죽지 않는 세계를 그리워하여, 영혼을 맑히는 활동의 하나로서 수(숫자)를 연구했다.

플라톤(기원전 428~348년)의 기본 사상은 '이데아론'이다. 그는 사람들 눈에 보이는 모든 것은 이데아를 베낀 것이라고 갈파했다. 이데아는 사람의 앎과 무관하게 늘 언제 어디나 있는 세상의 실재the Real라고 한다. 세상 모든 것들은 어떤 이데아를 베낀 것에 지나지 않는다고 한다. 이를테면 꽃밭에 핀 개나리꽃은 '개나리꽃이라고 하는 이데아'를 본떴고, 중학생이 컴퍼스를 갖고 그려낸 삼각형은 '삼각형 이데아'를 본떴으며……. [118] 그의 말을 듣자.

사람은 동굴 안에 묶여 있는 죄수와 같다. 어렸을 때부터 동굴 어귀(입구)를 등지고 굴레(족쇄)에 묶여 살았다. 고개를 마음대로 돌릴 수 없어 동굴 밖에 있는 것들을 직접 보지 못한다. 동굴 밖 먼 곳에서

118. 성리학을 세운 주자는 "벽돌에는 벽돌의 '이理'가, 의자에는 의자의 '이'가 있다"고 했다. 동아시아 철학의 이理와 기氣는 이데아(이념)와 물질 개념의 맞짝이다. 플라톤은 의자와 과일이 이데아로서의 '1'에 참여해서 하나의 의자, 하나의 과일로 있게 된다고 했다. 그의 말에 따르면 어떻게 해서 '1'이라는 숫자가 생겨났는지는 알 수 없다. 그저 '그런 이데아가 있으니 믿으라'는 보수 철학!

는 불이 활활 타오른다. 동굴 어귀를 지나가는 사람들 그림자가 동굴 안쪽 벽에 어른거리는데 죄수들은 불빛에 비치는 이 그림자를 '참된 세상'이라고 착각한다. 어떤 사람이 우연히 굴레(족쇄)를 끊고 밖으로 나간다고 치자. 처음에는 진리의 빛 때문에 눈이 부시리라. 그러다 차츰 익숙해져서 세상 모습을 알아낸 뒤, 감옥으로 돌아와 제가 본 것을 들려준다. 하지만 감옥의 죄수들은 그의 말을 믿지 않으리라. 사람(들)도 이와 마찬가지다.

플라톤에게 동굴은 사람의 육체나 현상계와 같다. 영혼은 육체와 결합해 현상계에 얽매인다. 영혼의 감옥인 육체를 벗어나 참된 이데아의 세계를 직관直觀하자고 한다.

이데아는 한갓 관념에 불과한 것이 아니라 저 스스로 세상에 있다. 그러니 그가 일컬은 대로 고유명사로서 '이데아'라 일컫자. 이데아들은 하늘 위에 있는 듯하니, 만물을 신이 창조했다는 종교 사상과 통하는 바가 많다. 기독교가 유럽에 급속히 퍼진 것도 플라톤의 덕이 크다. '무슨 허깨비 같은 소리냐?'고 깎아내릴 수도 있지만, "세상에 보편적인 진리 따위는 없다"고 떠들던 소피스트들을[119] 물리치려는 데서 이 생각이 싹텄음을 헤아리면 나름의 절실한 이유가 있었음을 짐작하게 된다.

플라톤의 제자 아리스토텔레스(기원전 384~322년)는 인간의 행위를 관조(觀照, 고요한 마음으로 살피기)와 실천과 제작의 세 단계로 나눴다. 그런데 그 으뜸이 세상의 이치를 관조하는 것이라고 했다. 그는 17세기

119. 옛 그리스에 상업이 빌딜하면서 "세상일은 다 상대적인 것"이라 여긴 학자들(곧 소피스트들)이 생겨났다. 플라톤의 입장에서는 이들이 말장난을 벌이는 궤변론자들로 보였지만, 상대주의 철학이 생겨날 현실 근거도 나름으로 있다. 이것은 20세기 포스트모더니즘과 맥이 닿아 있다.

에 근대 학문이 싹트기 전까지, 유럽의 학문에 기본 토대가 되어왔다. 그는 자연에 대해 갖가지 유물론적인 앎도 밝혀냈으나, 이론의 큰 틀은 플라톤을 이어받았다.

기독교를 받아들인 뒤로는, 유럽 철학자들의 관심이 신의 존재를 증명하는 데로 많이 쏠렸다. 11세기의 안셀무스가 말문을 연 뒤로, 오랫동안 이 토론이 벌어졌다. "신이 완전하려면 존재해야만 해! 내가 직관으로 꿰뚫어 보니까 그렇더라. 어쩌고……." 18세기 초에도 버클리가 "개개인의 정신과, 이를 통괄하는 신만 세상에 실제로 있는 거야." 하고 못 박았다.

중세와 근대에 꽃핀 관념론 사상은 수없이 많다. 그런데 그 가운데 특기特記할 것이 18세기 후반부터 19세기 중반까지 독일에서 강렬하게 일어난 관념론 사상이다. 『순수이성 비판』과 『실천이성 비판』을 쓴 임마누엘 칸트와 『정신현상학』, 『논리학』을 쓴 헤겔, 셸링과 피히테 등의 사상을 일컫는 것인데, 이들의 사상은 (물론 그들도 기독교를 수용하는 것은 다르지 않았지만) 중세 기독교처럼 신을 변호하거나 증명하는 것과는 거리가 멀었다.

유물론은 무엇과 맞수인지, 다시 묻자. 근대에 들어와 철학자들 사이에서는 '유물론이냐, 관념론이냐'를 따지는 토론이 활발했지만,[120] 근대 이전에 유물론이 실제의 사회적 힘으로써 맞닥뜨린 것은 사회 지배층인 교회였다. 토마스 홉스처럼 유물론을 단언하는 것은 종교 이데올로기(신학)을 부정하는 일이었다. 때로는 교회로부터 탄압을 받을 수도 있어서 대놓고 철학(곧 유물론)을 언급하지는 않는 학자들이 많

---

120. 동아시아에서는 기氣와 이理, 어느 게 먼저냐 하는 입씨름이 벌어졌다. 하지만 유물론과 관념론을 기 철학과 이 철학으로 대신(대체)할 수는 없다. 이기理氣로 다룬 내용이 비좁아서다.

았지만, 과학의 발달은 양자강의 뒷물이 앞물을 밀어내듯이 점점 신학을 변두리로 밀어냈다. 그러니까 근대 초기의 유물론들이 기계론적이고 단순한(또는 조잡한) 구석은 있었다 해도, 종교 이데올로기를 밀어낸 점에서는 옳았다. 역사에서 진취적인 구실을 했다는 말이다.[121]

그런데 종교와 달리, '관념론 일반'에 대해서는 '모두 틀렸다!' 하고 도매금으로 판정해서는 안 된다. 근대 이후의 관념론 중에는 중세의 종교 이데올로기(또는 전통적 형이상학)를 나름으로 야무지게 몰아낸 이론도 있기 때문이다. 독일 관념론(칸트와 헤겔)이 이런 뛰어난 이론으로 꼽히는데, 그에 대해서는 긍정할 대목을 긍정하고 비판할 대목을 비판하는 섬세한 논의가 필요하다. 20세기에 들어와 "빛은 입자와 파동, 두 속성으로 되어 있다. 그 구분이 알쏭달쏭하다"는 사실과 씨름하는 양자역학과 우주의 기원을 설명하는 '빅뱅' 이론이 나온 뒤로, 유물론과 관념론의 입씨름이 더 복잡해졌다. 이 두 가지 사정은 뒤에 살핀다.

변증법의 이모저모

'변증법'은 대부분의 학생에게 낯선 낱말이다. 그러니 배경지식으로서 그와 가까운 낱말들부터 살핀다. 변증법과 6촌뻘 되는 낱말에 '아이러니'가 있다. 뜻하지 않은 부조화를 빚을 때나 겉과 속 사이에 틈이 벌어질 때 쓰는 말이다. "도둑 잡는 경찰이 도둑이 되다니 쯧쯧." "오이디푸스는 자기가 인류를 무너뜨린 죄인인 줄도 모르고, 열심히

---

121. 18세기 계몽주의자 볼테르가 한 말은 유물론(무신론)이 누구 편인지를 암시한다. "종들 앞에서는 무신론을 말하면 안 된다. 그가 반역의 마음을 품을 수도 있으므로."

그 죄인을 찾아내려고 애썼구먼. 그거 참!" 아이러니irony는 그리스말 에이런eiron에서 비롯됐다. '에이런'은 옛 그리스 희극에 붙박이로 나오는 배우로, 겉보기에는 나약하고 힘도 없지만 꾀쟁이여서 단짝패로 나오는 힘센 허풍쟁이 '알라존'을 늘 골려준다. 겉과 속을 쪼끔 엇나가게 하는 에이런의 말재주에 알라존은 늘 속아 넘어간다.

1920년대에 나온 주요섭의 단편소설 「사랑방 손님과 어머니」에서 어수룩하게 속는 알라존은 여섯 살 먹은 어린이 옥희다. 아저씨가 자기 엄마와 맞닥뜨려서 얼굴이 붉어진 것을 보고 옥희는 '아저씨가 성이 났다'고 오해한다. 두 어른이 서로 반해서 그러는데도 옥희는 그 사정을 전혀 모른다. 이 소설에서 꾀쟁이 에이런은? 옥희를 '귀여운 바보'로 만든 소설가다. 독자들은 소설가와 한통속이 되어서 옥희를 웃어준다. 그러니까 '아이러니'는 뭔가 웃기는 감정을 살짝 자아낼 때 쓰는 말이라 여기면 된다.

'반어反語'도 아이러니의 하나다. 낱말 그대로 '반대로 말하기'다. 할머니가 손주가 예뻐 죽겠으면서 "요 못생긴 놈!" 하고 손주를 깎아내린다. 제 감정 그대로 말하는 것이 좀 쑥스러우니까 능청맞게 반대말을 꺼내는 것이다. 겉뜻과 속뜻이 어긋나 있다. '자가당착自家撞着'이라는 낱말도 있는데 말이나 행동이 앞뒤가 맞지 않을 때 이를 일컫는 말이다. 무슨 학문 용어로 쓰이지는 않으니 가벼이 알아두는 것으로 족한 낱말이다.

(변증법과) 가까운 뜻의 낱말은 아니지만 '알레고리'라는 말도 곁들여 떠올리자. 구체적인 어떤 사물에 대해 말하는데, 실제로는 거기에 어떤 추상적인 뜻(관념)을 부여하는 경우를 일컫는다. "까마귀 노는 곳에 백로야, 가지 마라!" 하는 옛 시조가 알레고리다. 『이솝 우화』처럼 동식물이 등장해서 사람 이야기를 하는 것도 알레고리의 하나다.

'우화'는 영어로 fable도 되고 allegory도 된다. '백로'라는 낱말의 뜻이 '새'에서 '청렴결백한 선비'로 변환되는 것도 놀라운 언어의 마술(?)이라, 변증법과 무엇인가 통하는 구석이 쪼끔은 있다. 딴 뜻으로 확 바꾸기!

이웃사촌쯤 되는 낱말에 '역설'이 있다. 거꾸로 역逆, 말할 설說. 영어는 paradox. para는 '이웃, 양쪽, 이상以上, 이외以外, 부정, 불규칙'이라는 뜻을 지닌 접두사이고, dox는 '말하다'는 뜻이다. 앞뒤가 안 맞거나 겉과 속이 다른 말을 가리킨다. 이를테면 유치환의 시詩 「깃발」은 깃발을 가리켜 '소리 없는 아우성'이라고 나타냈다. "아우성을 지르는데 어찌 소리가 안 난다는 말이냐!" 겉으로는 말이 안 되지만 그 속을 한참 들여다보면 남다른 뜻이 들어 있다.

그런데 사실 모순과 역설은 그 뜻이 별로 다르지 않다. paradox를 '모순'이라 옮겨도 된다. 그러니까 이렇게 뜻이 혼란스러운 낱말은 교통정리에 따르는 게 편하다. '모순'은 변증법과 단짝패다. 서로 맞서고 충돌하는 게 있는데 어느 놈이 이길지 모르겠고, (서로 모순된 것) 둘이 싸우다가 무슨 딴 일이 벌어지기도 한다. 이와 달리, '역설(패러독스)'은 변증법과 (이웃처럼 지내기는 해도) 같이 놀지 않는다. 서로 맞서는 것들(예컨대 소리 없음과 아우성)이 한데 붙어 있을 뿐이지 이 둘이 싸움(또는 운동)을 벌이지는 않는다. 어느 가톨릭 신학자는 "신학神學에는 패러독스만 있고, 변증법은 없다"고 못 박았다. 이를테면 하느님은 가장 높은 존재와 가장 비천한(비루한) 존재가 놀랍게 결합돼 있다고 그는 찬양한다. 성경에 "가장 비천한 막달라 마리아가 가장 숭고하다"고 했듯이. 그런데 가톨릭은 거기에서 변증법으로 더 넘어가지 않겠다고 금을 그어놨다는 말이다.

덧붙이자면 '모순'은 문학과 인연이 멀다. 무슨 앞뒤가 안 맞는 표현이 있을 때(예컨대 '찬란한 슬픔의 봄', '죽어서 살리라'), "그거, 역설법이야!" 하고 말하지, '모순법'이라고 일컫지 않는다. 어느 시인은 "그대가 곁에 있어도 나는 그대가 그립다." 하고 알쏭달쏭한 시 구절을 썼다. 윤동주는 일제 말의 캄캄한 현실을 가슴 저릿한 역설로 표현했다. "슬퍼하는 자에게 복이 있나니 (……) 저희가 영원히 슬플 것이오." 성경 구절 자체가 역설인 데다가 그 역설을 다시 뒤집었다. 옛 중국의 노자老子도 "군주는 천하를 무위(無爲, 하지 않음)로써 다스려야 한다"고 역설법을 썼다.

또 다른 이웃사촌의 낱말은 이율배반(二律背反, antinomy)이다. '율律'은 법률이다. 두 가지 법률이 서로 충돌한다는 말이니 모순, 역설과 그 뜻이 별로 다르지 않아 교통정리가 필요하다. 이 낱말은 독일 관념론 철학자 칸트가 갖다가 썼다. "순수 이성이 아무 제약(한계, 제한)이 없는 것을 파악하려다 보면 이율배반에 빠진다"고 그가 따졌고(나중에 더 살핀다), 이런 이율배반을 해결하려고 헤겔이 변증법을 창안했다.

변증법과 일심동체 같은 낱말은 '모순contradiction'이다. 창 모矛, 방패 순盾. 알다시피 무엇이든 찌를 수 있는 창과 무엇이든 막아내는 방패는 양립할 수 없다. 둘 중 한 놈은 거꾸러져야지, 이 둘이 같은 하늘을 이고 살 수 없다. 변증법은 간단히 말해서 모순된 것을 풀어내는 운동이다. 쉽게 말해, 창과 방패가 서로 치고받고, 지지고 볶고 해서 무슨 사단(事端, 일의 실마리)을 내는 것과 비슷하다. 원래 형식논리학에서는 "서로 모순된 것이 있어서는 안 된다"고 했다. "갑돌이는 언제 어디에 있었다"고 하는 말과 "그가 그때 그 자리에 없었다"는 말은 서로 모순된 것이라서 둘 다 참일 수는 없다(=모순율). 그런데 변증법 논리에서는 "모순이 있다. 이 모순을 풀어보자"고 한다.

'변증'에 대한 사전의 풀이를 보자. 첫째, 어떤 것을 직관(대뜸 짐작하기)이나 경험(겪어서 알기)에 의거하지 않고 이치를 따져 캐묻기. 둘째, 무엇을 변론하여 증명하기. 요컨대 '이치를 따지는 법'이라는 뜻이니 가리키는 범위(외연)가 무척 넓은 말이다. 영어로는 dialectic로서 '대화'를 뜻하는 dialogue에서 비롯된 낱말이다.

'변증법'이라는 낱말은 원래 그리스의 제논에게서 ('변론술'이라는 뜻으로) 처음 나왔고, 소크라테스와 플라톤이 크게 강조했다. 소크라테스는 아테네 거리에 나가 여러 사람과 대화를 나눴다. 누구에게 어떤 질문을 해서 그가 대꾸하면 그 대답을 찬찬히 되짚어줬다. 그래서 상대가 자기 말의 모순을 스스로 깨닫게 했다. 이때의 변증법은 진리를 찾는 방법으로서 '문답술'이었고, 자기가 자기에게 말을 건네는 '자기 대화' 또는 내성(內省, 내적인 반성)이기도 했다.[122]

그런데 지금 우리가 쓰는 변증법은 헤겔(1770~1831)에게 와서 자리 잡은 말이다. 이 변증법은 옛날의 용법과 달리, 모순이 이끌고 간다. 칸트가 이율배반의 생각거리로 내놓은 것을 헤겔은 변증법으로 풀었는데 바로 이 '모순'을 들여온 덕분이다. 현대의 철학 토론은 헤겔 이후 근현대의 변증법을 놓고 벌이는 것이므로 그 이전의 용법(문답술 따위)은 잊기 바란다. 아주 쉬운 예를 든다.

   i. 이 컵은 둥글다.
   ii. 이 컵은 둥글지 않다.

얼핏 보면 i과 ii는 모순된 말이다. 형식논리학에서는 둘 중에 하나는 참이요, 하나는 거짓이라고 판단한다. "모순이 있어서는 안 돼!"

---

122. 가라타니 고진은 플라톤 철학이 남others과의 대화가 아니라고 날카롭게 짚었다. 유럽 철학에서 '남(타자)'을 처음으로 깊이 들여다본 학자는 칸트라고 그는 읽는다.

그런데 변증법에서는 모순된 두 말이 다 일리가 있다고 본다. 둘 다 해볼 수 있는 말이란다. 그런데 이 모순을 어떻게 풀까?[123]

i은 컵을 위에서 내려다보고서 한 말이고, ii는 컵을 옆에서 바라보고 뱉은 말이다. 이 두 판단은 "이 컵은 원통형이다"라는 종합으로 나아간다. i과 ii가 저마다 지양(止揚, sublation, aufheben)되어서 하나로 합쳐진다는 얘기다. '지양'은 옳지 못한 면은 내버리고(부정하고) 옳은 면은 받아들인다(보존한다)는 뜻. ii는 앞의 i을 반대하고, iii은 그 ii를 다시 부정했으니 '정正-반反-합合'의 공식이 된다.[124]

그런데 이 공식도 잊어버리기 바란다. 뗏목을 타고 강을 건너면 그 뗏목을 버리고 길을 가야 하듯이, 이 공식은 앎을 쉽게 이끌어주는 방편(도구)일 뿐이다. 세상일에 무엇이 모순이고, 그 모순을 어떻게 헤쳐나가야 할지를 실사구시하는 것이 중요하다는 것만 알면 된다. 그것보다는 '부정(否定, negation)'과 '부정의 부정'이라는 표현을 새겨두는 게 좋겠다. '반反'은 '정正'을 부정하는 것이요, '합合'은 그런 '반'을 다시 부정했으니 '부정의 부정'이다. 그런데 '합'이라 하면 뭔가 낯설고 근사한 것이 톡 튀어나올 것 같고, 변증법이 무슨 마술 단지인 것 같은 느낌이 든다. 아무 거나 다 갖다가 '정반합'을 들이대는 말장난에 빠질 위험도 있다. 앞서 '컵'도 알아듣기 쉬운 예를 들었을 뿐이지 무슨 폼나는 변증법이 아니다. 그래서 '합'이라는 표현을 피하자는 것이다.

새겨둬야 할 것은 "부정은 한 번만으로 안 된다"는 사실이다. 올바

---

123. '모순' 개념이 마구 쓰이는 한 사례. 내가 '아버지인 동시에 아들'이라는 것을 모순으로 보면 안 된다. 동일한 면에서 '둘 다'가 아니므로. 모순은 남들과의 관계(=나의 상징적 규정) 바깥에서 '나'는 아무것도 아니지만, 동시에 '나'는 나 자신을 자기 규정하는 존재라는 데 있다.

124. 이 공식은 헤겔 이후에 나왔다. 헤겔의 말로는 "즉자in itself → 대자for itself → 즉자대자"가 된다.

른 앎으로 나아가는 과정은 우여곡절을 겪기 마련이지, 한 번의 비판만으로 안 된다는 세상 섭리! 합이 반드시 찾아질지는 더 천천히 생각해보자. 세상일은 만수산 드렁칡처럼 얽혀 있어서 무엇을 합(종합)이라 해야 할지, 아리송할 때도 많아서 일러두는 말이다.

부정은 한 번만으로 안 된다

왜 i과 ii라는 '모순'이 가능했을까? 딴 얘기로, "이 도형은 삼각형이다"와 "이 도형은 삼각형이 아니다"라는 두 말을 견줘보자. 이 경우는 모순이 있어서는 안 된다. 평면 위에 그려진 도형을 놓고서는 그럴 수 없다. '도형'과 같은 단순개념에서는 '삼각형'이냐, 아니냐가 그 본질(또는 전체)을 다 말해주기 때문이다.

그런데 앞의 경우, 곧 '컵'은 평면이 아니라 입체다. 위에서 본 모습(i)과 옆에서 본 모습(ii)은 그 컵의 '부분적인' 속성이지, 어느 쪽이든 전체 본질을 다 말해주는 게 아니다. 사람의 마음속에 지킬 박사와 하이드 씨가 다 들어 있을 수 있듯이, 어떤 것(전체)의 속에 있는 그 부분들parts끼리는 서로 모순된 두 면이 다 있을 수 있다. 부분적인, 불완전한 규정들끼리의 충돌! 그러니까 형식논리학을 들이대야 할 것들("모순이 있으면 안 돼!")도 있고, 변증법을 들이대야 할 것들("모순된 두 면이 있다")도 따로 있다는 얘기다. 쉽게 갈라서, 전자는 단순한 것들, 후자는 복잡한 것들이 얽혀 있을 때 들이댄다. 이를테면 '사회 체제'는 단순한 것이 아니다. 변증법적 분석이 필요하다. "자본주의 체제에는 강점도 있고 약점도 있다"는 판단이 얼마든지 나온다.[125]

'부정의 부정'과 관련해 우스운 예를 하나 든다. 글쓴이는 고등학교 때 참 똑똑하고 진지한 사람이 되고 싶었다. 그런데 같은 반이라고 어울리게 된 친구들이 시간이 지날수록 내 성에 차지 않았다. 문학 서클을 해본답시고 자주 모였더랬는데 다들 시시껄렁한 농담 따먹기로 시간을 보냈다. '이건 아니다' 싶어서 그 친구들과 결별해버렸는데, 세월이 한참 흐른 뒤에 돌이켜 보면 그렇게 그 친구들에게 등을 돌린 나 자신이 '못났다'는 것을 깨닫게 된다. 그 친구들이 '참 가볍구나!' 하는 판단이 그른 것은 아니었다. 그러나 정녕 내게 듬직한 구석이 있었더라면 꼭 결별이 아니라 다른 식으로 그들과 새로운 무엇을 찾아볼 수도 있지 않았을까, 하고 뒤늦은 깨달음이 왔다.

이 경우, 정반합의 공식에 꼭 들어맞는 것은 아닐지라도 두 번의 부정이 있었다. 그 친구들에게 내가 혀를 찼고, 그렇게 혀를 찬 나 자신에 대해 내가 훗날 스스로 혀를 찼다. '나도 가벼운 놈이 아니었을까?'[126] 하고. 변증법은 이와 같이, (세상을 바라보는) 자기 자신에 대한 반성을 곁들일 때에도 찾아온다. 바깥 세상에 대한 생각에다가 (그런 생각을 품는 자기 자신에 대한) 자기의식을 결합하기!

또 다른 예. 문학 연구자는 시나 소설을 놓고 "화자話者가 누구지? 구성(플롯)이 어떻게 됐지? 어조(말투)는 어떤가?" 하고 따진다. 그런데 더 사려 깊은 연구자는 이따금 이렇게 자문한다. "화자나, 플롯이나 어조tone라는 것을 꼭 들이대야만 그 작품을 제대로 읽어내는 걸까? 그런 분석 도구들 자체가 좀 낡은 것 아닐까?" 더 쉬운 예를 든다. 도목수都木手가 옛 한옥을 지을 요량으로 설계를 하는데 자기네가 갖고

---

125. 둘 다 부분적인 면을 일반화한 것이라 다 틀렸다. 그러니 '모순율을 어겼다'고 볼 게 아니다. 변증법은 이렇게 부분적인 앎들을 맞세우고 지양하여 '전체에 대한 앎'을 찾아 가는 것이다.
126. 헤겔의 『정신현상학』에는 이런 얘기를 훨씬 수준 높게 서술한 대목이 있다('아름다운 영혼'과 관련).

있는 도구들의 특징을 고려한다. "우리네 망치와 톱과 가늠자가 무척 낡았는데 그것들을 갖고서 추녀 끝을 섬세하게 다듬으려면 이러저런 고육책(苦肉策, 어려운 방법)을 쓸 수밖에 없다." 위의 두 경우는 '변증 법적(자기 의식적)'이라 할 만하다. 어려운 생각(성찰)을 두 겹으로 해야 하니, 반성의 제곱이라 부를 만도 하다.

앞의 사례로 돌아가자. '컵이 원통형이구나!' 하는 앎이 정반합의 과정을 통해 얻어졌다고 했다. 그런데 이때의 변증법은 '생각(관념)의 변증법'이다. 일면적인 생각을 거듭 비판해갔던 것이니, "생각 A → 생각 B → 생각 C"의 과정으로 생각이 운동한(움직여간) 셈이다. 헤겔은 사람들이 어떻게 '절대적인 앎'을 얻을 수 있는지를 '생각(의식)'을 주어로 해서 파헤쳤다. 이를테면 이성에서 정신으로, 또 종교에서 철학에로! 그래서 관념변증법이라고 하는데 그 변증법 운동의 밑바닥에 역사의 흐름이 들어 있지 않은 것은 아니었다.[127]

생각이 발전해가는 사례 하나. 누가 억압적인 한국 국가가 싫어서 '참된 민주 국가의 모습은 어떤 것일지' 생각해봤다. 참고삼아 세계 곳곳의 나라들을 다 살폈다. 그런데 앎이 깊어지다 보니 "국가 치고 대중에 대한 억압을 없앤 나라가 없다"는 사실을 깨달았다. 그의 질문은 '참된 민주국가가 어떻게 이룩될지'로부터 '어찌해야 국가가 소멸해서 국가 없이 살게 될지'로 전환되었다. 생각이 정반대로 뒤집힐(전복될) 때, 변증법이 찾아온다.

생각(관념)의 변증법을 뒤로 물리고, 현실(물질)의 변증법에 더 주목한 것은 마르크스다. 그는 거꾸로 서 있는 헤겔 변증법을 뒤집어서 바로 세우겠다고 공언公言했다. 세상이 어떻게 바뀌어왔는지, 현실의 변

---

127. 의식은 자기의식의 입장에서 도덕-인륜-종교-절대적인 앎이라는 사회의식의 형태로 진행한다.

화 속에서 변증법을 찾겠다는 것이다. "관념 변증법에서 유물 변증법으로!" 인류가 봉건사회로부터 근대 부르주아 사회로 넘어온 힘이 무엇이며, 근대사회를 넘어서게 할 힘은 또 어디서 나올지, 사회경제적 관계와 사회운동 속에서 찾자는 것이다.

헤겔 변증법은 '결과'에 주목한다(그러면 목적론으로 빠지기 쉽다).[128] 예컨대 '2+3=5'의 경우, 5라는 결과(합)에서 시작해, 결국 2와 3이 더해져서 5가 된 것이라고 말한다. 이렇게 볼 때에는 이미 '2' 안에 '+'와 '3'의 계기가 들어 있다. 반면에 마르크스는 '생겨남(발생)'에 주목한다. 그는 2와 3에서 출발하는데 이 앎에 따르면 5는 2와 3의 만남에서 생길 수 있는 숱한 종합들 중의 하나일 뿐이다. 2와 3 사이에는 '−', '×' 같은 여러 종합 형식이 있을 수 있다.[129]

자코뱅 독재 없이 프랑스혁명은 나올 수 없었다

변증법을 실제로 적용해서 인류의 근대사를 살펴보자. 기독교 이단 운동이 한때 유럽에 일어났다. 12~13세기부터 유럽의 일부 교인들은 기독교 교리를 급진적으로 해석한 갖가지 이단 교리(=정통 교리에서 벗어난 것)를 만들어 3세기에 걸쳐 지배세력과 대결했다. 교회는 종교재판소를 세워 이들의 탄압에 나섰다. 학교 교과서는 누구 눈치를 보는 것인지, 이들의 존재를 몹시 하찮게 취급하고 16세기에 일어난 루터와

---

128. 나중에 태어난 크리스천의 눈에야 모두가 예수를 경배하는 것 같다. "이는 당연히 그렇게 될 일!" 그러나 기독교가 생겨날 그 시절에 찾아가서 본다면 예수는 놀림을 받았고, 훗날 그를 기릴 사람들이 생길지는 도무지 알 수 없었다. 그러니 베드로가 예수를 세 번이나 부인하지 않았던가.
129. 강신주의 『노자 혹은 장자』 참고.

칼뱅의 종교개혁만 대문짝만하게 다룬다. 아! 의기義氣가 타올랐던 그들의 존재가 역사책에는 거의 기록돼 있지 못하다. 아무튼 중세 종교 이데올로기와 대결하는 첫 비판 운동은 이단 운동으로 시작됐다. 기독교 교회는 자기들 생각에 고분고분 따라주지 않는 이단 교리의 신봉자들을 야만스럽게 탄압해서 그 지적 사회적 권위를 점점 잃어갔다. 그러다가 16~17세기에 이르면 시민사회의 형성과 자연과학의 발달에 힘입어 봉건사회와 봉건종교를 더 노골적으로 비판하는 다른 사상과 운동이 생겨난다. 유물론과 사실상의 무신론 사상들이 기지개를 켠 것이다.

이 흐름을 가만히 보자. 1,000년을 이어온 중세 봉건 질서를 단번에 (한꺼번에) 뒤엎는 것은 쉽게 엄두 낼 수 없는 일이다. 중세 질서를 비판하는 운동은 처음에는 그 지배 사상(곧 종교이데올로기) 안에서 벌어졌다. "성경 말씀에 비춰 보면 지금의 교회와 지배층은 반성할 점이 많아요!" 이단 종파들은 그때의 교회와 지배층을 비판했지, 기독교 자체를 벗어나려던 것이 아니다. 그들의 헌신과 희생 덕분에 중세 지배 질서에는 금이 많이 갔다.

이러구러 민초民草들의 지혜가 쌓이자 다음에는 중세 질서를 전면 부정하는 유물론과 사회혁명 사상이 선을 보였다. 이것들은 부정의 부정이다. '종교라는 것 자체'를 부정하는 단계로 도약한 것이다. 12세기에는 '이단'의 깃발만으로도 사람들에게 신선했는데, 16세기에는 그 깃발이 새 시대를 열어줄 좌표로 다가가지 못했다. 이단 교파들은 중세에서 근대로 넘어오는 과정을 잠깐 매개하고(이어주고) 사라져갔다.

전봉준도 탐관오리들을 쫓아내자고 했지, 왕을 쫓아내자고(또는 왕의 자리를 없애자고) 외칠 수 없었다. 처음에는 지배 체제의 틀 안에서 반란을 꾀했다. 이 반란이 성공해 지배세력이 교체되면 이제는 "지배 체제(와 이념) 자체를 허물자!"고 나설 수 있다. 동학군이 일본군을 물리쳤더라면 적어도 입헌군주제쯤의 근대 체제는 들어섰을 것이다. 따지고 보면 우리의 동학도 이단이다. 유교와 불교와 선(仙, 도교) 사상의 틀 안에서 그것을 급진화했다(한울 사상). 낡아서 허물어져가는 조선 후기 사회에 경종을 울리는 데에 그것은 큰 구실을 맡았다. 하지만 동학을 이어받은 천도교는 지금 강렬한 생명력을 지탱하고 있지 못하다. 현대 자본주의 사회와 맞짱 뜰 이론적 내용을 품고 있지 못하기 때문이다. 유럽의 기독교 이단 교파들처럼 동학도 '사라져간 매개자(징검다리)'다.

또 다른 예. 프랑스 혁명 시절(1789~1792)로 돌아가 보자. 지롱드당에 이어 자코뱅당이 혁명정부의 주도권을 쥐고 무자비한 독재 정치를 벌였다. '혁명의 길'에 조금이라도 어긋난다 싶은 사람은 죄다 탄핵(내쫓김)을 당해서 단두대의 이슬로 사라져갔다. 그들은 봉건 질서와 연관된 것이면 무엇이든 다 쓰레기통에 처박았고, 왕에 대해 "당신이 왕이라는 사실 자체가 범죄!"라며 사형을 선고했다. 유럽 여러 나라의 보수 지배세력들이 자코뱅당의 피도 눈물도 없는 테러에 충격을 받아 일제히 혁명 반대 동맹을 맺었다. 어찌 보면 자코뱅당은 '악마'와도 같았다. 봉건사회를 깡그리 부정했는데, 봉건사회가 100% 비판되어야 할 것들만 가득 찬 사회는 아니었기 때문이다. 그들의 부정은 추상적이고 일면적인 부정이라 하겠다. 이렇게 극단으로 치달은 자코뱅당도 그에 대한 반발이 커져서 몰락의 길을 걸었다.

이 혁명 과정도 변증법적이다. 먼저 봉건사회에 대한 추상적 일면적 부정(비판)이 일어났다. 그 뒤 그 부정(자코뱅 독재)의 옹색함과 협소함에 반발해서, 새로운 국가를 더 신중하게 현실적으로 운영하겠다는 세력이 들어섰다. '부정'이 악惡에 가까웠다면 '부정의 부정'은 더 온건

자코뱅 독재가 얼마나 끔찍했는지는 누구나 안다. 하지만 그것이 없었다면 프랑스혁명이 세상에 자리 잡지 못했다.

하고 (옛 질서에 몸담았던 사람들에게) 관용적이어서 선善에 가깝다고 하겠다. 낡은 지배질서를 무자비하게 갈아엎는다고 해서 그것만으로 새로운 질서가 대뜸 만들어지는 것이 아님을 자코뱅당의 역사가 보여준다. 그런데 놓쳐서는 안 될 것이, 자코뱅당(로베스피에르)의 독재가 없었더라면 시민혁명이 성사되지도 못했을 거라는 사실이다. 자코뱅당이 주도한 '옛 체제와 선 긋기'는 비유하자면 군대가 배수진을 치고 싸우는 것과 비슷하다. 후퇴해서 돌아갈 다리(교량)를 불태워야 어떻게든 앞으로 나아간다. 왕을 재판정에 세우고 단두대에 올린 것은 군주와 신민臣民의 위아래 위계질서로 이뤄진 봉건사회(의 원리)로 다시 되돌아가지 않겠다는 일종의 '(방금 건너온) 다리 불태우기'다. 유럽 보수 세력에게 그 선전 포고가 어떻게 다가갔을지, 너무 선하다. 세상(을 떠받치는 마음의 기둥)이 무너진 것 같은 충격을 받았을 터이고, 민중의 처지에서 보자면 천지가 개벽한(새로 열린) 셈이다.

또 공포 정치는 일종의 필요악이다. 어린아이가 무엇을 조심해야 할지 깨달으려면 그것을 직접 겪어봐야 한다. 마찬가지로 왜 공포 정치가 혁명적 변화를 오히려 그르칠 수 있는지는 민중이 그 공포정치를 겪어봐야 뼈저리게 알게 된다. '그것이 문제 있다'는 것을 널리 깨달을 지점에 다다르려면 시간이 걸린다. 그것의 소용돌이 속에서라야 그것을 비판해낼 주체가 생겨나기 때문이다.

악惡이 먼저 활개를 쳐야, 선善을 닦을 길도 열린다. 실제의 역사를 보면, 본때 있게 시민혁명을 벌여낸 프랑스에 민주주의 전통이 더 강고하게 자리 잡은 반면, 왕정王政에서 부르주아 의회정치로 어물쩍하게(타협과 절충을 통해) 넘어온 영국은 프랑스만큼 치열한 민주주의 전통을 세워내지 못했다.

예시 하나 더. 기독교가 세상에 태어날 때에도 '부정의 부정'이 있었다. 예수는 자기를 따르는 제자들더러 "나하고 함께 가려면 네 부모도, 형제도 다 버려라! 관계를 끊어라!" 하고 과격한 분부를 내렸다. 제자가 아닌 일반 히브리 사람들이 들었다면 "저 사람(곧 예수), 미친 거 아냐? 왜 부모 형제와 사이를 갈라놔? 거 참, 나쁜 사람이구먼!" 하고 화를 내야 마땅할 노릇이다. 사실 그 부모 형제에게 무슨 죄가 있다고 제자들이 자기 피붙이(혈연)에게 등을 돌려야 한다는 말인가. 전통 사회를 지키며 살아가는 (그때엔 대부분이 그랬는데) 사람들에게 예수 집단은 '악당'이었다. "세상 모든 사람을 섬겨야 그게 참된 삶이야"라는 생각은 보편적인 진리를 담고 있지만 아직 추상적인 보편이다. "네가 그러려면 가족과 관계를 끊어라!" 하는 부정은 추상적인 부정(비판)이다. 그래서야 예수 동네와 전통적인 마을 공동체가 뿔뿔이 갈라지는 것밖에 더 있는가.[130] 얼마 지나서 예수 동네는 일반 마을 사람들을 다시 받아안았다. '전면 단절'의 방침을 다시 부정(수정)했으니 '부정의 부정'이다. 그런데 (두 쪽 사이에) 분열이 없었던 옛날로 돌아간 것이 아니고, 하느님 밑에서 화목한 가정을 꾸리는 변화가 뒤따랐다. 가족 사이의 사랑을 북돋되, 어디까지나 다 같이 하느님을 섬긴다는 원칙이 그보다 높은 원칙이 됐다.

처음부터 "부모형제여, 다 같이 메시아(곧 그리스도)를 믿읍시다!" 하고 온유하게 가족을 설득하는 게 옳지 않았겠냐고 되묻는 사람이 있

---

130. '여호와의 증인' 같은 비주류 교회에 빠져서 가족과 단절해버린 사람들이 가끔 있었다. 이 세상이 얼마나 영혼이 없는 곳인지, 새삼 느끼게 해주는 현상이다.

다면 세상이 그렇게 선뜻 바뀌는 게 아니라고 답하겠다. 보편 종교의 공동체가 처음 등장할 때 전통 사회와의 갈등은 피할 수 없다. 예수는 이를 잘 알아서 '나는 평화가 아니라 칼을 주러 왔다'고 내질렀다. 먼저 악evil이 나와 길을 닦지 않고서는 선good이 세상에 자리 잡기 어렵다. 추상적 부정이 앞서 나와야, '예수쟁이를 받아들인 가족'이라는 구체적 보편이 등장할 수 있다. 중세 봉건사회와 단호하게 대결을 벌이지 못한 영국이나 제국주의 침략의 역사를 치열하게 자기비판해내지 못한 일본의 지배 문화가 몹시 퇴행적으로 흘러왔던 것을 떠올릴 때, 변증법적 비판이 얼마나 긴요한지, 다시 실감한다.

> **덧대기**
> 아시아든 유럽이든 옛사람들은 세상을 서로 반대되는 둘로 갈라 보는 앎이 뿌리 깊었다. 선善과 악惡, 음陰과 양陽 등등. 그런데 이것들은 서로 반대될 뿐이지, 모순된 게 아니다. 이 둘이 서로 충돌해서 딴것으로 바뀌어 가지 않는다. 동아시아에는 음양이 서로 어우러져서 무엇이 생겨난다는 식의 생각이 많았는데, 글쎄, 그 얘기가 세상 모습을 그럴싸하게 그려내는 효과는 있을지라도 현대의 우리 삶과 관련해 구체적인 길라잡이가 돼주지는 못한다. 동아시아의 고전『주역周易』은 박물관에 남겨두고 똑똑한 학자 몇몇만 참고하는 게 옳을 것이다. 사상과 철학은 '우리 동네 것이냐' 여부를 따질 일이 아니다.

근대 시민혁명을 긍정한 칸트와 헤겔

유물론과 관념론의, 그 깃발을 내세워서 벌인 대결은 19세기에 이르러서 시작됐다고 했다. 19세기 이후의 관념론은 둘로 갈라서 살펴야 한다. 독일의 관념론(칸트와 헤겔)이 그 하나요, 여타 지역(영미)의 관념론이 그 하나다. 후자가 그렇게 추어줄(칭찬해줄) 수 없는 흐름인 반면, 전자는 진취적인 내용을 많이 담고 있어 섬세하게 헤아릴 필요가 있다. 나중에 다시 언급하겠지만 유물론과 독일 관념론은 영미 쪽의 사상 흐름에 맞서는 것이 더 큰 싸움이라서 그 일에 두 쪽(의 후계자들)이 함께 제휴하는 게 좋다.

칸트(1724~1804)는 근대 철학의 아버지라 불린다. 중세가 신의 시대였다면 근대는 계몽사상과 시민혁명을 꽃피워낸 휴머니즘과 '인간 이성'의 시대인 바, 그 이성의 윤곽을 폭넓게 그려낸 첫 학자였기 때문이다.

칸트는 전통적인 형이상학(자연과 인간의 경험을 초월한 것들, 이를테면 하느님에 대한 앎)을 배격했다. 중세의 신학자들이 신의 존재를 증명하려고 입씨름을 벌였던 것(존재론적 증명)이 하릴없다고 봤다. 우리의 이성으로 알아낼 일이 못 된다는 것이다. 사람은 지성으로 사물의 현상을 분석하고 분류할 수는 있으나 그 현상 너머에 있는 것, 곧 물자체는 알 수 없다고 했다.

그는 인식론(=앎에 대해 알기)에서 큰 진전을 이뤄냈다. 사람은 감성 형식(시간과 공간 등)을 통해 직관으로 받아들인 감각 자료들을 지성(오성, intellect)의 범주로써 분석해낸다. 내용 없는 생각은 공허하고(곧 지성은 감성에 의존하고), 개념 없는 직관은 맹목이다(곧 감성은 지성에 의존한다). 그때까지 학자들은 사람의 주관이 바깥의 사물(대상)을 그저 단순히 받아들여서 수동적으로 본뜬다(모사한다)고 여겼었는데 칸트는 사람이 자기 주관 속에 들어 있는 선천적인 틀(=감성 형식과 지성의 범주)에 의해 대상을 능동적으로 구성해낸다고 뒤집어 파악했다. 사람들이 눈여겨보지 않는 그 초월론적인 틀(=상징 형식)과 앎의 능동적 주체를 밝혀낸 코페르니쿠스적 전회다.

그는 실천론(도덕론)에서도 큰 공리公理를 세웠다. 도덕법칙은 행복을 얻을 수단이 아니다. "네 의지의 격률이 언제나 동시에 보편적 입법의 원리가 되도록 행위하라." "다른 모든 사람의 인격을 언제나 (수단으로서만이 아니라) 목적으로도 대우하라"는 정언명령이다. 그는 "너는 그것들(보편 윤리)을 해야 해. 그러니까 너는 할 수 있어." 하고 서슬 퍼렇게 못 박았다.

그의 사상은 토론해야 할 구석도 많다. "사람은 현상만 알 수 있지, 사물 자체the thing-in-itself, Ding an sich는 알 수 없다"는 생각이 특히 비판받았다. 헤겔은 사람이 '절대적인 앎'으로 나아갈 수 있다고 칸트를 반박했다. 근대인들이 '현상 너머의 것'이라 여겨서 알려고 들지 않는 제1의 물자체(=사물 자체)는 뭇 사람들이 당연한/자연스러운 존재로 받아들이는 자본주의 체제 자체가 아니냐, 칸트는 그것에 대한 질문을 덮어버린 것 아니냐는 비판도 있다. 반대로 칸트를 가장 적극적으로 읽어내서 그의 물자체가 '타자(남들)'를 가리키는 것이라 해석한 의견도 있다(가라타니 고진). 무릇 어떤 명제든 '그것이 틀렸다.' 하고 반증하여 들이댈 남들the others이 없는 한에서만 옳다. 칸트가 무엇을 원래부터 옳은 것이라고 다지른다는 비판도 있었지만 '물자체'가 미래의 알 수 없는 타자를 가리키는 한, 반증 가능성을 고려한 것이므로 그의 이론은 그르지 않다.

칸트의 '주관'은 진취적인 앎의 혁신이긴 하지만(선천적인 앎의 틀), 자기 주관에만 갇혀 세상을 넓게 내다보지 못했다는 비판도 받는다.

도덕이론도 미세하게 따질 대목이 있다. 고교 윤리 책에는 "최대 다수의 최대 행복"이라는 영국(벤담, 밀)의 공리주의 윤리와 칸트의 의무론 윤리("네가 자유롭게 살려면 정언명령에 따를 의무가 있다")가 있다. 미리 결론부터 짓자면 개개인의 사익 추구를 거리낌 없이 긍정하는 공리주의("이익을 남기는 게 좋은 것이여!"라는 생각)는 돈이 황금알을 낳는 자본주의 체제와 안성맞춤으로 들어맞는 현실(현세) 긍정의 도덕이다. 최대 행복이 어떻게 찾아지는지 따지는 것 따위는 곁가지 문제일 뿐이다. '행복'을 주된 화두로 내건 것 자체가 비뚤어졌다. 칸트는 이같이 영혼 없는 철학에 대해 철퇴를 휘두른다.

"행복은 무슨 얼어 죽을![131] 사람이 옳게 살아야 자유를 얻는 것 아녀? 남들을 내 돈벌이 수단으로만 취급하는 게 사람다운 짓일까? 아무리 눈을 뒤집고 살펴도 공리주의에는 그런 비판정신이 없어!"

칸트가 코뮤니즘 사상을 살짝 품었던 것을 아는가? 물론 자본주의가 아직 활짝 펼쳐지지 않은 독일 사회에서 그가 생각해낸 모델은 소小생산자들의 소박한 협동조합 경제쯤이었지만 아무튼 '남들을 목적으로 섬겨라!' 하는 무겁디무거운 정언명령은 사익의 추구를 마음껏 권장하는 자본주의 원리와 도무지 양립할 수 없다.[132] 노동자들을 짓짜서 더 많은 돈을 벌 생각에 여념이 없는 자본가가 그 노동자들을 목적으로 섬길 리 없기 때문이다.

그런데 미세하게 비판될 것이긴 해도, 그의 도덕론은 좀 공허하고 밋밋하다. 왜 그런 '도덕적 의무'를 우리가 짊어져야 하는지, 지금 세상이 어때서 그렇게 결기를 띠어야 하는지, 역사적인 맥락에서 깨달음을 주지 못한다. 그래서 공리주의 쪽에서 반격할 틈이 생긴다.

"무조건(아무 소리 말고) 도덕적으로 살라고? 이거 미친 거 아냐? 너

---

131. 티베트 불교 지도자 달라이 라마도 '삶의 목적은 행복'이랬다. 그 말은 티베트 불교의 타락을 증거한다.

132. 그의 말을 잘못 읽고 비웃은 사람들이 있었다. "수단으로가 아니라 목적으로 섬기라고? 그런 꿈같은 얘기가 어디 있느냐?" 하고. 사람은 서로를 수단 삼는 것을 피할 수 없다. 자식은 어버이를 수단 삼아(곧 어버이가 벌어준 돈으로) 상급 학교에 간다. 칸트는 "수단으로서뿐만 아니라……" 하고 정확하게 말했다.

나 그렇게 사세요. 우린 취향(아니 세계관)이 달라."

이 공허함은 나름의 까닭이 있다. 칸트가 서 있던 (사회 속의) 자리가 어디인지와 관련 있다. 중산(中産, 부르주아) 계급이 상품과 공장과 국가를 바라보는 자리는 그 바깥에 머물러서 그것들을 구경(관조)하는 자리다. 대학의 학자는 더더욱 산업사회에서 멀찍이 떨어져 있다. 이들은 공장과 국가가 어떻게 굴러가는지, 눈앞의 일들은 잘 안다. 그들이 언제 어떻게 생겨났고(그 기원이 무엇이며), 왜 굴러가는지만(그 목적이 무엇인지만) 깨닫지 못할 뿐이다. 칸트의 도덕론에는 "왜?"가 흐릿하다. 그저 '자유로워야 하니까'라는 추상적인 설명만 있을 뿐이다.

우리는 칸트의 도덕론과 영국 공리주의를 역사적 배경 속에서 읽어야 거기 담긴 뜻을 온전히 헤아린다. 칸트는 프랑스 시민혁명에 대해 뜻있는 유럽인들이 다 열광하던 시절에 책을 썼다. 칸트의 독자층이 그들이었다는 사실을 유념하라. 혁명에 감격한 사람들은 그 '의무'를 군소리 없이 받아들였다.

이와 달리, 영국인들은 봉건 체제와 근본적으로 단절하는 살 떨리는 역사적 경험을 하지 못했다(귀족과 부르주아가 적당히 타협해서 입헌 왕국으로 넘어왔다). "자유!"라는 외침을 들어도 감격하지 않았다. 한편, 유럽에서 가장 먼저 자본주의가 발달해 영국인들은 일찍부터 눈앞의 상품과 돈에 정신이 팔렸다. 현세에서 안락을 누리는 일에 열심이었지 형이상학적인 무슨 꿈이나 이념 같은 것을 우습게 여기는 풍조가 짙었다. 중국의 등소평이 '검은 고양이든, 흰 고양이든 쥐만 잘 잡으면 된다'고 떠벌렸듯이 '결과만 좋으면 된다'는 실용주의적인 기질이 영국 문화의 특징이 됐다. 전투적인 유물론이 대결할 더 완강한 상대는 (관념론이 아니라) 바로 이런 '사회 풍조'와 그것을 감싸고도는 영미 쪽의 철학이다.

헤겔(1770~1831)의 학문은 한 낱말로 간추리자면 '형이상학meta-physics'이다. 얼핏 생각하면 칸트와 정반대의 길을 간 것으로 보인다. 칸트는 전통적인 형이상학들을 "초월적 존재자들에 관한 사변(추상적 생각), 경험의 영역 너머에 놓여 있는 대상들에 관한 선험적인(경험보다 앞서는) 추론"이라고 비판했으니 말이다. 그러나 헤겔도 초자연적인 것이나 예지적인 것wisdom이 있다고 믿지 않았다. '무한한(또는 제약 없는) 것'을 추구했지만 그것이 '이 세상 너머'가 아니라 '이 세상 안에' 있다고 봤다. 그가 '철학과 신학은 같다'고 했으나 이 말을 그가 초월신을 믿는 전통 신학을 부정했다는 사실과 더불어 새겨야 한다.

그나 칸트나 루터의 종교개혁 덕분에 진취적인 종교사상을 품게 됐지만[133] '신앙을 통해서만 구원받는다'는 루터의 생각을 수긍하지 않았다. 그는 기독교를 무신론에 가까운 입장에서 수용했는데, 기독교 세력이 여전히 힘을 발휘하는 시대라서 보수 기독교와의 대립을 피하려고 말을 조심했을 뿐이다. 그러고 보면 칸트나 헤겔이나 종교를 부정하는 유물론과 그렇게 멀리 떨어져 있지 않다. 헤겔의 후계자로 자처하는 학자들 중에는 그가 '전통적 형이상학'을 계승했다고 보거나, '형이상학과는 별다른 관련이 없다'고 여기는 사람이 많은데, 두 쪽 다 틀렸다. 그는 급진적인radical 형이상학을 추구했거니와, 칸트 시절에는 전통적 형이상학에 대한 비판이 많이 필요했던 반면 (제 손에 쥔 것 말고 딴 데 눈길도 돌리지 않는) 자본주의적인 허무주의에 사로잡힌 현대에는 "형이상학이 필요하다(다만 새롭고 본때 있는 것으로)!"고 하는 깨달음이 오히려 소중하다.

헤겔의 형이상학은 '절대적 관념론'이라 일컬어진다. 그는 철학의 과제가 '절대자(절대적인 것)'를 알아내는 것이라 봤다.[134] '신神'이 비슷한 낱말이지만, 전통적인 신이 처음(우주 창조)부터 등장하는 것과 달리, 절대자는 철학함의 결과로서 가까스로 얻어진다. 그런데 그는 '철학은 시대의 정신'이라고 했다. 또 프러시아로 진군해온 나폴레옹을 먼발치에서 보고 "저기, '절대정신'이 지나가는 것을 봐라!" 하고 그가 감격했던 사실을 떠올리자. '절대자'란 인류의 이성이 깨어나서 자유와 평등이 꽃피는 시대로 발돋움해가는 인류 역사의 방향은 절대로 옳은 것이라는 역사철학을 표현한 말이다.

헤겔은 "주관(주체)과 객관(대상)이 같다"는 생각도 줄곧 부르짖었

133. 독일 관념론은 루터파 지역에서 꽃피었다. 종교개혁이 진취적인 사상이 꽃필 공간을 열었다.
134. '절대자'는 자기 안에서, 자기를 통해 있지, 어떤 다른 것을 통해 규정되지 않는다. 그 자체의 것. 절대자만이 실체다. 아리스토텔레스는 제1 철학의 첫 대상은 '실체'라고 했다.

다. 물론 헤겔만 그런 생각을 한 것은 아니다. 스피노자도 "자연=신"이 유일한 실체라고 했으니 객관도, 주관도 하나뿐인 실체가 갖고 있는 두 속성이고, 그래서 같다고 본다. 살펴야 할 것은 일상생활에서 우리는 대부분 주관과 객관이 서로 어긋나게 살아간다는 사실이다. "나는 내가 할 일이 너무 시들해. 입에 풀칠하려고 억지로 하고 있어." 자신의 일로부터 소외된 사람들이 적지 않다. 그러니까 헤겔은 암암리에 "주체와 대상이 같아져야(하나가 돼야) 한다"는 적극적인 뜻을 밝힌 것이다. 예컨대 어떤 사람들은 산과 들에 기대어 거기서 먹을거리도 얻고, 자연환경을 잘 보존해서 금수강산(아름다운 곳)을 누리며 흐뭇하게 산다고 치자. 이럴 때 사람(주관)이 '자연(객관)과 하나가 됐다'고 말한다.[135]

헤겔에게는 '변증법'도 사물의 개념으로부터 저절로 따라 나온다. 무슨 남다른 방법(논리학)이 아니다. 앞서 예로 든 '컵'을 다시 떠올리자. 그 컵이 원통형이구나, 하는 결론(앎)을 얻어가는 과정이 변증법적이라는 말이다. 불완전하고 부분적인 앎들("둥글구나." "아냐, 네모나.")끼리 충돌한다는 말이지, 그 앎들이 (컵 전체에 대해) 옳다는 얘기가 아니므로 변증법이 (형식)논리학과 다투는 것이 아니다. 헤겔은 전통 논리학들이 허술하게(형이상학적으로) 적용되는 것들을 비판했을 뿐이다.

헤겔에게 변증법은 칸트의 이율배반에 대한 대답이다. 칸트는 세계를 예지계(제약 없는 것들)와 현상계(제약받는 것들)로 나눠서 이율배반을 풀었는데, 그 2원론의 해결책이 문제가 있다고 봤다. 그 둘이 어떻게 단일한 하나(전체)로 통일되는지를 보여준 것이다.

---

135. 한문학漢文學에 나오는 물아일체物我一體라는 낱말도 비슷한 뜻을 담고 있다.

헤겔은 근대 사회가 국가로부터 독립해서 스스로 굴러가는 시민사회임을 옳게 통찰했다. 근대 시민사회(곧 자본주의 체제)가 저마다 제욕망에 따라 남들과 관계를 맺는 '욕구 체계'여서 모순을 안고 있고 소외된 사람들을 낳는다는 사실도 날카롭게 간파했다. 이상적인 국가가 들어서서 그 모순을 덜어주기를 바랐는데, 프러시아의 현실 국가에서 기대할 바가 없음이 드러난 1840년대에 들어와 그의 개혁주의 사상이 신뢰를 잃고 그를 따르는 철학자들도 급격히 줄었다. '절대정신'을 주어主語로 삼은 그의 관념론 철학은 시민혁명을 이끈 급진 부르주아 지도자들이 세상의 중심이라고 본 자기중심주의를 은밀하게 드러낸다.[136] 하지만 그가 내놓은 방대한 학문 내용들은 21세기에도 큰 울림을 준다. 그의 세상 보는 눈이 깊었고, 그때와 지금의 사회 형세와 사상 지형地形이 그때(19세기 초)와 별로 다를 것 없기 때문이다.

역사 유물론은 이미 '상식'이 됐다

유물론의 대상은 자연과 역사로 나뉘는데 여기서는 역사만 살피자. 역사 유물론은 역사를 움직이는 으뜸 동력(힘)이 물질적인 것이라 여기는 생각이다. 마르크스(1818~1883)가 처음 이 얘기를 꺼낸 19세기에야 이 생각을 놓고 먹물들(지식인에 대한 우스개 별명) 사이에 입씨름이 한참 벌어졌지만, 요즘은 그런 입방아질도 뜸해졌다. 세상 자체가 분명해졌기 때문이다. 한국이든 딴 나라든 수십 년 동안 "문제는 경제야, 인마!" 하는 호령이 신문마다 도배질하지 않았는가. 경제란 물

---

136. 그의 '관념(의식)의 변증법'을 곧이곧대로 읽으면 마치 개념이 실제 사물인 것처럼 느껴진다. 그런 개념을 창안해낸 뛰어난 학자가 마치 역사의 주체인 것 같은 착각마저 든다.

질적 생산의 문제다. 세상 사람들 대부분이 "어떻게 먹고살아야 할지, 뭘 해서 돈을 벌어야 할지"에 늘 골몰하며 산다. 전前 대통령 이명박은 "GDP(국내 총생산)를 7%로 높이겠소!" 하고 장담해서 그 공약空約 덕에 대통령 자리도 꿰찼다. 말 한마디로 사람들 마음을 움직여 힘(권력)을 얻지 않았는가.

간단히 설명해보자. 한 사회에는 토대(물질적 생산 또는 경제)가 있고 상부구조(법률과 정치기구, 사상과 문화)가 있다. 원시 사회가 자기 재산 없는 밑바닥 민중과 사유재산을 불린 지배계급으로 차츰 갈라진 뒤로, 누구는 생산(육체노동)을 맡고 누구는 통치(정신활동)를 맡는 분업이 이뤄졌다. 그런데 겉으로는 통치계급이 퍼뜨리는 이야기(=선전)대로 세상이 돌아가는 것 같지만 실제로는 생산해내는 힘이 얼마나 커지고 생산관계가 어떻게 짜이느냐(귀족과 노예 관계냐, 영주와 농노 관계냐)가 세상이 굴러가는 방향을 크게 결정짓는다. 고대 사회에서 노예들의 저항(도망가기, 태업 등)이 잇따르자 로마제국이 무너지고, 농노들이 (노예보다) 더 자주성을 허용받는 봉건 체제로 옮아올 수밖에 없었다. 한편 중국은 쌀농사의 생산력이 (밀농사보다) 높았기 때문에 거대 국가를 더 오래 유지할 수 있었다, 등등.

"꼭 (사회적) 존재가 (사회적) 의식을 결정하느냐? 그 거꾸로가 아니냐?", "꼭 토대만이 일방적으로 상부구조를 결정했느냐? 사람의 사상과 사회제도가 경제 체제를 거꾸로 바꿔내기도 하지 않았느냐?" 하는 입씨름이 한동안 벌어졌다. 이를테면 막스 베버는 16세기 칼뱅이 "주어진 자기 직업에 소명召命 의식을 품어라! 그 일은 하느님이 네게 시키신 일"이라고 설파해 자본가들이 더 성실하게 일하게 만들었고 그래서 자본주의가 성공을 거뒀다며 이는 역사 유물론을 반박하는 한 사례라고 말했다. 베버 말대로 종교윤리(상부구조)가 경제(토대)에 얼마쯤 영향을 미친 것은 사실이고, 그래서 둘의 관계가 일방적일 수 없다는 것을 요즘 아무도 부인하지 않는다. 그러나 눈길을 더 넓혀 보면 중세 봉건제도가 무너지는 토대의 변화가 있었던 덕분에 칼뱅과 루터의 종교개혁, 곧 문화의 변화가 가능했음을 알 수 있다. 그러므로 토대(경제)가 갖는 비중이 '좀 더 무겁다'고 하는 기본 사실은 논박되지 않았다.

'역사'에 대해 갖가지 다양한 얘기가 나오는 까닭의 하나는 관찰자의 거리에 따라 보이는 모습이 달라지기 때문이다. 세상을 아주 가까이서 보면 사람들이 어떻게 능동적으로 활동하는지가 잘 보인다. 그래서 관념론자(또는 이상주의자)가 되기 십상이다. 프랑스 시민혁명에 대한 열광 속에서 세상을 본 칸트와 헤겔은 정치적으로 뒤처진 (다시 말해 시민혁명을 꿈도 꾸지 못하는) 독일의 처지에 대한 안타까움을 이겨 내려고 인간의 능동성을 열심히 탐구하는 관념론 철학을 일으켰다(현실의 혁명 대신 철학의 혁명을!). 그러나 멀리서 세상을 바라보면 물질적 현실이 내리누르는 무게가 사람들의 사상과 문화가 갖는 힘에 견줘 훨씬 크다는 사실이 무척 선명하게 보인다. 사람들이 제 운명에 능동적으로 맞서는 것은 그렇게 쉬운 일이 아니다.

요즘은 역사 유물론 갖고 토론할 거리가 별로 없다. 그 생각이 '대체로(!)' 옳다는 것을 사람들이 직감으로 느낀다. 그렇다면 무덤 속에 들어가 있는 (세계 곳곳의) 옛 먹물들께서 스스로 관 뚜껑을 열고 나와 반성문이라도 쓰고 돌아가야 쓰겠다. "역사 유물론은 마귀가 읊는 얘기다! 아니면 순 엉터리 얘기다!" 하고 핏대를 높였던 옛 분들께서는 말이다. 밑에서 치고 올라오는 노동자 농민의 저항으로 자기들 권세가 위협을 받는다는 데에 눈이 멀어 그들은 막말을 일삼았을 뿐 아니라 유물론을 말하는 사람을 매질하는 데에도 앞장섰다. 세상을 한

참 뒤늦게 태어난 우리는 우리가 똑똑해서가 아니라 '후손들이 갖는 시간적인 이점' 덕분에 세상 모습을 더 쉽게 헤아린다는 사실도 곁들이자.

우리는 어떻게 유물론의 눈으로 세상을 볼 수 있었을까? 마르크스뿐 아니라 고전파 경제학의 아버지 애덤 스미스도 그 눈을 갖고 있었다는 게 힌트다. "세상은 물질적 이해관계가 움직인다"고 스미스가 잠깐 말했더랬다. (스미스도 반공법으로 쇠고랑을 채울 셈인가?) 경제 성장의 동력이 날로 커져가는 산업자본주의 사회에서는 까막눈의 눈에도 그 사실이 보인다. 스미스와 마르크스는 탁월한 학자였기에 그 사실을 좀 더 일찍(자세히) 깨달았을 뿐이다.

오히려 우리는 "역사 유물론의 앎만으로는 어딘가 부족하다"고 하는 사실을 냉철하게(혹은 겸손하게) 수긍하는 것이 더 듬직한 태도다. 지금은 유물론이 부르주아들도 웬만큼 수긍하는 상식이 됐다. 그런데 무엇이 부족하다는 건가? 근대 이전의 사회는 단순해서 그것만 갖고도 대충 설명된다. 하지만 자본주의 체제는 참 요상스러운 놈이라서 "경제야, 왜 네가 그렇게 설치니?" 하는 비판만으로는 좀 싱겁다. 그놈은 토대이기도 하고 상부구조이기도 하다. 자본은 신이 아니었던가? 성스러운 신이 아니라 물신物神이라는 기괴한 놈이긴 해도 말이다. 또 그놈은 네이션nation과 국가와 꼭 한통속으로 논다. 네이션(민족)과 국가의 기세와 권력이 쪼그라들어야 그놈이 바뀌기가 수월해질 것이므로, 이 싸움은 여간 어려운 싸움이 아니다.[137]

왜 글쓴이는 유물론의 관점에 서려고 하는가? 그 눈길로 봐야, 힘들게 먹고사는 밑바닥 민중의 처지를 이해할 수 있어서다. 그들이 우

137. 가리타니 고진이 이 점을 강조한다. 그의 책 『세계공화국』, 『자연과 인간』 참고.

리 사회에 어떤 목소리를 내야 오늘보다 나은 미래를 실현할 수 있을 지 날카롭게 헤아릴 수 있어서다. '역사의 주체'가 누구냐를 따져 묻자 는 것이다. 인류 역사가 도도한 자연사自然史의 일부라는 깨달음도 이 와 관련된다.[138]

덧대기

돼먹지 않은 관념론의 한 사례. 1991년은 87민중항쟁의 열기가 아직 뜨 겁던 시절이다. 당시 폭압 정권은 제 목숨을 끊은 사회운동가 김기설의 유 서를 그의 친구 강기훈이 대신 써줬다면서 그를 잡아들였다. 청년 민주운 동 세력을 마구 헐뜯는 마녀사냥이 시작돼, 그들을 동정(칭찬)하던 시민 여론이 싸늘하게 식어갔다.

이 캠페인이 벌어질 때, 김지하 시인이 강기훈과 청년 운동가들을 꾸짖으 며 '죽음의 굿판을 걷어치워라!'라는 제목의 조선일보 칼럼을 썼다. 운동 세력이 죽음까지도 정치적으로 이용해 먹는 부도덕한 짓을 벌였다는 단죄 다. 1970년대에 박정희 정권으로부터 사형선고까지 받은 옛 민주화 투사 가 그런 말을 했으니 그 단죄의 효과가 여간 크지 않았다.

그의 말을 우선 실제 사실과 맞세워보자. 강기훈은 23년 뒤(2014년 2월) 서울고등법원의 재심에서 무죄를 선고받았는데 국가가 도무지 자기 잘못 을 갚을 길이 없었으니, 그의 심신이 정권의 마녀사냥으로 이미 망가질 대 로 망가졌기 때문이다. 김지하가 폭압 정권의 선전방송을 그대로 믿고 세 치 혀를 놀린 것부터 가증스러운 짓이지만, 여기서는 사람이 '관념'을 잘 못 부려 쓸 때 얼마나 큰 해악을 끼치느냐만 살핀다.

김지하는 그 무렵 '생명 존중'의 관념에 꽂혔더랬다. "죽음을 이용해 먹는 것은 생명을 우습게 여기는 짓!"이라는 게 그의 논지인데, 그 얘기를 함부 로 들이댄 것이 오히려 끔찍한 죽음의 폭력이 됐다. 사람은 누구의 죽음을 계기로 삼아 정치투쟁을 벌일 때가 많다. 1926년 6월 10일 민족독립운 동 세력은 순종의 장례식 날을 이용해서(!) 만세운동을 벌였다. 죽음을 정 치적으로 이용했으니 그들은 부도덕한 짓을 벌인 것일까? 전태일은 자기 의 죽음을 이용해서 '노동자들을 살려내라!'고 외쳤으니 부도덕한가? 판

---

138. 먹고사는 일은 생명체에게 필연 또는 자연법칙과도 같다. 인류사는 그 문제를 중심으 로 굴러왔다.

잣집 철거반원이 들이닥치자 어느 할머니가 "내 집을 부수면 죽어버리겠다"고 울부짖었다. 이 할머니도 자기의 죽음을 이용해 먹었는가? 참새가 '쨱' 하고 (반항하고서) 죽었다면 그 참새의 반항도 비난받아야 하는가? 강기훈은 김기설의 죽음을 '이용해 먹지 않았다'는 것, 그것이 날조된 사건이라는 사실이 뒤늦게나마 밝혀졌지만, 만의 하나, 그랬다 치더라도 그게 부도덕한 짓이냐는 것이다. 약자弱者가 자기의 저항 수단으로 쓸 것은 한갓 제 목숨뿐인데도?

김지하는 자기가 '생명 존중의 생각'을 품었다는 것만 으스대면서(그런 생각, 그 사람보다 더 훌륭하게 품고 사는 민중이 쎄고 쎘다) 자기가 무슨 하늘 위의 고매한 심판관인 것처럼 뻐겼다. 밑바닥 민중을 죽음으로 몰고 가는 실제의 억압 세력이 누군지는 까맣게 외면하고서 망나니의 언어를 휘둘렀다. 생명의 언어가 죽음의 언어로 변증법적으로 전복되었다(뒤집혔다). "왜 저 사람들이 저렇게 처절하게 싸울까." 하는 의문을 품고 그 현실 사정을 단 1분이라도 살펴봐라. 그 현실적인(물질적인) 근거만 살펴도 그런 부도덕한 관념론을 함부로 들이대지 못한다.

"사람들아, 관념론적인 태도를 늘 경계하소! 그게 사람을 잡소!"

유물론과 관념론, 무엇이 옳은지는 우리를 둘러싼 세상을 선입견 없이 바라보기만 해도 어렵지 않게 깨닫는다. 이 세상에는 지구가 먼저 생겨나고, 영혼 없는 하등 동식물이 나타난 뒤에야 영혼 있는 영장류가 뒤늦게 선을 보였다. 감성과 이념을 갖춘 인간은 '자연'이라는 든든한 어머니의 터전 위에서라야 안식을 누린다. '관념(이념) 먼저'를 말하는 사람은 대대로 지배층이 피지배층을 다스리기 위해 퍼뜨린 이야기와 이론을 덮어놓고 받아들이는 사람이다.[139]

교통정리를 좀 하자. 역사 아닌 자연을 둘러싼 논의에서 꼭 관념론이 '지배층을 돕는 이론'인 것은 아니다. 그 영역에서는 정치적 색깔

139. '관념론이 다 그렇다'는 말은 아니다. 고대와 중세의 관념론이 그랬다.

이 뚜렷하게 드러나지 않는다. 그렇지만 어떤 이론(학설)이라도 '물질적 근거'를 선명하게 밝히지 못할 경우, 그 이론은 공허한 사변적인 speculative 생각으로 추락하기 십상이다. 이를테면 언어의 탄생을 놓고서 언어학자 촘스키는 "사람에겐 타고난 문법이 있다. 이것, 딴 짐승들은 흉내도 못 내는 거"라고 인간의 선천적 언어 능력을 높이 치켜세웠다. 사람에게 그런 문법이 생긴 곡절 곧 물질적 근거를 허투루 살핀 탓에 그의 이론은 (언어학 연구가 쌓임에 따라) 금세 빛을 잃었다.

현대 자연과학을 둘러싼 입씨름

17세기에 근대 자연과학이 처음 싹틀 때에는 자연과학자들이 유물론적인 관점으로 자연스레 쏠렸다. 다윈의 '진화론'이 교회의 훼방을 뚫고 정설正說로 자리 잡았던 것을 떠올려보라. "자연이 저 스스로 굴러가는데 거기 무슨 관념 또는 신의 시나리오를 들이댄다는 말이냐!" 그런데 뉴턴의 만유인력의 법칙까지는 알겠다. 20세기에 아인슈타인의 상대성이론, 하이젠베르크와 보어의 양자역학 따위가 나온 뒤로는 다들 알다시피 자연과학이 무척 어려워졌다.

뿐만 아니라 자연과학자 중에 관념론자를 자처하는 사람이 꽤 나왔다. 유물론과 관념론이 맞겨루는 이론 지형에 적잖이 변화가 생긴 것이다. 이를 간단히 소개한다.

(1) 생명이란 무엇인가

생물학은 처음에는 유물론과 짝하며 커왔다(진화론). 그런데 물리학이나 화학과 이웃하며 생명과학이니 뭐니 하는 쪽으로 치달다 보니, 철학이 좀 필요했는가 보다. 개별 각론各論들을 그러모을 총론總論을 만지작거리다가 '생명 그 자체'가 뭣이냐, 하는 질문에 꽂혀버렸다. 우리는 눈으로 생명체 몸뚱이의 상호작용만 본다. 그런데 '생명이라는 것 자체'는 눈에 보이지 않는다. '생명'은 생명체가 쪼끄만 새끼로부터 커다란 성체成體로 계속 제 세포를 갈아대면서 자라는 동안 줄곧 '똑같은 그 생명체'로 있게 해주는 (생명체의 통일 형태를 제공해주는) 비물질적 사건으로 출현한다. 어떻게 무질서하게 널려있는 것들에서 저 스스로 자기를 굴려가는 어떤 것이 생겨날 수 있을까? 어떻게 죽어 있는 물질들 속에서 스스로 살아가는 것이 출현하는가? 세포는 어떻게 안과 밖을 분리하는 막을 형성하는가? 문제는 생명체들이 어떻게 환경(곧 생태계)에 적응하느냐가 아니라, 그 적응해야 할 것들이 어떻게 생겨나느냐다. 그래서 현대 생물학의 언어는 기묘하게도 헤겔 관념론의 언어를 (이 핵심 지점에서) 닮기 시작했다.

(2) 자연은 없다

현대에 들어와 과학기술 문명이 인류의 통제를 벗어나 저희(자본가, 과학기술자)끼리 굴러가는 듯하여 염려하는 사람이 많다. 유전자 조작 식품, 나노 기술, 인간복제 기술의 개발 등등. 하지만 이런 추세에 대해 보수적인 반발을 보이는 종교 지도층과 생태주의자들의 관점이 꼭 합리적인 것도 아니다. 생태주의의 심층에 깔려 있는 메시지는 '어떤 변화도 더 나쁜 결과를 초래할 뿐'이라는 것이다. '자연은 원래 균형 잡힌 아름다운 질서를 보이는데 사람들이 이것을 흩뜨려놓는다'고 그들은 생각한다. 그런데 다윈주의의 궁극적인 교훈은 이와 반대되는 것으로, '자연'은 몹시 제한된 성공 속에서 엄청난 손실과 재앙을 통해 땜장이처럼 임기응변해 가며 진화해왔다는 것이다.[140] 그러니 인간 문명이 우연히 생겨났다는 것을 직시해야 한다. 자연의 역사에 진보는 없다. 균형의 파괴와 큰 재앙들이 잇따랐다. 생명체는 얼마든지 지금과 다른 식으로 전개될 수도 있었다.[141]

그러므로 유물론자는 사람의 존재 근거가 전혀 없다는 것을 온전히 받아들인다. "자연은 없다!"는 말이 우리의 구호다. 균형 잡힌 재생산 영역으로서의 자연, 인간이 오만하게 개입해서 그 순환운동을 빗나가게 하는 유기적인organic 자연은 인간이 품은 환상(관념)이다. 그러므로 끝없이 '(산업) 성장!'을 닦달하는 것도 눈먼 질주(내닫기)이지만, "그리운 자연 속으로 돌아가 거기 숨자!"는 것도 능사가 아니다. 무엇이 옳은지, 판정해줄 큰 타자가 없이, 그때그때 실사구시하여 갈 길을 찾을 수밖에 없다.

(3) 만발하는 우주론

빅뱅(우주의 대폭발), 곧 물리학의 모든 법칙이 멈추는 그 특이점 이전에는 무슨 일이 일어났는가? '아무것도 없다'고 여기는 학자들이 많다. 그것은 시간 속에서 일어나지 않았고, 시간 자체를 창조했다는 것이다. 신학자들에게는 빅뱅인 특이점에서 한 점에 집중되는 물질의 무한한 밀도는 '절대적 시작'을 가리킨다. 신이 직접 개입해서 우주를 창조했던, 깊이를 가늠할 수 없는 창조 지점이라는 것이다. 팽창하는 우주는 시간과 공간에서 유한하지만 공간의 휨 때문에 한계가 없다.

그러나 이것으로 우주를 다 알아낸 것일까? 몇몇 측정에 따르면 우주에는 빅뱅이 있었던 것으로 추정된 때보다 더 오래된 물질의 흔적들이 있다. 아마 우주는 시각적 반향들이 공간을 실제보다 더 크게

---

140. 인간 게놈의 90%는 아무런 뚜렷한 기능도 하지 않는 '정크 DNA'라는 것이 그 증거다.
141. 석유는 상상할 수도 없는 격렬한 지각 변동의 산물이 아닌가.

만드는 거울방과 같은지도 모른다. 그런 반향 때문에 다른 은하에서 오는 똑같은 신호가 서로 다른 두 경로를 거쳐 다다를 경우, 우리에겐 마치 두 개의 서로 다른 은하처럼 보인다. 앎의 이런 어긋남을 풀어보려고 갖가지 대안이 나왔다. 우리 우주는 인간보다 훨씬 발전한 문명이 프로그래밍한 일종의 가상현실일지 모른다는 설說도 있고, 빅뱅을 빅 바운스(튀어 오름)로 대체하는 설도 있다. 시간-공간의 연속이 자주 찢기고, '잇따른 붕괴가 새 빅뱅을 초래한다는 얘기다. 빅뱅 개념 자체를 없앤 가설도 있다. 빅뱅 관념은 우주에 '단일한 일직선적인 시간의 논리'를 적용해서, 실제로는 무한한 원환 운동밖에 없는 곳에 영(제로)점을 끼워 넣은 것이란다.[142]

혹시 만물은 그저 원래의 공空에서 생겨나 다시 그것으로 돌아가게 되어 있는 덧없는 쪼가리들일 뿐인가? 그래서 영원한 평화를 낳을까? 하지만 '공'을 헤겔적 개념으로 파악하자면 수많은 어떤 것(존재자)들을 낳는 긴장과 적대성(불가능성)을 가리키는 이름이 된다. 하나(일자)가 세계 전체를 아우르지 못하고, 자기로부터도 어긋나 있기 때문에 다수(여럿)가 생겨난다고 헤겔은 말했다. 적어도 분명한 것은 불교적 공空 개념도 우주론의 뒤엉킨 실마리들을 풀어줄 해결책이 아니라는 사실이다.

(4) 양자역학이 철학에 던지는 함의(뜻)

19세기 중반까지는 뉴턴 고전역학의 시대였다. 그러나 그 뒤 전자, 양성자, 중성자들을 놓고 벌인 실험 결과를 그것이 설명할 수 없어서

---

142. 여러 우주론 계열은 플라톤이 따져본 하나(일자)와 있음(존재) 사이의 관계 집합과 비슷하다. 현대 과학의 생각 방식이 2,500년 전의 철학과 은밀하게 닿아 있다. 지젝의 『라캉 카페』를 참고하라.

양자역학(量子力學, quantum mechanics)이 생겨났다. 1927년에 하이젠베르크는 어떤 물체의 위치와 속도를 동시에 정확하게 측정할 수는 없다고 하는 불확정성 원리를 발표했다. 일상생활에서는 그 미세한 불확정성을 무시할 수 있지만 '마이크로'의 아주 작은 세계에서는 문제가 된다. 그 얼마 뒤 보어는 그 까닭을 밝혀내는 상보성(相補性, 서로 보완하기) 원리를 제시했다. 마이크로의 물체는 어떤 실험을 하느냐에 따라 파동으로도 보이고(행동하고), 고전적 입자의 성질을 띠기도 한다는 것이다. 동시에 입자이면서 파동일 수는 없다. 입자임을 밝히려 할수록 파동의 모습은 자취를 감춘다. 측정 전에 입자는 (입자냐, 파波냐) 둘 중 하나가 될 가능성의 상태에 놓여 있다. 사람이 측정을 하는 순간, 하나의 속성을 창조하고 다른 속성은 내버린다. 다수의 과학자들이 이 해석에 동의했다 하여 '코펜하겐 해석'이라 일컫는다. 아인슈타인을 비롯해 여러 학자가 이를 수긍하지 않아 딴 해석들도 나왔을 뿐만 아니라 이 입씨름은 철학에게도 만만찮은 생각거리를 던져줬다.

　20세기 들어 실험물리학이 뚜렷이 기술적 진보를 이뤄내서 '사고(생각) 실험', 곧 고전 과학에서는 생각할 수 없던 '실험적 형이상학'의 새 영역을 열어놓았다. 예전에는 머릿속으로나 그려봤을 것들이 실제 실험실의 주제가 됐다. "우연하다는 게 뭘까? 원인 결과의 국소화(局所化, localization)[143] 조건은 뭘까? 우리의 관찰과 별개로 있는 현실의 지위는?" 등등. 물리학과 우주론에서의 이런 발전은 분명히 철학에 도전을 제기했다. 스티븐 호킹은 "이제 철학은 죽었다"고 선언했는가 하면,[144] 양자물리학의 결론을 무슨 영성(정신주의)을 계시하는 것으로

---

143. 추상 대수학에서 환環에 곱셈의 역원逆元을 추가하는 방법.
144. 그는 '모델 의존적 실재론'이라는 소박한 철학적 관점에 의거했으면서 이렇게 모순된 얘기를 했다.

읽는 혼란스러운(사변적인) 해석
들이 난무했다.

현대 과학은 '정신이 현실을 창
조한다'는 명제를 증명하는가? 양
자물리학의 명제들(공시성, 뒤로
흐르는 시간 등)은 일상생활에 들
어맞는 게 아니라 복잡한 수학적

무척 어려운 양자역학이 나오자 그 해석을 놓고 학자
들이 입씨름을 벌였다.

형식화의 장치 안에서만 구실한다. 이것을 잊으면 뉴에이지(영성 운동)
의 신비주의로 빠진다. 또 양자quantum의 세계는 수학적인 것이 아니
라[145] 측정에 의존한다. 경험적 내용의 우연성에 자기를 맡기므로 철저
하게 과학적이다. 거기 무슨 신비로운 뜻이 들어 있는 것처럼 번역하
는 것은 잘못이다. 물론 그것의 철학적 함의는 더 탐구해야 하지만 말
이다. 양자들은 저희끼리 뛰노는가? 그것은 난센스다. 현실에서 두 곳
에 동시에 있을 수 있는 대상은 없다. 실제로 있는 것은 일상 현실뿐
이고, '그 너머'에 있는 것은 일정한 신뢰성을 지닌 수학 공식뿐이다.

그런데 양자역학의 앎이 섬뜩한 까닭은 그 세계가 '인간 영역'을 기
묘하게 닮았기 때문이다. 이를테면 양자量子의 사건이 관찰도구 속에
흔적을 남길 때, 어떻게든 등록될 때 파波 기능의 붕괴가 일어난다. 이
것은 사회적 사건이 오직 큰 타자the Other의 상징적 질서 속에 기입될
때에만 의미를 띠는 인간 세상을 떠올리게 한다.[146]

또 양자의 사건과 그것의 등록 사이에는 늘 틈이 있고, 이 빈틈이
잠재적인 입자들을 갖고서 일종의 존재론적 속임수를 쓸 공간을 열어

145. 수학은 최초의 공리들이 내재적으로 전개돼 결과를 얻는다.
146. 큰 타자는 개인에게 세상의 의미를 부여해주는 중심이다. 어린애에게는 '엄마'가 그
    구실을 맡는다.

준다.[147] 빈틈은 '시간을 거스르기(소급하기)'의 길도 연다. 곧 무슨 일이 일어났음에 틀림없는지를 지금의 등록이 결정한다.[148] 이는 지금 무슨 시대 변화가 일어날 경우, 과거의 역사도 새롭게 쓰이게 되는 인간 세상을 닮았다.

원래 현실과 상징적 등록 간의 빈틈은 신학에도 뜻을 던진다. 사물들을 바라봄으로써 (그것들을) 창조하는 행위 주체가 신이라면, 양자의 불확정성은 전능하지만 전지(全知, 모두 앎)하지는 않은 신을 떠올리게 강요한다. 신은 남들을 속이지 않으며(양자 세계를 통제하지 않으며) 다만 자신이 속을 뿐이다.

'객관적 현실'이란 무엇인가? 현대 물리학에서 구성해낸 그것은 (일상) 현실에서 체험될 수 없는 실재이다. 수학으로 옮겨놓은 관계들의 집합으로서 그것은 일상 현실을 크게 잘라내 버린 개념적 추상화의 결과다. 수학을 닮아버린 과학은 현실에서 '나'를 지우고, 내가 이 현실의 일부가 되는 방식을 묵살한다. 그러므로 진짜 질문은 어떻게 뜻 없는 실재 속에서 의미의 우주가 출현할까, 어떻게 내가 객관적 현실 속에 출현하느냐다. 그 대답은 영성靈性이라는 속임수 없이 나와야 한다. 옛 소박한 기계론적 유물론도 여기서는 통하지 않는다.

(5) 레닌의 유물론은 허술하다

양자역학이 꽃을 피운 뒤로 "과학이 마침내 유물론을 이겨냈다"고 기뻐한 사람들이 많았다. 물질이 에너지장의 (물질 아닌) 파장 속으로 해체돼 사라진다는 것이다. 이렇게 관념론 쪽의 공격이 무성했던 데에

---

147. 전자가 양자를 창조하고 그래서 에너지 불변의 법칙을 위반하게 된다, 등등.
148. 이중 슬릿 실험에서 전자가 관찰됐다면 그것은 지금 입자일 뿐 아니라 과거에도 입자이게 된다.

는 마르크스주의 동네의 유물론에 빈틈이 많았던 탓이 크다.

레닌은 인간의 생각이 객관적 실재를 거울처럼 비춘다는 반영反映
이론에 매달렸다.

> 세상에는 자연과 인간 두뇌, 그리고 사람의 앎에 자연이 반영되는(비
> 쳐지는) 형식, 이 셋이 있다. 그 형식은 개념, 법칙, 범주들로 이루어
> 진다. 사람은 자연을 완전하게 그 직접적 전체성으로 알 수는 없고
> 거기 차츰 접근할 수 있을 뿐이다.

반영이론의 문제는 거기 관념론이 들어 있다는 것이다. '사람 생각
의 바깥에 물질세계가 따로 있다'고 완강하게 강조하는 것은 무엇인
가를 감추고 싶어 한다는 얘기다. 관찰자가 제가 몸담은 세계의 바깥
에 있는 것으로 암묵적으로 가정假定된다는 사실을 반영이론은 감춘
다! 왜 사람의 앎이 불완전하고 왜곡되는 것일까? 관찰자가 이 세상
속에 들어 있기 때문이다. 관찰자는 자기 이해관계에 사로잡힌 눈으
로 세상을 제 희망에 따라 읽는다. 실재에 대해 온당한 '중립적인' 지
식이 있다는 것은 우리가 세상의 바깥에 있을 때나 가능하다. 거울이
대상 바깥에 있어야만 그 대상을 완벽히 비추는 것처럼.

실재에 대한 '객관적' 지식은 불가능하다. 우리(생각)는 늘 이미 실
재의 일부이고, 실재의 한복판에 있다. 그래서 우리는 눈에 불을 켜고
구체적 조건의 구체적 분석을 통해 관념론과 유물론의 분리선을 세밀
하게 분별해야 한다. 이를테면 종교라고 다 관념론이 아니고, 유대-기
독교에도 유물론적 측면이 있다. 진리는 내적 평화를 통해서가 아니라
정신적 외상外傷을 끼치는 외적인 만남에서 출현한다는 것이 그 핵심
이다.

유물론적인 관점은 레닌처럼 "저기에 세계가 있다. 우리는 저 세계에 대한 앎을 조금씩 얻어낼 것"이라고 여기는 것이 아니다(그것은 진화적 개념이다). 현대의 유물론자들은 이렇게 말한다.

"하나의 전체로서 우주는 없다. 안으로부터 보자면 모든 것은 무無다. 세상 모든 것은 그 무 안에 있다."

오로지 바깥에서 우주를 관찰하는 사람만 '실재 전체'를 있는 그대로 본다고 레닌은 은연중에 생각한다. 그러니까 '전체 우주' 개념 자체가 누군가 관찰자가 우주 바깥의 자리에서 신神의 눈으로 볼 것을 전제하게 되는데 사람이 그런 자리로 가는 것은 원래 불가능하다. 그래서 '(한눈에 보이는) 세계는 없다'는 것이다. 세계를 전체로서 생각하려고 하면 공空에 다다른다.

그동안 내로라하는 관념론자들은 '세계 안에 실체적 대상들이 있다'고 단언하고, 신을 그 존재론적 일관성을 보증해주는 외적인 한계(예외)의 자리에 갖다가 놓았다. 그러므로 유물론의 공식은 '저 너머(초월)'를 부정하는 것도 아니고, 현실에는 유한한(제한된) 실재적 대상들의 세계만 있을 뿐이라고 단언하는 것도 아니다. '실재하는 대상에 완전한 존재론적 일관성은 없다'고 손사래를 쳐야 한다. 바깥에서 볼 때, 하나의 전체로 생각할 때, 그 대상은 무無라는 것이다. '신이 없다'는 게 중요한 발견이 아니고, '세계가 없다'는 게 핵심이 되는 앎이다.[149]

---

149. 세계의 존재는 그 근거가 되는 예외, 곧 신을 포함한다. '세계가 없다'는 것은 감추어진 근거-본질이 세계 안에, 세계를 통해 나타나지 않는다는 뜻! '(유기적인) 자연은 없다'는 말도 이것과 통한다.

부르주아들의 허튼 상식과 싸워라

지금까지 유물론을 관념론, 또는 종교와 견줘가며 서술했다. 못 말리는 허튼 관념론도 많지만 나름의 통찰을 담고 있는 관념론(칸트와 헤겔)도 있고, 유물론에도 허튼 구석들이 있었다고 했다. 그렇지만 밑바닥 민중이 역사의 주인으로 올라설 길을 찾는 유물론에게 지금 가장 큰 장애물(대중을 현혹시키는 통념)은 관념론이 아니다. 중세 시절에는 (가장 힘센 관념론으로서) 반동적인 종교가 큰 장애물이었지만 지금 잘나가는 나라들(선진국과 중진국)에 퍼져 있는 지배 이데올로기는 세속적인 것이다. 이는 영국과 미국 쪽에서 발달한 경험론(또는 경험적 실재론)과 관련이 깊다.[150] 그 나라들은 일찍이 산업이 발달하면서 모든 형이상학을 다 물리치는 쪽으로 지배 문화가 형성돼왔다. "우리, 눈에 보이는 것만 믿자고! 무슨 관념(사변) 따위는 다 질색이야!"

이는 그들이 근대사회로 넘어오는 과정이 보여준 특징과 관련이 깊을 것이다. 중세 종교 이데올로기를 단호하게 걷어치우고 근대 시민혁명을 감격스레 맞이해본 실존적 경험이 없었다는 그들 역사의 특징과! 일찍이 패권국가로서 세계를 경영해서 '남부러울 것 없이 살았다'는 자기만족의 사회 풍조도 이런 문화를 형성하는 데에 한몫했을 것이다. 이 학자들은 일반 부르주아 중산층(돈 벌어 한 재산 모은 사람들)이 품고 있는 '상식'이 세상의 모든 것이라고 간주하는 셈이다. 그런데

---

150. 실재론은 시대마다 그 뜻이 달라 혼란스럽다. 여기선 경험을 넘어선 모든 지적知的 초월에 반발하는 생각을 가리킨다. "네가 겪어본 것만 믿어라!" 경험론은 사람 머리는 백지(텅 빈 상태)라고 말한 로크와 '진리'라고 떠드는 것들을 죄다 의심하고서 '건전한 상식만 믿자'고 한 흄을 꼽는다. 미천한 신분에서 열심히 돈 벌어 몸을 일으킨 부르주아들이 옛 문화에 대한 교양을 뽐내는 귀족을 꾸짖는 얘기다. 허튼 진리론을 비판한 것은 옳으나, 모든 진리를 다 우습게 본 것은 빗나간 생각이다.

그 상식이라는 것이 얼마나 하찮은 얇투성이인가. 이를테면 성공한 부르주아들은 '지금의 사회 체제가 참 자연스럽다'고 여긴다. 저마다 자기 이익을 열심히 추구하다 보면 전체 사회가 좋아질 것으로 본다. 제 눈에 안경이다. 잘나갔던 나라 영국과 미국의 부르주아들 눈에는 그렇게 비칠 수 있다. 그런데 그들의 '상식'이 과연 보편적인 진리인가? 자기네의 상식이 으뜸이라고 자랑하는 순간, 그 자랑은 또 다른(음험한) 형이상학이 된다.

영국과 미국은 반동적 봉건 지배계급을 치열하게 극복해낸 혁명 경험도 없고(영국은 귀족과 부르주아가 타협했고, 미국은 봉건귀족들의 아무런 반발 없이 새 나라를 세웠다), 자본주의를 넘어서려는 첨예한 사회혁명이 힘을 쓰지도 못한 나라다. 다시 말해 자본가들의 이데올로기가 가장 기승을 부리는 나라다. "지금의 세상 만세!"

지금의 세상은 자본이 저희끼리 굴러가고 정치(의회제도)는 경제 체제 자체에 대해서는 아무 문제 제기도 하지 못한다. 대학의 학문은 경제학과 정치학과 사회학과 법학과 또 무엇 무엇이 저마다 칸막이가 돼 놔서 딴 영역에 눈길을 돌리면 안 된다. "경제가 너무 불평등하지 않으냐?"고 지배세력에게 캐물으면 그들은 "그 대신 정치가 평등하단다." 하거나 "우리는 다문화의 자유를 누린단다." 하고 여유롭게 둘러친다. 지배세력(언론)은 어떤 사건에 대해 사회학자에게는 사회학적인 논평만을, 심리학자에게는 심리학적인 논평만을 펼치도록 요구한다.[151] 그 학자들을 죄다 모아놓아도 저마다 코끼리 몸뚱이의 한 귀퉁이만 만져본 장님들이다. 사람들이 '사회 전체'에 대한 깨달음을 얻어가는

---

151. 학문의 분업화의 폐해가 심하다 보니까 대학 주류 세력 스스로도 '통합 학문' '통섭'을 거론하게 됐다. 그런데 통섭의 내용이 문제다. "인문사회과학은 자연과학을 본받으라"는 빈약한 내용에 간판만 그럴싸하게 붙인 것이 요즘 학계에서 말하는 '통섭'이다.

것을 훼방 놓는 메커니즘(기제)이 튼튼하게 자리 잡았다. 진리를 탐구한다는 대학에는 실재론(또는 경험론)의 잣대를 굳세게 믿는 먹물(지식인)들이 똬리를 틀고 앉아서, "당장 검증될 수 있는 앎만 내놓으시오! 형이상학은 우리가 취급하지 않습니다." 하고 딴지를 건다.[152] 미국의 대학에는 급진적 유물론은커녕 헤겔의 변증법조차 발붙인 곳이 몇 안 된다. 한국의 대학은 마르크스 정치경제학을 공부하는 학자들을 거의 채용하지 않는다.[153] 사상 검열이 가장 심한 곳이 대학이다.

급진적 유물론(또는 진정한 학문)은 모순투성이 세상을 바꿔낼 눈을 틔우는 앎이다. 그러므로 지금의 세계 체제를 변호하고 지켜내려는 지배세력들은 저희에게 불편한 그런 학문의 등장을 악착같이 가로막는다. 그 지배세력의 가장 뚜렷한 이데올로기를 한마디로 간추리자면 "눈앞에 있는 것(곧 상식)만 믿어라! 눈에 보이지 않는, 아직 지금 세상에 실현되지 못한 것들에 대해서는 관심을 꺼라!" 하는 말이다. 그들의 요구에 따르자면 지금부터 우리는 역사책을 덮어야 한다. 그들이 쥐고 있는 온갖 대중매체를 통해 우리는 날마다 "과거도, 미래도 생각하지 말고 오로지 현재 있는 것만 즐겨라!" 하는 달콤한 자장가를 듣고 산다. 우리의 의식(생각)이 잠들 것을 바라는 그들은 죽음의 세력이다. 그러므로 우리가 참삶을 살아내려면 우선 참앎을 얻는 싸움에 나서야 하지 않을까?

---

152. 미래에 대한 꿈은 당장 검증될 게 아니라서 형이상학(초월론)에 속한다. "학자는 꿈을 꾸지 마라!"
153. 서울대학에는 87민중항쟁이 있고 나서야 가까스로 마르크스 정치경제학 교수가 한 명 채용되었다.

덧대기

끝으로, 변증법 이론들 중에 허술한 대목을 짚어본다. 소련의 지도자 스탈린(1879~1953)은 유물론과 변증법을 하나로 합쳐서 '변증법적 유물론'이라는 이름을 내걸었다. "모든 현상들은 통일되어 있고, 현실은 역동적으로 발전한다. 혁명은 사회의 질적 변화(도약)를 가능케 한다." 그러면서 헤겔이 설명한 것 중에 '부정의 부정' 법칙을 지워버렸다. 이것은 변증법에서 가장 역동적인 대목을 삭제한 것으로, 스탈린이 자기들 국가사회주의 체제를 꽉 붙들고 지키는 보수保守 철학으로 치달았다는 뜻이다. 그는 헤겔과 마르크스로부터 한참 후퇴했다.

중국 공산당의 아버지 마오쩌둥(1893~1976)의 변증법 이론은 더 문제가 많다. 그도 '부정의 부정'을 부정했을 뿐만 아니라, '모순' 개념에도 허점이 있다. 그가 기본 모순(노동자와 자본가의 대립)과 주요 모순(상황마다 다른 특수한 모순)을 구분하고 주요 모순에 주목한 것은 옳았다. 1937년 일본이 중국을 침략했을 때 마오쩌둥은 중국 공산당이 장개석의 국민당과 힘을 합쳐 항일투쟁에 집중하도록 이끌었는데(국공 합작), 이는 그 무렵 중국의 주요 모순이 일본 제국주의와 중국 민중의 대립이라 봤기 때문이다. 하지만 그가 "대립물은 서로 영원히 투쟁을 벌인다. 그것들이 통일(종합)되는 경우는 잠깐뿐"이라 단언한 것은 틀렸다. 그는 끝없는 부정의 악순환에 사로잡혔다. 그는 자유주의적 개방과 강경 노선에 따른 숙청 사이를 오락가락하는 정치를 했는데 이는 그의 허술하고 무능한 정치철학의 표현이고, 그 결과가 문화대혁명(1966~1976)이다.

중국의 문화대혁명의 잘못은 그것을 이끈 전위부대, 곧 홍위병이라는 이름의 학생들이 죄 없는 사람들을 너무 괴롭힌 데 있다기보다(죄는 있었다), 정말로 사회를 바꿔낼 대안을 내놓지는 못하고 '낡은 것들을 부수자!'며 손쉽게 카니발(난리굿)만 벌인 데 있다. 그렇게 난리굿을 벌인다고 해서 기득권 세력이 물러가는 것은 아니다. 오히려 더 맹렬한 반동이 일어나 중국 사회는 자본주의로 완전히 돌아가고 말았다. 문화대혁명이 중국의 역사가 뒷걸음질 치는 데에 1등 공신이 된 것, 또 강력한 공산당 덕분에 중국 자본주의가 더 활력을 얻은 것은 그 곡절을 새겨봐야 할 놀라운 역설(패러독스)이다.

20세기에 식민지 종속국들에서 '마오주의'를 내걸고 민족해방운동과 농민해방투쟁을 벌인 사람들이 많았다. 지금도 중국 민중 대부분은 국부國父로서 마오를 무척 존경한다. 이 점은 그의 공功이겠지만 중국 사회주의가 뚜렷이 후퇴한 것은 그에게 사회주의를 밀고 갈 방략과 비전이 부족했음을 말해준다. 그 후퇴가 너무 심했던 탓에 지금 중국 사회에는 진취적인 사회문화 풍토가 무척 빈약해졌다. 이는 중국의 민중이 또 다른 '대국주의'의 눈먼 풍조에 휩싸일 개연성을 높인다.

이렇듯 20세기 변혁의 역사는 숱한 잘못과 비틀거림, 왜곡을 낳았다. 하지만 단번에 새로운 세상으로 도약하는 것이 어찌 가능하겠는가. 이런 깨달음도 세상일이 다 벌어지고 나서 (우리가) 얻은 것을 보면, 역사에서 교훈을 얻고 그 교훈을 우리 것으로 삼는 일이 얼마나 어려운지 다시 실감하게 된다.

4부

돈에 대하여

1 돈이란 무엇인가?

요즘은 돈이 활개 치는 세상을 자연스럽게 여기는 사람이
많지만 옛날에는 돈을 경계하는 목소리가 훨씬 높았다.
이 그림은 「베니스의 상인」의 한 장면이다.

　신문을 들추거나 인터넷 뉴스를 훑을 때, 사람마다 눈길이 가 닿는
곳이 다르다. 청소년은 연예면이나 교육/과학면이나 이따금 터지는 커
다란 사고(사건)에 관심이 쏠릴 것이고, 건강과 생활 소식부터 챙기는
중년 여성도 있을 터이고, 우리 사회에서 높은 자리에 앉아 있는 사람
이라면 정치면을 훑어볼 것이다. 그런데 아직 제 손으로 돈을 벌어보
지 못한(아니 세어본 적도 별로 없는) 청소년은 어지간해서는 경제면에
눈길이 가지 않으리라. 어려운 낱말에 낯선 숫자들만 여기저기 튀어나
오는 글이 무엇이 솔깃하겠는가. 청소년은 아직 그 동네와 인연을 맺
지 못했다. 얼마쯤이라도 돈을 벌어놓은, 그래서 그 돈을 어찌 굴려야
할까, 하는 궁리가 늘 머릿속을 떠나지 않는 중년의 어머니 아버지들
이라야 경제면을 자주 들여다본다. 그들은 늘 "돈을 더 벌어야 해! 자
식농사 마무리 지으려면!" 하는 강박관념을 떠안고 산다.[154] 이 강박관
념을 어쩌지 못하는 몇몇 불쌍한 사람은 경제면은 눈길도 주지 않고

---

154. 사람은 누구나 '재수'가 좋기를 바란다. 재수財數는 재물(돈)이나 좋은 일이 생길 수 있
　　는 운수다. '신수身數가 훤하다'고도 한다. 몸의 운수. 옛날엔 재수가 있으라고 불공을 드
　　리거나 굿을 했다.

신문 한 귀퉁이에 가끔 쪼그맣게 실리는 '주택복권 당첨번호'만 찾는다. 다달이 제가 버는 돈의 10~20%를 복권 구입에 쓰는 사람이 남미에는 상당수에 이른다는 기사를 언젠가 읽었다. 한국 사정은 어떤지 모르겠다.

사람들이 돈에 대해 얼마나 알까?

그런데 이렇게 경제면을 휙 훑는 어른들이 돈에 대해서 얼마나 알까? 인플레(물가 등귀)와 주가와 금리와 환율(교환 비율)의 말뜻은 잘 안다. "요새 물가가 치솟았으니 내핍 생활을 해야겠다." "은행 금리가 시원찮으니 위험하더라도 펀드(투자 신탁에서 그 운용을 맡긴 재산)에다 돈을 넣어둬야지." "엔화 환율이 떨어졌으니 이참에 일본에 놀러 가야겠다." 등등. (중고교) 학생들은 얼마나 알까? 위에 언급한 낱말 뜻이야 희미하게 알겠고, 상품의 수요곡선과 공급곡선이 만나는 곳에서 물건 값이 결정된다는 초보적인 경제 공식 따위야 시험 전날 달달 외웠을 게다. 요컨대 어른이나 학생들이나 '돈'을 주로 경제 현상으로 바라본다. 학교 교육은 사회 교과서의 경제 항목에서 잠깐 돈에 대해 살펴보는 정도다.

돈은 경제 현상이기만 할까? 돈을 많이 움켜쥔 사람은 행정부 관료나 입법부 정치인들에게 일반 민중보다 훨씬 큰 영향력을 미친다. 재벌이 등장하는 TV 드라마를 유심히 뜯어보기 바란다. 그러니까 돈은 정치 현상이기도 하다. 사회 책을 보면 '빈부 격차' 얘기가 잠깐 나오고, 신문에는 생활고를 비관해 제 목숨을 끊은 사람의 소식이 이따금 실리므로 돈은 사회문제이기도 하다. 학교에서는 돈 있는 집 자식과 없는 집 자식이 따로 논다는 얘기도 있으니 돈은 문화 현상이기도 하다. 요즘은 '교회'도 물건처럼 사고팔거나 자식에게 상속(세습)하는 일이 흔하므로 종교도 돈과 남남이 아니다.

그런데 학생들에게 "화폐(돈)?" 하고 물으면 "물건(상품)에 값을 매겨주지요(=가치의 척도 기능)." 혹은 "돈을 금고(은행)에 넣어두면 자기가 쌓아 올린 부富를 잃어버리지 않지요(=가치 저장 기능)." "돈이 돌고 돌면서 물자를 유통시켜줘요(유통 기능). 그래서 돈을 찍어낸 액수, 곧 통화량보다 돈이 돌고 도는 통화 유통 속도가 더 중요하지요. 어쩌고……" 하고 대꾸한다. 돈이 사람들 살림살이에서 어떤 구실(기능)을 하는지 웬만큼 안다. 하지만 그것 말고는 깊이 생각해본 적 없다. 교과서에서 정색하여 다루지 않으므로.

어른들은 제 코가 석 자(=3×30cm)라서 자기 재산(돈) 어떻게 간수할지가 늘 머리를 떠나지 않는다. 남들이 어떤 고생을 하며 돈을 버는지, 고개를 돌아볼 때는 별로 없다. 역지사지(처지 바꿔 생각하기)라는 것, 그렇게 쉬운 일이 아니다. 돈 앞에 벌벌 떠는 제 자신을 '문제 있다'고 되돌아본 적도 없다. 돈에 따라 춤추는 대중문화(이를테면 시청률에 좌우되는 TV 드라마)와 접하고서 쯧쯧, 혀를 차지 않는다. 어쩌면 막장 드라마가 더 재미있다. 제 자식이 세상눈을 틔우고 커가는지, 아니면 돈벌이에만 눈을 가두고 시험공부를 하는지 궁금해하지도 않는다. 돈이 돈을 버는 세상이 계속되면 사람들 꼴(인간성)이 어떻게 추레해질지, 세상의 앞날을 내다본 적도 없다. 돈을 그저 밥벌이와 재산벌이 수단으로만 바라본다. 생텍쥐페리의 『어린 왕자』가 이런 세상 몰골을 소박하게 비판했다.

어른들은 숫자를 좋아한다. 새 친구를 자랑하는 제 자식 얘기를 듣고는 "그 애 목소리는 어떠니? 그 앤 어떤 놀이를 좋아하니?" 하고 묻는 대신 "그 앤 몇 살이니? 몇 평짜리 아파트에 사니? 시험점수는 몇 등이니?" 따위만 묻는다. 그것으로 끝이다.

경제학자들은 돈을 얼마나 알까?

경제학이라는 학문은 유럽에서 먼저 생겨났다. 금金에 주목하거나 상업을 중시하는 이론을 거쳐 영국의 애덤 스미스(1723~1790)와 리카도(1772~1823)가 산업 자본주의의 틀거리를 해명한 고전파 경제학을 이룩했다. 20세기 들어와서는 효용utility 이론과 시장균형 분석에 몰두하는 신고전파 학파가 생겨났다. 전자는 국민경제 전체를 들여다보는 거시(巨視, 매크로) 경제학이고 후자는 시장이 어찌 굴러가는지 미세한 흐름들을 캐묻는 미시(微視, 마이크로) 경제학이다. 영국의 케인스는 1929년 대공황을 맞아 위기에 빠진 자본주의를 구하는 거시적 해법("국가가 개입해 유효수요를 늘려라!")을 내놓았는데, 지금 유럽의 대학을 주름잡는 주류 경제학은 신고전파와 케인스학파, 이 둘이다. 그 밖에도 자본주의 경제를 근본적으로 문제 삼는 마르크스주의 경제학과 여러 접근법이 있는데 이들 비주류 경제학은 갖가지 사회운동을 이론적으로 뒷받침할 뿐, 기업과 정부에는 별다른 영향력을 끼치지 못한다. 여기서 문제 삼는 경제학자들은 자본주의 시장경제를 굴리는 데만 열심일 뿐 그 결함과 모순을 성찰하는 데에는 몹시 게을렀던 주류 경제학이다.

우리는 복잡하게 얽혀 있는 사회 현상에 대해 누가 물을 때, "그것은 무엇이오!" 하고 선뜻 한두 마디 말로 설명하기 어렵다. 이를테면

"국가state라는 게 뭐지요?"라거나 "법과 정의는 무엇인가요?" 따위. 그럴 때는 그것이 언제 어떻게 해서 생겨났는지를 알아봐라. 그것의 역사를 알게 되면 그것이 무엇인지, 그 본질도 대강 짐작할 수 있다. 이것을 '발생론적 분석'이라고 일컫는데, 인문사회 교과를 공부할 때 이 길라잡이 말을 꼭 새겨두기 바란다. 기존 인문사회 교과서에 들어 있는 공부거리들은 이 분석을 대부분 빠뜨리고 있어 여러분의 공부를 힘들게 한다.

"화폐가 언제 무슨 곡절(이유)로 생겨났느냐?"를 알아봐야 이놈의 정체를 어렵지 않게 분간할 터인데, 주류 경제학자들은[155] 이것에 대해 맹문이다. 애덤 스미스는 이렇게 말했다.

"사람은 남들과 교환하기를 좋아하지 않니? 또 사람들은 저마다 한 가지 일만 하지 않니? 그래서 물물 교환을 하게 되는데 이게 여간 불편하지 않걸랑? 이를테면 '갑'은 닭 한 마리를 갖고 있고, 생선이 먹고 싶어. '을'은 생선을 잔뜩 갖고 있고, 닭 한 마리를 구하고 싶어. 이럴 때는 갑과 을이 금세 죽이 맞아 서로 제 것을 상대방과 교환하겠지? 하지만 이렇게 금세 서로 맞아떨어지는 경우는 드물거든!"

그러니까 교환의 불편을 없애려고 돈이 생겨났다는 게다.

이런 설명으로 충분한가? 과연 편리한 교환수단을 찾다 보니 자연스레 돈이 생겨났을까?

첫째, 애덤 스미스의 설명은 '개별 인간(들)이 물자를 교환한다'고 전제하는데, 실제 역사는 그러지 않았다. 원시 사회는 지금처럼 저마다 뿔뿔이 밥벌이를 꾀하지 않았다. 채집과 사냥을 공동으로 했고, 재

---

155. 학자들 중에 정부의 높은 관리(관료)로 진출하는 비율이 가장 높은 데가 경제학이다. 그러니 주류 경제학은 자본주의 경제가 역사적으로 성공 또는 실패하는 데 대해 큰 책임을 져야 한다.

화의 분배도 공동체의 규칙에 따랐다. 요즘 사람들은 '재화(財貨, 인간의 필요를 충족시켜주는 모든 물건)의 자유로운 교환'을 당연한 것처럼 느끼지만 옛날에는 정반대였다. 그것은 (빈부 격차를 낳아) 공동체의 존립을 위태롭게 했으므로 엄격하게 배척됐다. 제 눈에 안경이랬다. 애덤 스미스와 여러 부르주아 경제학자들은 "옛사람들은 요즘과 처지가 너무 달라서 '자유로운 교환'을 오히려 꺼렸겠구나." 하고 역지사지할 성의가 없었다. 당장 돈이 없을 때 물자 교환에 불편을 겪을 사람들은 요즘 사람들이다. 옛사람들은 그럴 일도 없고, 오히려 돈이 그들의 사회질서를 뒤흔들 위험이 높았다.

둘째, 실제 역사에서 보면 돈이 교환수단이 아니라 지불수단이나 계산수단으로서 먼저 생겨났다. 이를테면 요즘도 인도에 '신부 지참금(결혼 때 여자가 남자 집안에 건네주는 돈)' 풍습이 있는데 이것은 그저 갖다 바치는(지불하는) 것이지 무슨 교환이 아니다. 옛 페르시아 제국은 군사물자를 들여오는 데 대한 지불수단으로 쓰려고 돈을 찍었다. 돈은 그 납품업자와 국가 사이에만 주고받았다. 궁전이나 절의 창고를 관리하려고 돈을 찍은 나라도 있었다. 그 돈은 시장에 나오지 않았다.

무엇이 요즘 어떤 구실(기능)을 한다고 해서, 그 구실 때문에 옛날 옛적에 그것이 생겨났다고 지레 넘겨짚어서는 안 된다. 그런 경솔함은 옛 사회를 찬찬히 들여다볼 성의가 없었던 사람의 짧은 생각이다. 처음에는 다른 구실을 위해 생겨났다가(지불수단이나 계산수단), 자유로운 물자 교환이 활발해진 때에 와서야 요즘 같은 구실을 떠맡게 됐다.[156]

요즘 사람들은 돈을 교환과 지불과 계산수단으로만 안다. 손님 갑

---

156. 고병권이 지은 『화폐, 마법의 4중주』(그린비 펴냄) 참고.

순이와 구멍가게 주인 갑돌이가 돈과 물건을 교환할 때에야 물론 그렇다. 그런데 눈길을 넓혀 돌아보면 그것이 하는 더 큰 구실들이 눈에 들어온다. 가장 중요한 것 하나만 짚자면 그것이 국가권력을 지탱하는 도구가 된다는 게다. 옛 제국帝國들도 그랬거니와, 근대 국민국가의 경우도 "화폐 주권(스스로 돈을 찍어낼 권리)"을 기초로 해서 생겨났다. 요즘 유럽연합은 공동으로 '유로'를 찍어내는데 그래서 각 국가(독일, 프랑스 등) 주권의 큰 부분이 유럽연합으로 넘어간 형편이다.

경제학은 사람의 살림살이를 떠맡는 학문이다. 그 학문적 원리에 기초해서 국가와 기업의 살림살이를 어찌 꾸릴지, 방향을 찾는다. 그런데 근대 국가의 지배층이 떠받든 주류 경제학은 위에서 살펴봤듯이 그저 "물자를 얼마나 많이 만들고 얼마나 신속하게 물자 교환을 할까." 하는 눈앞의 관심사만을 품고 있다.[157] '돈'을 그 도구로밖에 헤아리지 않는다. 돈 때문에 나라와 나라가 전쟁을 벌이고, 돈 때문에 숱한 사람들이 제 인생을 절망하고, 돈 때문에 사람과 사람 사이에 벽이 생기는 그런 갖가지 문제들에 대해서는 완강하게 '모르쇠'로 버틴다. 그러므로 돈에 대해 제대로 알려면 (중고교 사회 책에 주로 실려 있는) 그 외눈박이 앎에서 먼저 벗어나야 한다.

돈은 어떤 경로로 생겨나는가?

이 항목에서 훑어보는 이야기는 실제 역사에서 돈이 어떻게 생겼는지 그 앞뒤 흐름을 살피는 이야기가 아니다. 물건을 사고파는 경제

---

157. 경제학 교과서를 주름잡는 '(수요, 공급의) 일반균형이론'은 '돈'이 별다른 구실을 하지 않는다고 속 편하게 밀쳐버리고서 이러쿵저러쿵 떠드는 추상적인(공허한) 가설일 뿐이다.

가 발달하다 보면 어떤 경로로 나아가기 마련이고, 결국에는 사람들이 "돈이 있어야겠구나!" 하는 결론에 다다를 수밖에 없다는 것을 밝히는 이야기다. 역사적 분석이 아니라 이치를 따지는 논리적 분석이다.[158]

(A) 어쩌다가 한두 개를 거래할 때의 간단한 값(=가치) 형태

어떤 사람이 면화 솜을 자아서 무명천(=무명으로 짠 옷감)을 만들었다. 그런데 그는 손재주가 없어서 옷을 만들지 못한다. 저고리를 만드는 사람에게 "우리, 서로 교환하자"고 그랬더니 "무명으로 짠 천(=옷감) 20미터를 주신다면 저고리 한 벌을 드리겠소." 하는 대꾸가 돌아왔다. 무명천 20미터가 저고리 한 벌과 "값이 같다"는 게다. 경제학자들은 '가치'라는 말을 쓰지만 여기서는 더 알기 쉽게 '값'이라는 말을 쓰자.

여기서 무명으로 된 천은 자기 값을 저고리로 표현한다(저고리는 그 값 표현의 재료가 된다).[159] 제1 상품, 곧 무명천은 능동적인 구실을, 제2 상품, 곧 저고리는 수동적인 구실을 맡는다. 무명천은 저고리, 곧 딴 것과 견줘서 값을 얻었다. 그래서 '상대적인 값 형태'에 있다고 말한다. 저고리, 곧 제2 상품은 (무명천의 값을 측정해주는) 등가물로서 구실한다. 저고리는 무명천과 '등가(=같은 값) 형태'에 있다고 한다.

만일 저고리를 가진 사람이 무명천을 만든 사람에게 '교환하자!'고 말을 건넨다면? 그때는 "저고리 한 벌은 무명천 20미터와 값이 같다"고 말해야 한다. 돈을 빌린 사람과 돈을 빌려준 사람이 처지가 다르듯이,[160] 교환을 먼저 제안한 사람과 그 제안을 받아들이는 사람의 처지

---

158. 이 항목은 마르크스가 지은 『자본』 1권 1장의 내용을 간추렸다.
159. 무명천 값을 저고리로 나타낼 때는 "무명천의 저고리 값", 쌀로 나타낼 때는 "무명천의 쌀값"이다.

가 다르다는 얘기다. 이 경우는 저고리가 '상대적 가치 형태'를, 무명천이 '등가물'의 형태를 띤다. 어떤 상품(물건)이 자기 값을 표현하는 상품인지, 아니면 남의 가치를 표현해주는 가치인지를 똑똑히 구분할 일이다.

이 둘은 무엇이 같은가? 딴 예를 든다. 버터산과 개미산 프로필은 서로 다른 물질이다. 그러나 화학적 구성은 $C_4H_8O_2$로 같다. 이와 비슷하게, 저고리와 무명천은 모양도 다르고 쓰임새도 다르다. "생선 10마리는 기관총 한 자루와 값이 같다"고 할 때는 두 물건의 차이가 훨씬 두드러진다. 그런데 무엇이 같길래 값이 같다고 하는 걸까? 길게 말할 수는 없지만 사람의 노동이 들어간 양이 같다(=노동가치설). 고기를 잡는 일(노동)과 총을 만드는 일은 전혀 다른 지혜를 발휘하는 노동이지만 두 쪽의 일꾼들이 흘리는 땀방울의 양(=노동량)은 같다는 것이다.

무명천 20미터를 저고리 한 벌과 바꾸는 교환을 다시 떠올리자. 저고리 그 자체는 남다른 쓸모(=사용가치)가 있는 물체다. 그러나 이 교환의 순간에 저고리는 '값을 표현해주는 물건'일 뿐이다. 무명천에 대하여 저고리가 값을 대표하려면, 무명천에게는 값이 '저고리 모양'을 띠어야 한다.[161] 무명천의 값은 저고리의 물체로 표현된다. 값으로서 무명천은 저고리와 같고, 저고리처럼 보인다. 저고리의 물체는 무명천의 "값의 거울"이 된다.[162] 무명천은 (값을 지닌 물건이요, 인간 노동의 체현물인) 저고리와 관계를 맺음으로써 저고리의 쓸모(=사용가치)를 자기 값

160. "돈을 서서 빌려준 사람이 나중에 무릎 꿇고서 '돌려달라'고 빈다"는 말이 있다. '못 갚겠다'고 배짱을 부리는 사람에게 쩔쩔매는 처지가 된다는 얘기다.
161. 비유 하나. 갑돌이가 갑순이에게 임금으로 숭배되려면 갑순이 눈에 임금이 갑돌이 몸을 갖고 있어야 한다. 임금이 바뀔 때마다 임금 얼굴과 머리카락 등등이 바뀌어야 한다.
162. 사람도 비슷해서, 우선은 다른 사람을 통해 자기를 본다. 홍길동은 (자기와 닮은 것으로 보이는) 임꺽정과 관계를 맺음으로써 사람으로서 자기와 관계 맺는다. 후자는 전자에게 인간족의 현상 형태가 된다.

의 표현 재료로 삼는다. "20미터의 무명천은 저고리 한 벌과 값이 같다"는 등식은, 저고리 한 벌에는 20미터의 무명천에 들어 있는 것과 똑같은 양의 '값의 실체'가 들어 있다는 것, 따라서 양쪽의 상품량은 같은 노동시간을 필요로 한다는 뜻이다.

비유해보자. 사탕 덩어리의 무게를 알아보려고 우리는 양팔 저울의 다른 쪽에 쇠로 된 '추'를 놓는다. 여기서 '추'는 무게만 표시하는 물건으로 쓰인다. 추는 (사탕과 추, 둘에 공통된 자연적 속성인) 무게를 대표하지만, 무명천의 값 표현에서 저고리는 두 물건의 초자연적 속성 곧 그들의 값(=사회적인 것)을 대표한다. 여기서 등가물의 구실을 하는 저고리는 인간 노동(=추상적인 것)의 체현물로 나타나지만 원래는 어떤 쓸모 있는 구체적인 노동의 생산물이다. 그러니까 구체적인 노동이 추상적인 인간 노동의 표현이 된다.

(B) 수많은 물건들로 전개되는, 전체적인 값 형태

사고파는 일이 잦아지면 무명천 20미터를 갖고서 저고리 한 벌과만 맞바꾸는 게 아니라, 딴 수많은 물건들과도 교환한다. 이를테면 홍차 10그램과도, 커피 40그램과도, 보리 한 포대와도, 쇳덩이 한 개와도! 이 여러 물건들은 다 무명천의 값의 거울(등가물)이 된다. 이제야 '값의 실체'라는 것이 (어느 일에서나 똑같이 발견되는) 땀방울, 곧 추상적인 인간 노동의 응고물로 드러난다. 무명천은 자기의 '값 형태'를 통해 상품 세계 모두와 관계를 맺는다. 여기서 우리는 무명천의 값이 그것을 나타내는 여러 물건들의 특수한 쓸모와는 아무 관련이 없음을 알게 된다. 무명천 20미터는 처음에는 우연히(어쩌다가) 저고리 한 벌(두 벌이 아니라!)과 맞바꾼 것으로 보일 수도 있겠지만, 이제는 교환 비율에 어떤 원칙(=추상적 인간 노동의 양)이 들어 있음이 드러난다.

(A)의 개별적인 값 형태가 교환이 갓 싹튼 초기 단계를 반영한다면 (B)의 전체적인 값 형태는 어떤 노동생산물(예컨대 가축)이 널리 다른 상품들과 교환되는 (그것이 관습이 된) 단계를 반영한다.

(C) 일반적인 값 형태

그런데 "무명천 20미터=저고리 한 벌, 무명천 20미터=홍차 10그램"의 등식은 그것을 뒤집어놓은 다음의 등식도 암시한다. "저고리 한 벌=무명천 20미터, 홍차 10그램=무명천 20미터." 이것은 앞서 (B)의 모양을 뒤집은 것이다. "저고리 한 벌이든, 홍차 20그램이든, 커피 40그램이든, 보리 한 포대든, 아니면 쇳덩이 한 개든 너나없이 무명천 20미터와 값이 같다!"

갖가지 상품들은 이제 자기의 값을 단순하게(=단 하나의 상품으로!), 통일되게(=똑같은 상품으로!) 표현한다. 무명으로 만든 천으로! 이 단계에서는 어떤 상품이든 무명천과의 동등성을 통해 자기 값을 표현한다. 이 형태가 비로소 상품들을 값으로서 서로 관련짓고, 그것들로 하여금 서로 간에 교환가치로 나타나게 한다. 무명천이 모든 것의 등가물이 됐다.

일반적인 값 형태는 상품 세계 전체의 공동 사업이다. 어느 상품 하나가 자기 값을 일반적으로 표현할 수 있는 것은, 다른 모든 상품이 자기 값을 똑같은 등가물로 표현하기 때문이고, 새로 등장하는 어떤 상품이라도 꼭 그렇게 하기 때문이다. 상품들의 '값 형태'는 사회적으로 인정되기 때문에 가능하다.

모든 상품이 무명천과 동등해지는 이 형태에서는, 모든 상품이 질적으로 동등한 것(곧 가치 일반)으로 나타날 뿐만 아니라 그 양volume을 견줄 수 있는 '값의 양'으로서 나타난다. 이를테면 홍차 20그램이 무명천 20미터와 값이 같고, 커피 40그램이 무명천 20미터와 값이 같을 경우, 홍차 10그램과 커피 40그램도 서로 같다. 커피 1그램에는 값의 실체인 노동이 홍차 1그램에 들어 있는 것의 4분의 1뿐이다.

상품 세계에서 떨어져 나온 무명천은 '일반적 등가물의 성격'을 띤다. 무명천이라는 물건은 온갖 인간 노동의, 눈에 보이는 화신化身이요, 온갖 인간 노동의 사회적 번데기 상태로 간주된다. 베 짜기(=무명천을 만들어내는 개개인의 노동)는 동시에 일반적인 사회적 형태(곧 다른 모든 노동과 같다는 형태)를 얻는다. 그런데 무명천이 그렇게 '일반적 등가물'이 될 수 있는 비결은 다른 모든 상품이 등가물 자격을 잃어버렸기 때문이다. 그럴 때에만 무명천이 남다른 존재로 올라설 수 있다.

(D) 돈(=화폐) 형태[163]

사람들이 어떤 상품 하나를 '일반적 등가물'로 쓰기로 확정하는(=그것이 관습이 되는) 순간, 그것은 '돈(=화폐)'으로 구실하기 시작한다. 그것만이 등가물의 구실을 독점하는 특권적인 지위에 오른다. 같은 나라 안에서 임금이 둘일 수 없듯이 돈(화폐) 구실을 하는 것도 둘일 수 없다. 역사에서는 그것이 금金이다. 한때는 조개나 양가죽, 쌀이 그런 비슷한 구실을 했지만 곧이어 금이 그 구실을 도맡는다. "무명천 20미터든, 저고리 한 벌이든, 홍차 10그램이든, 커피 40그램이든, 보리 한 포대든, 쇳덩이 한 개든 죄다 금 2온스와 값이 같다!" 여진족 동네에서

---

163. 물리학은 갖가지 물체가 그 특성이 어떠하든 기하학 공간 속에서 움직이는 추상적인 운동을 관념으로 잡아낸다. 그런데 물리학이 '추상적 운동'을 잡아내기 이전에 인류는 시장에서 벌어지는 (서로 질적으로 다른) 물자들의 교환 행위를 통해 '추상적 운동'의 개념을 터득했다. '추상화'는 시장의 사회적 효과 속에서 이미 작동했다. 옛사람들은 '분량'의 관념도 '돈'을 통해 익혔다. 어떤 물건이든 다 '돈 얼마치의 값을 지녔다'고 새긴다. 지젝의 『이데올로기라는 숭고한 대상』 42쪽 참고.

무예를 뽐내며 골목대장 노릇을 하던 이성계가 어느 날 새 나라 '조선'의 임금으로 등극하듯이 금도 어느 땐가 모든 상품에 대해 값을 매기는(=딴 상품들과는 신분이 다른) '일반적 등가물'로 등극하게 됐다. 전자의 등극 날짜가 분명한 반면, 후자의 등극은 서서히 진행된 일이라 언제인지를 또렷이 밝힐 수 없다는 것이 다르다.

여태껏 진행돼온 과정을 돌아보자.

(A) 어쩌다가 한두 개를 거래할 때의 간단한 값(=가치) 형태 → (B) 수많은 물건들로 전개되는, 전체적인 값 형태 → (C) 일반적인 값 형태 → (D) 돈(=화폐) 형태

지금 인류는 화폐 경제에 깡그리 포섭되어 있다. 그런데 돈이 어느 날 갑자기 마른하늘의 날벼락처럼 들이닥친 것이 아니다. 처음 갑순이와 갑돌이가 무명천 20미터와 저고리 한 벌을 맞바꾸기로 서로 합의했을 때에 이미(!) '돈'의 싹이 들어 있었다. "자기 것이 얼마나 값진 것인지 알려줄 등가물이 꼭 있어야겠소? 이놈, 저놈, 다 등가물로 시원찮소? 그러면 제일 튼튼한 놈 하나를 뽑아 그놈에게만 값 판정권과 교환 독점권을 줍시다!" 바늘 도둑이 소 도둑 되듯이, 살림살이에서 일단 '등가물'을 필요로 하는 순간, 그 발전의 끝에는 모든 상품들의 신이 기다리고 있다.

일찍이 그리스의 철학자 아리스토텔레스(기원전 384~322년)가 이미 이를 꿰뚫어 봤다. "침대 다섯 개가 집 한 채와 같다"고 말하는 것은 "침대 다섯 개가 얼마쯤의 돈과 같다"고 말하는 것과 다르지 않다는 게다. 집과 침대는 모양과 냄새와 촉감이 서로 다른데 무엇인가 질적으로 같기 때문에 서로 비교되고 교환된다. 그는 "동일성(서로 같은 점)

없이는 교환이 벌어질 수 없고, 그 동일성은 측량의 공통성 없이는 있을 수 없다"고 덧붙였는데, 그 동일성의 내용(=어느 상품에든 들어 있는, 사람의 땀방울)이 무엇인지는 더 파헤치지 못했다.[164]

간추리자. 사고파는 시장경제 속에 있는 물건(곧 상품)에는 서로 맞서는 두 면, 곧 쓸모(=사용가치)와 값(=가치, 교환가치)이 들어 있다. 자급자족 경제에는 물건 '값'이 없다. 사회적으로 인정된 것으로서 '값'은 교환에 들어갈 때에만 생겨난다. 두 상품, 곧 무명천과 저고리가 서로 교환될 때, 상품 속에 들어 있는 모순(=쓸모와 값의 내적 대립)이 밖으로 드러난다. 자기 값을 나타내야 할 무명천은 쓸모의 모습만 띠고, (무명천의 값을 나타내줘야 할) 저고리는 값(=교환가치)의 모습만 띤다. 이 두 물건이 저마다 쓸모와 값을 대표하여 서로 맞선다. 상품경제의 싹이 이것이다. 사람이 만든 물건은 언제 어디서나 '쓸모'를 갖지만, '값(=이 물건에는 얼마쯤의 땀방울이 들어 있다는 표시)'을 갖는 것은 시장경제가 발달한 요즘 들어와서다.

돈은 물건이 아니라 관계다

옛날 돈은 무겁고 반짝반짝 빛났다. 엽전 만 냥이라면 노새(당나귀) 서너 마리에 실어서 날라야 할 만큼 무거웠다.[165] 유럽의 금화는 노오

---

164. 그는 '모든 노동이 질적으로 같다'는 생각(=노동가치론)을 끌어낼 수 없었는데, 그때 그리스가 노예노동의 덕을 봤고, 그러려면 '사람은 같지 않다'는 이데올로기를 맹신해야 했기 때문이다.
165. 청동으로 만든 동전. 중국은 한나라 때부터 나왔으나 우리는 1680년대~1900년 무렵까지 유통되어 봉건사회를 무너뜨리는 데 한몫했다(상평통보). 고려와 조선 초기에 나온 엽전은 별로 쓰이지 못했다.

란 빛이 나서 값진 느낌을 풍겼다. 금과 (엽전의 재료인) 구리는 광물이다. 지폐 곧 종이돈은 중국 송나라(960~1280) 때 처음 나왔고 유럽은 17세기부터 나왔으나 본격적으로 쓰이기는 18~19세기부터였다. 종이돈이라 하지만 요즘은 면섬유나 플라스틱으로 만든다. 아무튼 지폐는 물건이라 하기 어렵다. "이 종이에 적힌 만큼 금과 바꿔주겠소." 하는 금 지불 증명서일 뿐이었다. 게다가 20세기 말에 금본위 제도가 없어진 뒤로는 더더욱 숫자를 적어놓은 종이 쪼가리(국가 지불 보증서)에 불과하게 됐다. 더구나 전자화폐가 나온 뒤로는 "돈이 물건"이라는 주장이 오히려 낯선 주장이 됐다. 컴퓨터 기억장치 어딘가에 그 숫자가 들어 있을 뿐이니, 손으로 만져볼 수도 없다. 돈은 이제 관념이요, 어쩌면 유령과도 비슷하다.

예전에 금이 돈으로 구실하던 때에, 학자들은 "왜 금이 돈이 됐을까? 오래 돼도 변하지 않는 것이라서? 잘 구부러지고 쉽게 가공되는 뛰어난 성질의 금속이라서?"라고 입방아를 찧었는데 터무니없는 추론은 아니었지만 부질없는 짓이었다. 비유를 하자면 "저 사람이 왜 왕일까? 얼굴이 잘생겨서? 주먹 힘이 세서?"라고 묻는 것이나 마찬가지다. 제비뽑기를 해서 어떤 못생긴 돌이 돈이 될 수도 있고, 두뇌지능IQ이 두 자리 숫자인 사람이 임금이 돼도 괜찮다. 무엇인가가 '돈' 노릇을 하면 되고, 누군가가 곤룡포(임금이 입는 옷)를 입고 옥좌에 앉아 있기만 하면 된다.

왜 사람들이 왕을 필요로 하고, 왜 어떤 것에다가 '돈 구실을 하라!'고 임무를 맡기는지를 헤아리는 것이 세상을 제대로 알아가는 공부다. 그런데 세상의 겉모습만 보는 사람들은 금이 원래 그렇게나 값진 것이라서 '돈'으로 태어났다고 여긴다. 마치 이성계가 원래 고귀한, 하늘에서 내려온 신분이라서 조선의 임금이 된 것처럼 말이다. 그가 활쏘기를 잘하고, 좀 대담하긴 했어도 동료 장수들과 별로 다를 것 없는 사람인데도. 동료들이 그를 뽑아줘서 왕이 됐을 뿐인데도.

옛날에도 돈을 싫어하는 사람이 많았다. 돈 없는 사람을 너무 주눅 들게 하기 때문이다. 셰익스피어가 쓴 희곡 「아테네의 티몬」에는 "에이, 이 망할 놈의 물건아! 인류 공동의 창녀야!" 하고 돈을 저주하는 대목까지 나온다. 어찌 하면 이놈을 없애버릴까, 하고 생각한 사람이 동서고금에 수두룩했다(이 얘긴 다음 항목에서 덧붙인다). 그런데도 여태 껏 돈이 세상을 활개 치고 있다. 왜 그러한가?

돈이 무슨 물건이라면 콱 없애버리는 것도 쉽다. 그런데 요즘은 누구나 '돈'이 컴퓨터에 입력된 숫자일 뿐이라는 사실을 안다. 돈이 시스템(체제)이나 네트워크(연락망)에 가깝다는 얘기가 상식이 됐다. 두 낱말 다 '여러 구성 요소들이 서로 (위계적으로든, 수평적으로든) 관계를 맺는다'는 뜻이다.

앞서 마르크스는 (갑순이와 갑돌이, 단 두 사람만이 서로 물건을 맞바꾸기로 의논하는) 개별 물물교환에 이미 '돈'의 싹이 들어 있다고 했다. '쓸모'를 지닌 쪽과 '값 매기기 구실'을 떠맡은 쪽의 대립 속에서 "무엇인가를 '돈'으로 만들자!" 하는 사회적 요구가 싹트기 시작한다. 나라를 하나로 묶어주는 왕이 따로 필요하듯이, 어떤 물건에 대해서든 값을 매겨주는 심판관이 '따로' 필요하다는 생각이다. 물건의 값은 그 물건 속에 들어 있는 게 아니라 딴 물건들과 관계(거래)하는 방식을 나타낸다. 값, 곧 가치는 교환가치와 거의 같은 낱말이다. 처음에는 그 심판관 구실을 조개, 양가죽, 쌀…… 이 맡기 시작했다. 그러다가 금이 떠올랐다. 금은 위대한 금속이라서 돈이 된 게 아니고, 사람들이 '돈'으로 모셔주기로 작정했기 때문에 돈 노릇을 할 뿐이다. 요즘은 '그럴 필요가 없다' 싶으니까 돈으로 별로 대접해주지도 않는다.

돈은 일반적 등가물의 자리를 차지해서 상품교환 '관계'와 떼려야 뗄 수 없는 사이므로, 돈을 없애려면 그 돈으로 교환을 이어주는 상품 경제를, 곧 사고파는 일 자체를 그만둬야 한다. 거꾸로, 자본주의 시장경제를 벗어나 인간적인 대안 경제를 추구하려면 자본과 상품뿐만 아니라 그것들을 굴려주는 돈도 제멋대로 설치지 못하게 만들어야 한다. 물론 '왕 제도(!)'를 없애는 게 쉬운 일이 아니었듯이(프랑스혁명 때 유럽 보수 세력은 밑바닥 민중이 루이 16세 임금의 목을 치고 침을 뱉은 사건에 엄청난 심리적 충격을 받고 그에 반격하는 동맹을 맺었다), 돈을 없애는 게 그렇게 쉬운 일이 아니라는 사실도 잠깐 덧붙인다.

돈을 멀리해온 인류 역사

옛(=근대 이전) 사회에는 4민四民이 있었다. 사농공상土農工商이 그들이다. 그 가운데 장사치는 가장 변변찮은 일거리, 곧 말업末業으로 치부됐다. 상업이 지나치게 발달하면 농경 공동체 사회의 기초를 흔들 수 있기 때문이다. 박지원의 「허생전」에서 허생은 부자 변씨에게 "만금으로 물건을 사재기하는 것은 백성을 해치는 방식이므로 삼가야 한다"고 일러준다.[166]

유럽은 어땠는가? 셰익스피어의 희곡 「베니스의 상인」(1600년 작품)에는 악독한 유대인 장사치 샤일록이 주인공 안토니오의 살 1파운드를 담보로 잡고 3,000두카트(그때 그곳의 화폐단위)를 빌려주는 얘기가

---

166. 그러니까 「허생전」을 상업을 장려하는 섣부른 뜻보다 백성 살림살이를 일으키자는 경세제민經世濟民의 넓은 뜻으로 독해할 일이다. 그때 조선은 중상주의 사상이 일어날 형편이 아니었다.

나온다. 이 희곡은 대중의 눈먼 통념을 등에 업고서 유대인을 악당으로 비난한 셈인데 아무튼 "장사(상업)라는 것은 이렇게 못된 짓도 서슴지 않는 것"이라고 호되게 비판한다. 실제로 중세 유럽의 교회는 "돈 빌려주고 이자를 받아먹는 것은 나쁜 짓"이라고 시시때때로 고리대업자(돈놀이꾼)을 비난했다. 일찍이 아리스토텔레스로부터 중세의 신학자 토마스 아퀴나스(1224~1274)까지, 너나없이 "돈이 돈을 낳는 것은 자연을 거스르는 일"이라고 장사치들에게 엄중한 경고를 보냈다.

이렇듯 돈과 장사를 경계한 것은 꼭 동아시아만의 일이 아니요, 중세 때만의 현상도 아니요, 근대 이전에는 어디나 보편적인 태도였다. 이를테면 옛 미개 사회에는 빅맨Big Man 제도가 있었다.[167] 어느 공동체든 다른 공동체와 교역, 곧 교통交通하고 무역貿易을 할 필요가 있었지만 마을 안에 돈이 흘러드는 것은 공동체를 뒤흔들 위험이 높았다(순박했던 중국 만주 땅 연변 농촌마을이 자본주의 남한 경제와 관련을 맺은 뒤로 다들 돈맛을 알게 돼서 산산조각 난 것을 봐라).

그 딜레마(=진퇴양난)를 풀 길은 '돈이 돌아다닐 곳'을 한정 짓는 것이다. 그래서 어느 부족사회 지역에서는 빅맨만이 딴 데와 교역을 하고, 돈을 만지게 했다. 자연히 빅맨이 권력의 우두머리가 됐다. 빅맨은 장사 얘기를 할 수 있었지만, 나머지 사람들은 장사(돈) 얘기를 입 밖에 내서는 안 되었다. 고대 사회부터 돈(=화폐 형식)과의 싸움이 시작됐다.

돈과 관련해 가장 오래된 유럽 전설은 그리스의 미다스 왕 이야기다. 손을 대면 모든 것이 금으로 바뀌는 놀라운 재주를 지닌 사람이니 요즘 같았으면 세계 모든 나라의 왕쯤으로 떠받들었을 것이다. 그

167. 이마무라 히토시가 지은 『화폐 인문학』(자음과 모음 펴냄) '에필로그' 참고.

러나 돈독이 오른 사람을 몹시 멸시했던 그 옛날에는 미다스가 신들의 노여움을 사서 그렇게 된 것으로 전설이 만들어졌다. 인류 대부분이 생산력 낮은 농업으로 먹고살던 그때에 그리스는 상업 발달 덕분에 선진 문명을 일구었지만 그 몇 안 되는 상업 민족을 대부분의 농업 사회가 경계했을 터이고, 미다스 전설은 그렇게 경계하는 생각을 담고 있다.

리디아(그리스 동쪽의 고대 국가)는 유럽에서 처음 금화, 은화를 만든 나라다. 기원전 600년 무렵, 기게스 왕 때다. 기게스 왕은 첫 참주(僭主, tyrannos)이기도 했다. '참주'란 쿠데타(반란)로 정권을 잡아 억압 통치를 벌인 권력자를 가리키는데, 그 겉뜻으로 보아 부정적인 존재 같지만 꼭 부정적으로만 볼 수 없는 면도 있다.[168] 기게스는 억압적인 군주tyrant이자, 돈을 찍어낸 국가 통치자다.[169] 이 둘은 서로 무관하지 않다. 옛 귀족 지배를 몰아내고 난폭하게 들어선 임금이라야 돈을 찍어낼 수 있다! 돈은 많은 사람들에게 낯선 것이었으므로![170]

헤로도토스(기원전 480~420년, 유럽의 첫 역사가)가 전하는 기게스의 전설을 들어보자.

리디아 왕 칸다울레스는 잘생긴 아내(=왕비)가 자랑스러웠다. 제 오른팔 기게스에게 왕비의 알몸을 직접 보고 그 미모를 느껴보라고

---

168. 참주의 지지 기반은 주류 사회 바깥의 불만 세력일 때가 많았다. 지배층에게는 '미운 털'이지만, 피지배층에게는 '정권 교체'가 그들에게 변화의 여지를 만들어준다. '민주화'의 계기가 될 수도 있다.
169. 유럽의 17~18세기 절대주의 국가가 신흥 부르주아의 협력으로 컸듯이, 그리스의 참주도 귀족 아닌 장사치들의 지원으로 쿠데타를 벌였을 것이다. 참주의 집권은 지배층 내 균열의 표현이다.
170. 불과 백 년 전만 해도 민중이 돈을 드물게 만졌다. 그래서 "시장에 '돈을 사러' 간다"고 말했다.

명령했다. 기게스는 어쩔 수 없이 숨어서 그녀가 옷 벗는 모습을 지켜봤다. 인기척을 느낀 왕비가 기게스를 불러서 "왕을 죽여서, 내가 받은 모욕을 갚아달라"고 명령한다. 기게스가 왕을 죽이고 새 왕이 됐다.

플라톤(기원전 428~348년)은 이렇게 전한다.

양치기 기게스가 지진이 끝난 뒤에 생긴, 땅의 갈라진 틈에서 속이 빈 청동 말을 발견했다. 그 속에 들어 있던 시체의 손가락에서 황금 반지를 빼내 제 손가락에 끼었다. 그랬더니 반지 고리를 안으로 돌리면 제 모습이 보이지 않았고 바깥으로 돌리면 제 모습이 보였다. 기게스는 왕비와 정을 통한 뒤 둘이 짜고서 왕을 죽이고 새 왕이 됐다.

왕비는 기게스에게 죄를 저지른 곳(=자기를 숨어서 엿본 곳)에서 왕을 죽이라고 명령했다. 이는 "눈에는 눈, 이에는 이"로서, "받은 만큼 갚아라!"라는 증여gift 경제의 법적 표현이다. 물건을 사고팔지 않았던 옛 사회는 선물을 주고받는 '증여 경제'로 굴러갔는데, 옛 선물(또는 증여) 경제는 자본주의 아닌 대안 사회를 그려내는 데에 참고삼을 대목이 많다.

왕은 사람들 앞에 자기 것(=왕비의 몸)을 드러내서 제 권력을 뽐냈다. 반면에 기게스는 제 몸을 숨겨서 엿본 덕분에 왕을 죽이고 왕비를 차지했다. 권력power의 성격이 달라졌다. '반지'는 돈을 비유한 것인데 기게스에게 제 몸을 숨기는 힘을 줬다. 요즘도 큰돈을 움켜쥔 사람(재벌, 독점자본)이 세상을 쥐락펴락하지만 삼성의 이건희(이재용)이든, 마이크로소프트사를 만든 빌 게이츠든 여간해서는 TV 앞에 제 모습을 드러내지 않는다. 돈의 힘은 보이지 않게 작용한다.

그 시절에 기게스 얘기는 놀라운 것이었다. 왕을 몰래 죽이는 것도 용서받기 어려운 일이었거니와, 돈도 평범한 교환수단이 아니라 무엇이든 욕망하는 것은 죄다 가져다주는 '마법 같은 부적charm'으로 사람들에게 비쳤다. 그 시절에 '참주'들이 나온 것도, 낯선 돈이 생겨난 것도 불길한 시대 변화로 느껴졌다.

세계 어디서나 돈은 경계 대상이었다. 기독교 성경에는 화폐경제를 부정하는 얘기가 많다. 옛 그리스에 시장이 발달했다지만 요즘 같은 '자유' 시장이 아니다. 폴리스(정치 공동체)가 엄격하게 부과하는 갖가지 규칙에 따라야 장사할 수 있었다. 요즘처럼 제멋대로 아무 불량품이나 다 팔아먹는 장사꾼이 그때 있었더라면 당장 붙들려가서 독배를 마셨을 것이다.

왜 사람들이 돈을 경계했을까? 돈이 공동체를 무너뜨리고, 오랫동안 더불어 살아온 사람들을 뿔뿔이 갈라놓기 때문이다. 조선시대에 농민들 사이에는 '두레'라는, 서로 품앗이를 해주는 공동 노동 풍습이 있었다. 그런데 그 마을에 저 혼자 제법 돈을 번 사람이 있다고 치자. 머슴도 부려가며 큰소리치게 된 그는 이웃 사람과 서로 도와가며 일해야 할 이유가 없어졌다. 돈이 제법 많아서 이웃에게 돈을 빌려줘 이자도 받아 챙기는 등, 행세깨나 하는 사람이 됐다. 돈이 많으니, 돈 없는 사람을 우습게 본다. 돈이 동네 민심을 각박하게 만든다.

그렇다고 돈이 꼭 나쁜 구실만 했던 것은 아니다. 신분과 가문(집안)에 따라 위아래가 엄격하게 나뉜 중세 사회에서 돈은 사람 사이를 평등하게 해주기도 한다. 상민常民이라도 열심히 일해서 재산(돈)을 좀 모았다면 양반네를 크게 부러워할 것 없다. 물론 상민(농민)들 대부분은 몰락해서 흥부 신세가 됐고 일부만이 놀부처럼 호강했지만 말이다. 유럽에서는 그렇게 재산을 모은 평민(곧 부르주아)들이 공부를 해서 과학을 싹틔우고, '신분 차별'에 대한 분노를 키워서 근대 시민혁명을 일으키는 데에 한몫하기도 했다. 아직 '돈'이 온 세상을 휩쓸기 전에는 돈이 세상의 신 노릇까지 넘보지는 않았으니 그 시절의 돈에 대해 꼭 흑백론의 눈길로 볼 것은 아니다. 돈이 공동체 사회를 금 가게 한 것은 안타까운 일이지만, 신분 사회의 붕괴를 도운 것은 바람직하니까 말이다.

그런데 신분 사회(또는 봉건제도)가 무너진 뒤[171] 그러니까 유럽의 경우 14~15세기에, 딱히 더 바람직한 사회질서는 뚜렷이 생겨나지 못했다. 무식하고 탐욕적인 부르주아들(가령 노예상인들)이 이 빈틈을 타서 사회 주도 세력으로 점점 행세하게 됐고 그래서 세계는 자본주의 시대, 다시 말해 돈이 저 혼자 행세하는 시대로 차츰차츰 접어들었다.

덧대기
돈은 좁은 공동체들을 다 무너뜨리고 사회 전체를 시장market으로 연결해준다. 시장경제 밑에서 사람들은 저마다 뿔뿔이 사적으로 생산하지만 돈을 통해 시장 곧 사회 전체와 연결되므로 사회적 생산이기도 하다. 그런데 근대 사회를 '화폐 공동체'라 부르는 사람도 있는데 이 낱말은 조심해야 한다. 화폐가 서로를 평등하게 이어주는 것이 아니라서. 화폐 '공동체'라는 말은 비유에 가깝고. 옛 공동체와 화폐 공동체는 같은 공동체가 아니다.

아무튼 화폐 경계론의 흐름이 줄곧 이어지다 보니 '화폐를 없애자!'

---

171. 유럽의 경우 14~15세기 때다. 예전 학자들은 그러고서 자본주의가 곧장 들어왔다고 지레 짚은 사람이 많았는데 실제로는 한동안 별다른 지배질서 없이 밑으로부터 역동적인 사회 흐름이 만들어졌다. 그때의 인류가 더 성숙했더라면 자본주의에 빠지지 않고 더 건강한 대안 사회를 만들어갔을 것이다. 일본도 그때의 사회가 임진왜란을 일으킨 도요토미 히데요시 이후의 시대보다 더 진취적이었다.

는 얘기도 이따금 심심치 않게 터져 나왔다. 예컨대 프랑스의 사회사상가 프루동(1809~1865)은 "돈 대신 노동 전표ticket를 쓰자!"고 했고 20세기 말에도 여러 사람이 서로 일손을 교환하는 품앗이 수단으로서 '지역 화폐'를 쓰는 실천이 여러 군데서 벌어졌다. 이 주제는 당장 결론을 내리기가 까다로운 주제다. 글쓴이는 '돈을 없애는 것이 꼭 필요하고 또 가능하다'는 생각이지만 원칙론적인 앎이 그렇다는 것이고, 더 자세한 토론을 벌일 지혜를 갖고 있지는 못하다(누구라도 그렇다). 대부분의 민중에게 그런 쪽으로 가겠다는 승낙을 얻어낸다 해도 그 일을 눈앞의 구체 현실에서 어떻게 풀어가야 하고 어떤 어려움을 극복해내야 할지, 우리에게 다가들 연구거리가 무척 많다. 인류가 두고두고 씨름해야 할 과제다. 그동안 나왔던 대안들도 더러는 참신하지만 더러는 눈길이 좁고 현실성 없는 제안이었다. 이를테면 프루동처럼 '돈을 없애자!'면서 '상품경제를 없애자!'는 얘기는 꺼내지 않는 경우, 이는 마치 가톨릭교회를 그대로 둔 채 교황 벼슬만 없애자는 제안처럼 현실을 바꿔낼 힘을 도무지 키울 수 없다.

물건(상품)이 장땡이냐, 돈이 광땡이냐?[172]

앞서, 유럽의 고전파 경제학 얘기를 했다. 『국부론』[173]을 쓴 부르주아 경제학의 아버지 애덤 스미스는 '돈'에 대해서는 별로 깊이 숙고하지 않고, 공장을 어찌 돌릴지만 주로 궁리했다.[174] 물론 그때는 공장

---

172. 일본에서 들어온 놀이인 화투 섰다판에서 쓰는 말. 둘 다 끗발이 높지만 38광땡이 더 높다.
173. 원래 제목은 An Inquiry into the Nature and Causes of the Wealth of Nations.

들(공업 생산)이 갓 생겨나던 자본주의 초창기라, 그것의 본질을 밝혀 낸 것만도 훌륭한 학문적 업적이기는 하다. 우리가 누구를 비판할 때는 그와 관련해 말하지 않은 대목, 다시 말해 그에게서 비판거리로 끄집어내지 않은 대목에 대해서는 '별 잘못이 없다'고 본다는 뜻이다. 남의 비판을 감당하지 못하는 사람은 누가 제게 무엇 하나 꼬집기만 해도 그가 저를 '깡그리' 부정하는 줄 알고, 그를 마치 적군enemy 대하듯 한다. 잠깐 노파심에서 덧붙였다.

왜 그가 '돈'에 대해서는 깊이 들이파지 않았을까? 아직 돈(=자본)이 낳는 폐해가 심각하지는 않은 시절이라서 그것을 오래 들여다볼 생각이 나지 않았겠지. 혹시 오래오래 들여다봤더라면? 옛날 인류 초창기의 돈과 산업혁명 시절의 돈이 서로 그 개념이 많이 달라졌구나, 하고 헤아렸을 것이다. 원시인들은 '돈'에 사람의 영혼이 붙어 있다고 믿었다. 그러므로 원시인들은 돈을 갖고서 (남의 눈에 피눈물이 나게 할) 장난질을 치지 않는다. 자본주의를 '마귀'로 여기는 민중을 만나, 제 경제학 이론이 무엇이 허술한지 반성도 했을 것이다.[175]

'돈이 무엇인지' 따지다 보면 '그 돈이 어디서 왔지?' 하는 궁금증도 생기기 마련이다. 지금 공장을 짓는 데 들어가는 그 돈이 대관절 어디서? 그러면 대뜸 마음이 불편해진다. 그 돈은 아메리카 대륙의 숱한 선주민을 죽이고 갈취한 금덩어리였을 게다. 그 돈은 아프리카 흑인에게 마구 채찍을 휘둘러 그들의 땀방울과 피눈물을 짓짜낸 돈이었을

174. 스미스는 돈을 잘 몰랐지만 그래도 부富와 돈을 구분할 줄은 알았다. "돈이면 다가 아니야!" 어느 나라가 돈이 많다고 부유한 나라는 아니다. 요즘처럼 돈을 멋대로(끝없이) 찍어대는 시대엔 그게 상식이 됐는데, 금본위 제도 밑에서 상업(무역)만 발달했던 중상주의 시대엔 그런 구분을 하지 못했다.
175. 가령 대기업의 횡포에 짓눌리는 중소 하청업체나 대형 쇼핑몰이 들어서는 바람에 문 닫는 구멍가게는 '있는 놈이 없는 놈을 죽이는 짓거리'가 얼마나 흉악한지 몸으로 느낀다.

게다. 그 돈은 영국의 숱한 농민들을 농촌 밖으로 내쫓고 양떼를 들여다가 긁어모은 돈이었을 게다(인클로저). 이 폭넓은 생각거리를 다 외면하고 제 관심을 공장 하나에 가둔 것이니, 이미 그 이론은 바탕이 비좁다.

어쨌거나, 애덤 스미스를 비롯한 부르주아 주류 경제학은 물건 생산의 안위만 주로 살폈다.

"아무 걱정 말고 생산해내기만 해라! (시장의) 보이지 않는 손이 너희, 상품들의 안전한 교환을 보장해주리라!"

자본주의가 잘나가던 때에는 스미스만 믿고 살아도 됐다. 공장이 잇따라 들어서고, 만들어진 공산품이 해외 식민지와 신식민지 나라들에 무진장 팔려나가던 때에는 자본가들이 돈의 형편을 거들떠보지 않아도 됐다. 미국이나 한국에서 땅값이 몇십 년간 계속 치솟던 때에도 문제는 불로 소득(=거저 얻는 돈)을 누리게 해줄 금싸라기 땅을 언제 얼마나 재빨리 차지하느냐였지, 돈값이 오르느냐/내리느냐가 아니었다. 경제성장률이 높이 치솟던 때에는 공장을 돌리든, 부동산 투기를 할 요량으로 땅을 사든 얼마든지 빚을 잔뜩 내서 해도 됐다.

그런데 자본가는 잔뜩 생산해대고 서민 대중은 지갑이 말라붙어서 소비할(=상품을 살) 용기를 내지 못할 때, 어느 날 갑자기 '공황panic의 폭발'이라는 사단이 난다. 1929년의 대공황이 그랬고, 2008년에도 금융위기의 형태form로 세계 대공황이 찾아오셨다. 그래서 어디에도 물건 팔 데가 없어서 여기저기 딴 공장들이 문 닫기 시작하면 '(남에게) 받을 돈'이 곳곳에서 펑크가 나고, 내 공장에는 '(남에게) 갚아야 할 돈 명세서'가 날아든다. 예전에는 돈이 장부 위에 적힌 숫자일 뿐이었고, 얼마든지 미뤘다가 훗날 갚아도 되는 돈이었고, 여의치 못하면 다시 은행에서 돈을 꿀 수도 있었는데 이제는 어느 것 하나라도 제때

반드시 갚지 않으면 탈이 나게 됐다. 돈이 굴러가지 못하면 자본주의가 무너질 위험에 빠지고, 기독교에 비유하자면 세상의 종말이 다가온다.[176]

이럴 때에는 어떤 상품도 돈을 대신할 수 없다. 쇼윈도를 화려하게 장식했던, 얼마든지 비싸게 값을 불러도 됐을 명품 가방도 이제는 아무짝에도 쓸모없는 한갓 넝마로 둔갑한다. 어떤 상품이든 (거의 팔리지 않으므로) 돈 앞에서 빛을 잃는다. 엊그제만 해도 부르주아들은 호경기에 도취되어 "돈? 그까짓 거, 우습지요. 노트북에 계속 고쳐서 적어 넣는 숫자일 뿐이지요. 우리가 만든 상품들이 다 돈인데요, 뭐!" 하고 자기 공장의 재고품을 자랑했다. 그것은 물건이 잘 팔릴 때 얘기다. 이제 공장이 멈춰 서면 어디서나 돈만이 상품이고, 돈을 쥔 사람만이 행세한다. 사슴이 신선한 물을 구하려고 애태우듯이 부르주아의 영혼은 오직 하나뿐인 부富, 곧 돈을 갈망한다. 사람들은 돈이 없어서 울부짖고, 돈이 세상 만물의 사형 집행자가 된다. 이렇게 상품과 그 값형태인 돈 사이의 대립이 천사와 악마의 대결처럼 절대적인 모순으로까지 격화된다.

왜 공황이라는 사단이 났을까? 자본가들은 빚을 왕창 내서 공장을 짓는다. 더 싸고 좋은 물건을 내놔서 같은 동료 업체들을 눌러야 제가 시장을 독점할 수 있어서다. 자동차가 지구촌에서 해마다 100만 대밖에 팔리지 않는데 이놈, 저놈이 다 백만 대를 만들어낼 공장을 짓는다. 판매가 가능한가? 딴 업체가 다 죽으면 가능하다. "우리 것은 팔릴 거야." 하고 믿고서 공장을 돌린다. 팔릴지 안 팔릴지 지금 알 수 없는데, 팔릴 것이라는 믿음(신용, 신앙)을 갖고서 일을 저지른다. 이따금

---

176. 실제론 자본주의가 끝나는 것이지 세상이 끝나는 게 아닌데, 세상의 끝인 줄 여기는 사람이 많다.

그 믿음은 망상으로까지 치닫는다. "나는 얼마든지 물건을 팔 수 있어!" 그러고 어느 날, 시장 가게에 왠지 손님의 발길이 줄고 '들어오는 돈이 얼마 안 된다'는 사실이 문득 밝혀진다. 심장 근육이 굳어져서 피가 돌지 않는 환자처럼 공장에 생명의 피, 곧 돈이 돌지 않는다. 비상벨이 울린다!

공황은 제 분수를 모르고 자기 한계를 넘어서 제 덩치를 키우려는 돈(자본)에 대한 매질(비판)이다. 무엇인가 옛날에 제 마음속에 억눌렸던 것이 어떤 계기로 터져 나오는 히스테리(신경과민 증세)와도 비슷하다. 사람들 살림살이를 죄다 '돈'으로 돌리는, 돈이면 다 되는 경제 체제가 들어선 뒤로 이 '히스테리'가 주기마다 어김없이 발작한다.

간추리자. 자본주의 경제가 잘나갈 때, 자본가는 돈이 주인이라는 사실을 까맣게 잊는다.

"우리는 돈을 그저 부려 쓸 뿐이고, 그 돈으로 훌륭한 상품들을 잔뜩 만들어서 우리 국민들을 배불리 먹이고 입힐 것이며, 그래서 이 세상을 버텨주는 것이 바로 우리들(=자본가들)이며, 어쩌고저쩌고……."

제가 큰돈을 움켜쥔 덕분에 그렇게 공장의 지휘자가 되었다는 '출생의 비밀(?)'을 은연중에 감추고 싶어 한다. 하지만 이따금 제가 만든 상품이 도무지 팔리지 않을 때가 되면 낯빛이 확 바뀐다. "아, 돈! 돈!" 돈이 샘솟는 오아시스를 찾아 '타는 목마름으로' 헤매고 다닌다.

애덤 스미스는 순진했다. 신라의 성골 진골과 5~6두품이 하늘과 땅만큼이나 신분이 다르듯이, 돈과 상품은 서로 신분이 다르고 끗발이 다르다는 것을 깨달으려고 하지 않았다. '손님이 왕'이라는 현대판 속담도 떠올리자. 돈을 쥔 손님의 마음을 움직여야만 장사치가 제 가게를 굴릴 수 있다. 남의 회사에 취직해 고용살이를 해야만 입에 풀칠할 수 있는 많은 노동자들도 같은 신세다. 돈을 듬뿍 손에 쥔, 그래서 제게 월급을 줄 사장님 마음에 들어야 제가 굶지 않으므로 사장님 앞에서 설설 긴다. 둘 사이는 전혀 평등하지 않다. 돈은 모든 상품을 호령하는 주군이다. 자본주의 사회가 크게 봐서 자본가와 임금노동자, 두 계급으로 나뉘는 것은 이런 비대칭 관계에서 비롯된다.

2 돈이 돈을 벌어도 될까?

1,500개 도시서 '반 월가' 시위

돈과 자본의 정당성을 문제 삼는 저항이
다시 기지개를 켜고 있다.

2000년대부터 우리 사회에 '부자 되세요!'라는 말이 새로운 덕담(=
상대방이 잘되라고 빌어주는 인사말)이 됐다. 책방에는 '부자 되는 법'을
일러주는 교양서(?)가 무더기로 쏟아져 나오고, 트로트 가수 태진아
는 노래하다 말고 "여러분, 부자 되세요!" 하고 즐겁게 외쳐댔다. 하기
는 예부터 고사를 지낼 때 상에 올려놓던 돼지머리도 부자가 되고 싶
다는 뜻을 나타낸 것이니 그 바람이 꼭 요즘 사람들 것만은 아니다.
하지만 그런 덕담의 갑작스러운 출현은 요즘 한국인이 어떤 허약한 심
리에 시달리는지를 잘 말해준다. "우리는 딴 데 한눈팔 겨를이 없어
요. 자나 깨나 돈벌이만 생각해요.ㅜㅜㅜㅜ"

잠깐 소설 「허생전」을 들춰보자. 허생이 물건 사재기를 해서 은銀
백만 냥쯤 벌었다. 그 돈으로 변산의 도적떼에게 입에 풀칠할 길을 마
련해준 뒤 남은 십만 냥을 저에게 돈 만 냥을 꿔준 변씨에게 갚았다.
변씨가 이자로 10분의 1만 받으려 하자 "나를 한갓 장사치로 아느냐?"
며 화를 냈다. 그 뒤 가끔 변씨가 허생에게 식량과 옷가지를 보냈는데
그 분량이 많을 때엔 "어째서 내게 재앙을 주느냐?"며 언짢아했다.

요즘처럼 모든 것을 돈으로 사고파는 자본주의 시장경제에서는 허

생이나 최영 장군처럼 돈을 돌멩이쯤으로 여기는 사람은 어리석은(비합리적인) 사람으로 손가락질받아 마땅하다. 하지만 일부 장사치 말고는 사람들이 (살림이 좀 더 넉넉해지기만 바랐지) 부자가 되고 싶다는 강박관념 따위는 별로 품지 않았던 그 옛날의 사람들이 인간성은 더 넉넉하고 너그럽지 않았을까?

돈독이 오른 사람들

갑돌이가 돈독이 올랐다고 치자. 그는 어느 시골에 가든 '이 땅은 값이 얼마나 할까? 사두면 돈이 될까?'라는 생각부터 할 것이다. '눈이 시원하구나!' 하고 잠깐 흐뭇해할지언정 그의 머릿속은 오로지 돈 벌 생각뿐이다. 그는 풍경을 바라볼 줄도 모르고(풍경을 보는 데에도 "방법과 순서가 있다"고 옛 풍수지리설은 가르쳐준다), 풀벌레 소리를 가려들을 귀가 없으며(그는 자동차를 사랑하므로 자동차 빵빵대는 소리밖에 모른다), 향긋한 풀냄새가 제 몸에 활력을 불어넣는다는 느낌도 품지 않는다. 재화goods를 움켜쥐고 싶다는 욕망에 사로잡힌 사람은 갖가지 느낌으로 제 감수성을 풍부하게 가꾸는 데에 관심을 두지 않는다. 그의 몸이 느끼는 감각은 차츰 퇴화돼간다.

꼭 돈독이 오른 사람이 아니라도 대도시의 시멘트 밀림 속에 갇혀 살아가는 사람들 대부분의 감수성이 차츰 무뎌지고 있지만 우리의 갑돌이는 그 퇴화 정도가 더 심하다. 갑돌이가 돈독의 위력(?) 덕분에 제법 돈을 벌었다고 치자. 그는 무엇이나 살 수 있고 누릴 수 있다. 가난했던 시절에는 호화 레스토랑의 값비싼 요리 음식을 흘낏 눈요기하며 부러움도 느끼고, 어쩌다 큰맘 먹고 사들인 명품 가방이 그렇게 흐뭇할 수 없었는데 이제 무엇이든 움켜쥘 수 있게 된 뒤로는 무엇을 맛보든, 손에 쥐든 시들하고 덤덤하다. 값 차이를 예민하게 따질 필요도 없고, 꼭 무엇을 손에 쥐었으면 하고 바라는 것도 없다. 그의 마음에는 권태(=따분함과 싫증)의 감정이 점점 쌓여간다. 19세기의 사회학자 짐멜은 "돈이 세상을 휩싸고부터 근대인들은 다들 '권태로움'에 시달리게 됐다"고 진단했다. 그런데 제 삶이 따분해진 사람은 갖가지 비뚤어진 행동을 벌이기 마련이다.[177]

간추리자. 인류가 저마다 제 것(=사유재산)을 따로 챙기게 된 뒤로부터 인간 사회에는 얍삽하고 몰인정한 풍토가 조금씩 생겨났다. 하지만 공동체가 많이 자리 잡았던 근대 이전에는 '돈밖에 모르는' 사람이 그리 많지 않았다. 그런데 화폐경제가 온통 사람들을 얽어맨 근대, 특히 자본 체제가 지구를 다 덮어버린 현대에 와서는 사정이 달라졌다. 돈독이 올라 인간적인 감수성이 황폐해지고[178] 권태(따분함)에 시달려 머리가 텅 비어버리는 사람이 도처에 늘어나고 있다.

유럽 학자 에리히 프롬이 40년 전에 "소유냐, 존재냐" 어느 쪽 길을 갈 거냐고 따져 묻는 책을 썼는데 돈독이 올라 있는 세상에 이 물음이 날선 비수(=칼)처럼 날아와 꽂힌다. "네 것 챙기느라 바빠 어떤 존재로 살아갈지는 생각도 하지 않으려느냐?" 저승 갈 때 우리는 아무것도 손에 쥐고 가지 않는다. 행성 '지구호'가 너무 많은 사람들로 들끓는 탓에 (묏자리 쓸 땅이 없어서) 우리는 죽고 난 뒤 제 몸마저 가루로 만들어 흩날려야 할 판이다. 그런데 무슨 귀신에 홀려서 그렇게 (소

---

177. 러시안룰렛은 총알을 여섯 발 넣는 권총에 한 발만 넣고, 돌아가며 방아쇠를 당기는 놀이다. 부잣집 아들이 삶이 권태로워서 그런 미친 짓을 벌이기도 했으리라. 권태가 사람을 미치광이로 만든다.
178. 재벌 집안의 재산 다툼을 보라. 누가 큰돈을 차지하느냐를 놓고, 형제가 원수가 되어 으르렁댄다.

비사회의) 욕망의 쳇바퀴 속에 갇혀 사느냐? 굳이 프롬을 인용하지 않더라도 아시아든, 유럽이든 옛 성현들이 우리를 꾸짖는 말씀이 지천으로 널려 있다. 대부분의 현대인은 정말로 사람됨이 천박하다.

감히 못 박아 말하건대, 돈벌이에 짓눌려 마음 쓰임새가 좁아든 현대인은 그 그릇과 감수성이 옛사람들, 이를테면(특히) 근대가 시작되기 직전인 15세기 사람들보다 분명히 저질이다.[179] 근대 시민혁명 덕분에 18~19세기 유럽에는 깊은 인간정신을 표현해내는 고전 음악이 꽃피었다. 그런데 과학기술 문명의 발달로 더 풍요로운 문화적 환경(TV와 전자매체 등)을 누리는 21세기에, 오히려 우리는 '예술 까막눈'이 되어간다. 유럽 클래식 음악에 대해서든 아시아의 고전음악에 대해서든 미묘하게 듣고 느낄 심미안(감수성)이 몹시 빈약해졌다. 모차르트와 베토벤 시절에 견주어 지금 많은 사람들의 예술적 감수성이 (트로트와 한류 팝으로든, 아메리카 팝으로든) 하향 평준화된 것은 분명한 사실이다.[180] 어떤 면에서 18~19세기보다 뒷걸음질치고 있고, 사람됨이 15세기 사람들보다 훨씬 못났다. 높은 GDP(국민총생산)를 누리는 탓에 교만해진 요즘 인류는 배가 부르다는 것과 풍요로운 감성의 사람이 되는 것은 전혀 질이 다른 문제임을 까맣게 잊고 있다.

요새 놈들아, 우리 다들 정신 좀 차리자! 돈이 저 혼자 날뛰는 귀신이요 심상찮은 재앙이라는 것을 정녕 모르느냐?

179. '15세기'를 굳이 들춰 견주는 까닭은 아시아든 유럽이든 봉건 중세가 무너지고 아직 자본가는 득세하지 않았던 그때의 문화가 훨씬 활력이 넘쳤기 때문이다. 남녀평등도 지금보다 그때가 더 뚜렷했다.
180. 20세기 쇤베르크가 만든 무조無調 음악은 대중의 듣는 귀가 천박해져가는 시대에 고전음악을 살려내려는 몸부림의 표현이다.

인류의 멸망을 상상하기가 자본주의가 무덤 속에 들어가는 것을 상상하기보다 훨씬 쉽다는 얘기를 여러 사람이 한다. 인류가 멸망의 위험에 맞닥뜨렸다면 이를 극복하기 위해 다들 분발해야 할 터이고, 자본 체제를 뜯어고치는 것을 포함해서 훨씬 진취적이고 과감한 노력을 기울여야 마땅하다. 그런데 그럴 생각은 감히 꺼내지 못하고, 인류 멸망을 우울하게 내다보는 공상과학 영화만 숱하게 쏟아져 나오는 것을 보면 21세기의 인류가 '참 못났다'는 사실은 매우 분명하다. '예술 까막눈'과 닿아 있는 얘기다. 멸망의 위험 앞에서도 외양간을 고치지 못한다는 말인가.

돈은 종교인가?

종교와 돈을 견줘보자. 어떤 이는 교회에 가서 하느님께 열심히 기도를 올리고 난 뒤, 마음의 평화를 얻는다. 어떤 사람은 열심히 일해서 제 지갑에 돈이 수북하게 쌓였을 때라야 비로소 마음이 평온해진다. 어떤 이는 하느님께 제 생활을 모조리 헌신하고, 또 어떤 사람은 돈벌이에 온 정성과 갖은 안간힘을 다 바친다. 어떤 이는 신실信實한 마음을 닦으려고 술과 담배를 끊고 금욕의 삶을 산다. 하루 다섯 번 메카를 향해 절을 올린다. 이 세상에서 갖은 고난을 다 겪었지만 저승에 가면 예수님 옆자리에 앉게 될 거라고 스스로를 위로한다. 그런데 어떤 사람도 눈물겹게 금욕의 삶을 산다. 돈을 산더미만큼 벌었으면서도 찢어지게 가난한 생활을 해서 주변의 지인들이 절로 감탄한다. 물자 소비의 욕망과 담을 쌓는 그 태도가 자못 경건하기까지 하다. 전자는 재물을 하늘나라에 쌓는데 후자는 그 재물을 제 손아귀 안에 쌓는다는 점만 다를 뿐이다.

사람들이 돈을 대하는 태도는 하느님을 대하는 태도와 참 많이 닮아 있다. 돈을 섬기는 사람, 곧 구두쇠에게 그 돈은 전지전능한 존재다. 그 존재를 가까이하는 것이 그의 삶에 가장 큰 (또는 유일한) 기쁨이다. 돈에 쪼들리는 이웃이 늘어날수록 자기를 부러워하는 눈길도 많아진다. 그러니 속으로 얼마나 흐뭇하겠는가. 그 자랑과 은밀한 쾌락을 떠올린다면 물질적인 풍요를 누리는 것은 한갓 부질없는 짓이다. 허랑방탕한 소비생활은 돈을 헤프게 날려버리는 짓이니 그런 불경도 없다. 남들은 '돈'을 물자 교환의 수단쯤으로 대수롭지 않게 여기지만 그는 말 그대로 돈을 쌓아가는 것만이 삶의 목적이다! 종교 생활을 하는 신자(크리스천, 불교도)들이 그동안 구두쇠들만큼 경건하게 신神을 모셨다면 세상은 이미 오래전에 천국이 되고 극락이 됐을 게다.

그런데 사람이 하느님도 신실하게 믿고 돈에도 하염없이 경배를 올리는 것이 과연 가능할까? 성경에는 "나 말고 다른 신을 섬기지 마라. 그것은 용서할 수 없는 죄악"이라고 적혀 있는데, 현실을 보면 땅 위에 엄청난 부를 쌓아놓고 거기 경배를 올리는 크리스천이 적지 않다. 전前 대통령 이명박은 대한민국의 모든 재산을 크리스천들이 사유私有하고 있는 듯이, "서울시를 하느님께 바치겠다"고 호기를 부린 적도 있다. 교회 목사이자 세월호 선주였던 유병언은 국가 관료들과 친밀하게 뒷돈 거래를 한 덕분에 한때 큰 부를 쌓아 올렸는데, 하느님이 그렇게 돈을 좋아했던 것일까?

근대에 들어와서 사람들은 하느님과 화폐신神, 둘 다 믿기로 한 듯하다.[181] 하지만 중세 말에 가톨릭교회가 면죄부(=돈 받고 죄를 용서해준 증서)를 팔아먹은 뒤로, 요즘 목사들이 교회 자산을 팔아먹거나 자식에게 세습하는 세태에 이르기까지 돈이 종교 공동체를 멋대로 휘저었

---

181 종교개혁가 칼뱅이 이런 태도를 두둔해줬다. 애덤 스미스와 그는 '돈'을 소박하게만 생각했다.

다는 것은 화폐신 앞에서 하늘의 신이 존재를 잃어가고 있다는 얘기다. 인류의 살림살이가 화폐경제 속에 대부분 포섭돼버린 오늘날, 어느 종교든 다 돈독이 올라 진정성을 잃었다. 이를테면 종교는 사람들에게 가장 커다란 실존적인 재난인 죽음의 사건을 받아안을 것을 자기 임무로 삼는다. 하지만 큰돈을 벌어 자기 몸집을 지탱해야 하는 종교 단체들은 죽음을 돌봐주는 장례 서비스로 쏠쏠하게(!) 돈을 벌어 챙긴다. 그런 돈벌이를 참 잘한다. 교회와 절은 우리에게 적당히 따뜻하고 편리한 장례 서비스를 우리에게 판매할 뿐이지, 삶과 죽음의 고비를 함께 넘어가는 진정한 친구가 되어주지는 못한다. 죽음마저도 상품으로 취급된다. 그것도 종교단체한테서.

원시인들은 돈 대신에 남에게 선물을 주고, 그에 대해 답례하며 살았다.[182] 그 선물에는 주는 사람의 영혼이 담겨 있다고 믿어서 그것에 답례하지 않는 사람은 사람 구실을 할 수 없었다. 이렇게 철저히 주고받는 관계가 사람 사회를 평등하게 만드는 힘으로 작용했다. 그런데 갖가지 물건들 가운데 어느 것 하나(곧 금덩어리)가 '돈'으로 자립한 뒤로, 그 돈은 사람 영혼이 근처에 얼씬도 하지 못하는 물신物神이 돼버렸다. 사람들은 영혼의 신을 섬겨야 할지, 화폐를 신으로 모셔야 할지, 양자택일의 요구와 맞닥뜨리게 됐다.

돈은 무엇인가? 그것을 기독교의 신이나 불교의 부처님과 똑같은 신이라고 일컫는 것은 일종의 비유다. 종교와 닮은 구석이 매우 많다는 것이지,[183] 하나에서 열까지 다 같지는 않다. 구두쇠 스크루지 영감은[184] 그 생활 태도가 자못 경건하지만, 물구나무서서 살아가듯 비뚤

---

182. 이를테면 200~300년 전 남태평양의 마오리족은 이 선물을 '타웅가'라 불렀고 거기엔 인간 영혼인 '하우'가 들어 있다고 믿었다.
183. 마르크스는 "상품은 형이상학적으로 그럴싸하고 신학적으로 비뚤어진 성가신 것"이랬다.

어진 삶을 살고 있지 온전한 사람의 길을 가는 것이 아니다. 돈에 대한 욕망으로 눈이 먼 사람! 종교의 신자는 타락한 신앙을 멀리하고 그 근본에 충실한 한,[185] 칭찬해줄 삶을 살 수 있겠지만, 구두쇠는 제 아무리 훌륭한 구두쇠라도 비뚤어진 인간됨을 벗어날 수 없다(개념 자체가 그렇다).

돈은 믿음이 있어야 굴러간다

하지만 돈이 (신은 아니라 해도) '믿음'이라는 것은 분명하다. 1971년 금본위제가 폐지된(=금과 달러의 교환을 그만둔) 뒤로 이것은 더더욱 분명해졌다. 그 이전에는 금덩어리 자체가 무슨 값을 지니고 있어 '금=돈'이 그렇게 대접을 받을 거라는 착각도 할 만했다. 사람들이 갑돌이를 (누군가 왕이 필요했고, 왕으로 내세우기에 그가 적당했으므로) '왕 대접'하기로 작정했던 것이지, 갑돌이가 "나는 왕이다! 내 밑에 다 엎으려!" 하고 스스로 주장을 해서 그가 왕이 된 것이 아니듯이, 금이 저 혼자 엄청난 값을 지녀서 돈의 지위에 오른 게 아니었지만 말이다.

이제는 여러 나라가 저마다 "이것이 돈이다!"라고 선포했기에 그것이 돈 구실을 한다. 종이돈 그 자체는 아무 값도 들어 있지 않은 종이 쪼가리라는 것을 코흘리개도 다 안다. 만일 국가, 예컨대 미국이 무너진다면 돈, 예컨대 달러도 무너진다. 자본주의는 '신용 경제'가 아닌가. 2011~2013년에는 한국의 저축은행 수십 개가 무너졌다. 거기 돈을

---

184. 19세기 영국 작가 찰스 디킨스의 소설 「크리스마스 캐럴」에 나오는 주인공.
185. 우리가 생각하는 '근본'은 '이웃 사랑'이다. 이웃 사랑을 견지하는 종교만이 진정한 종교다.

맡겼다가 제 돈을 떼인 사람이 많을 것이다. 미덥지 못한, 곧 신용이 불량한 은행에 돈을 맡겨서는 위험하다는 것을 사람들은 다 안다. 돈에게 힘(능력)을 부여해주는 국가의 신용도 썩 안전한 것은 아니다. 아르헨티나와 그리스가 한때 국가 신용이 무너졌다. 남미의 아르헨티나는 1999~2002년에 경제 성장이 멈추고 실업률이 치솟자 정부가 1320억 달러에 이르는 외국 빚을 못 갚겠다고 뒤로 나자빠졌다. 이를 디폴트(채무상환 불가능 선언)라 하는데 그 순간 그 돈은 휴지조각이 된다. 그리스는 2010년부터 경제위기에 시달리다가 2012년에 사실상 디폴트 상태에 빠졌다.

이렇듯 화폐경제가 불안하게 굴러가는 까닭에 돈놀이를 하는 사람들은 강대국 신용만이 안전하다며 미국 국채(=국가가 돈을 빌릴 때 발행하는 유가증권)를 주로 사들이고 있다. 요컨대 현대 자본주의 신용 경제가 별로 미덥지 못하게 굴러간다는 말이다.

잠깐 딴 얘기도 해보자. 돈은 정의로운 존재인가? 한 가지 사례만 든다. 1985년에 다섯 나라(미국, 일본, 독일, 프랑스, 영국) 재무장관이 미국 플라자호텔에 모여 달러의 값을 내리고 (일본) 엔화와 (독일) 마르크화의 값을 높이기로 '합의'했다. 겉으로는 합의의 모양을 띠었지만 실제로는 미국이 일본과 독일을 다그쳐서 얻어낸 결과다. 그 무렵 '1달러=240엔' 대였는데 석 달 뒤엔 200엔 대로, 3년 뒤엔 130엔 대로 환율(=교환 비율)이 떨어졌다. 그 결과로 일본 기업들의 이익(채산성)이 크게 줄어들고 허랑방탕한 거품 경제만 일어나서 그러저런 까닭에 일본은 1990년대에 줄곧 장기 불황에 시달렸다(이를 '잃어버린 10년'이라 부른다). 반면에 미국은 이 환율 변경 덕분에 무역 적자, 곧 빚이 크게 줄어들고 제조업체들의 숨통이 트여서(=채산성이 좋아져서) 경제위기를 많이 덜어냈다. 2000년대에 들어와서는 미국이 중국 정부더러 "너희

위안화 값을 올려라!" 하고 줄곧 다그치는데, "우리가 바보냐? 플라자 합의 때 일본이 겪은 꼴을 우리는 순순히 겪지 않겠다"며 중국 정부가 그 압력에 맞서고 있다.[186]

이 사실을 곰곰이 생각해보자. 미국과 일본, 두 나라의 돈값을 견주는 환율은 정의로운가? 환율 변경의 방향은 객관적인 기준에 따른 것도, 공정한 것도 아니었다. 우리들 꿈속에서 정의正義의 여신은 양팔 저울과 칼을 들고 서 있다. 양쪽에 놓인 물건의 무게는 서로 칼같이 같아야 한다. 무게를 달 때 여신은 제 눈을 가린다. 이 저울의 존재를 묵살하려는 사람이 있다면 여신이 제 손에 든 칼로 그를 무찌를 것이다. 그런데 자본주의 현실 속의 여신에게 칼은 있지만 저울이 없다. "내가 생각한 게 옳은 거야!" 하고 칼을 앞세워서 제 생각을 남들에게 들이댄다. 그 돈값은 시장의 보이지 않는 손길로부터 신비롭게 점지되어 나오는 게 아니라, 칼을 쥔 눈앞의 힘센 여신이 제 맘대로 점지해(=일러)주는 것이다. 고상하게 말하자면, 그 돈값은 정치적으로 결정된다. 힘센 나라들, 특히 패권 국가에게 유리한 쪽으로! 자본주의가 어떤 원리에 따라 굴러가는지, '플라자 합의'가 생생하게 보여준다.[187] '정의의 여신'은 가상일 뿐이다. 세상을 실제로 주무르는 여신의 조각상이 대서양 서쪽 바닷가 뉴욕에 있다.

되돌아와서 '믿음'의 문제를 다시 보자. 요즘은 종이돈을 금이 보증해주지 않고, 국가가 보증한다고 했다. 국가에 대한 신용(믿음)이 있어야 경제가 굴러간다는 것이다. 왜 그런가?

예를 들자. 어떤 냉면 가게가 새로 문을 연다. 그 주인은 냉면이 앞

---

186. 『프레시안』 2004년 11월 23일자 기사 참고.
187. 그들이 그렇게 이름을 붙였기 때문에 한국의 학생들은 그 별것 아닌 호텔의 이름을 외워야 한다. 회의 내용이 간단했으니 그들은 한두 마디 떠들고는 호텔 안 술집에 가서 즐겁게 놀았을 것이다.

으로 얼마나 팔릴지, 알고 있을까? 무슨 물건을 만드는 공장이 새로 문을 연다면 그 사장은? 두 사람 다 모른다. 앞날이 장밋빛이 될지, 먹구름이 낄지 몰라서 불안하기만 하다. 그래서 돈벌이 영업체를 시작하는 사람들 가운데는 점쟁이를 찾아가는 사람이 많다. 가서 덕담을 듣고, 기분을 달래고 오는 것은 좋은데 점쟁이가 사람들의 운명을 족집게처럼 예언해줄 거라고 믿지는 마라(점쟁이를 믿을 요량이면 굳이 인문학과 자연과학 공부를 할 것 없다). 이렇게도 생각되고, 저렇게도 해석될 수 있는 함축적인(알쏭달쏭한) 얘기만 듣고 올 것이다. 삼성이나 현대처럼 힘도 세고 이미 자리가 잡힌 기업이라면 당장 한두 해 뒤의 일까지는 예측할 수도 있다. 그러나 그 다음 일이라면 그들도 잘 모른다. 딴나라 기업이 얼마든지 시장경쟁에서 치고 올라올 수 있으니까 말이다.

자본주의 시장 안에는 정부government가 없다. 저마다 뿔뿔이 사적으로 생산하지, 무엇을 얼마나 만들지 나라 전체가 계획을 세워서 하는 게 아니라는 말이다(케인스 이후로 다소 국가계획이 끼어들기는 했다). 기업체들이 저마다 꿍꿍이속을 발휘해서 만들어놓고 본다. 그리고 나서 변변히 팔리지 못하면 생산을 줄이고, 시장의 수요가 넘쳐나면 생산을 더 늘린다. 그러니까 물건을 만들 때에는 이것이 제대로 팔릴지 아닐지 알지 못한다.

그 판매 실패의 위험을 피하라고 국가와 은행이 도와준다. 나중에 갚으라고 돈을 빌려주거나 물건을 외상으로 파는 것이 '신용'이다. 어느 자본가가 은행에 돈을 꿔달라고 하면 은행은 그가 '나중에 돈 갚을 능력이 될 것'이라 믿고 돈을 빌려준다. 자본주의는 무정부의 계획표 없는 생산이라 '자본가들이 어련히 알아서 물건을 잘 팔 것'이라 믿고서 신용제도credit system를 굴린다.

그런데 어음(지불 약속 유가증권)이나 은행 빚만 신용이 아니라 돈도 신용이다. 그 나라가 디폴트("빚을 못 갚겠다!")를 선포하면 그 나랏돈은 휴지조각이 된다. 종이돈만이 아니라 옛날의 금金도 엄밀히 보면 신용이었다. 종이돈을 금과 바꿔주는 규칙은 기술적인 문제(교환의 번거로움, 금의 마모 따위)로 실제로는 거의 작동하지 못했다. 그저 "금이 이 종이돈을 보증해줄 거야."라는 믿음만 사람들에게 베풀었을 뿐이다.

신용제도 덕분에 자본주의 경제는 생산해낼 능력이 엄청나게 커졌다. 은행이 빚을 내줘서 그 빚으로 공장을 돌릴 수 있었기 때문이다. 그런데 그 빚은 훗날 갚아야 한다. 빚을 갚을 날짜가 다가오면 또 자본가들이 빚을 낸다. 거대 설비를 들여다 놓은 기업은 그 빚을 금세 갚을 수 없다. 또 경제가 별 탈 없이 굴러갈 경우는 이렇게 빚잔치(결제)를 끝없이 늦출 수 있다. 그 빚은 누가 갚을까? "먼 훗날의 후손들이 갚으면 되지, 뭘!" 그래서 자본 경제는 '최후의 심판'이 벌어질 날을 끝없이 늦추는 기독교의 세계관(시간관념)과 비슷하다.

그런데 자본 경제에 모순이 쌓이다 보면 어느 날 갑자기 여기저기서 '내 빚을 갚아달라'는 요청서가 빗발치듯 날아든다. 공장이 곳곳에서 문을 닫고 직장을 잃은 사람들이 거리로 쏟아져 나온다. 공황panic이 터진 것이다. 이때가 진리의 순간이다.[188] 사람들은 의혹에 휩싸인다. "자본주의가 탈 없이 굴러갈 거라고 과연 믿을 수 있을까?" 그 믿음을 품은 사람이 여전히 많다면 '무너지는 자본가들을 돕자!'는 주장이 먹힐 것이요(지난 2008년 세계 대공황 때에는 4조 달러가 넘는 돈을 그들에게 퍼부어줬다), 믿음이 많이 사라진다면 "딴 길을 찾자. 돈벌이를 목적으로 삼는 경제 체제를 딴것으로 바꿔보자"는 여론이 솟아날

---

188. 공황의 발생은 애덤 스미스와 리카도의 고전파 (주류) 경제학이 틀렸음을 드러낸다.

것이다. 문제는 돈과 시장과 자본주의를 믿느냐 여부다. 여러분, 믿습니까?

돈이 주인이 되는 것이 자연의 이치일까?

요즘 사람들은 돈을 매우 좋아하고 갈망한다. '돈이면 다 된다(=무엇이든 산다)'고 믿기 때문에 그렇기도 하지만, 황금알을 낳는 오리처럼 돈이 돈을 벌어주기 때문에 더 그렇다. 그런데 이 말은 정색하고 따져봐야 한다. "돈이 돈을 버는 것은 과연 옳은 일일까?" 남에게 돈을 빌려주고 이자를 받는 짓이나 빌 게이츠(그의 재산은 아프리카 나라 여러 개를 사들이고도 한참 남는다)처럼 컴퓨터 하나 팔아서 엄청난 돈을 긁어모으는 것? 앞에서 말했듯이, 고대와 중세 때의 사람들은 여기저기서 돈이 모습을 드러내자 "저것은 자연(또는 인간의 본성)을 거스르는[189] 요물단지야!" 하고 고개를 절레절레 흔들었다.

요즘 사람들은 그게 당연하고, 한국의 경우 그 원리 곧 사유재산권 제도를 너무 과감하게 비난하면 '국가의 기강, 곧 법도와 질서를 흔든다'는 죄목으로 쇠고랑을 찰 수도 있다. 옛사람들에겐 칭찬 들을 말인데 요즘의 지배층에게는 미운 털이 박히는 입방아가 된다. 그때는 돈을 경계하는 게 자연의 이치였는데, 요즘은 돈과 자본주의 체제를 그저 믿어야 하는 게 자연의 이치라고 한다. 옛사람들이 참 어리석었던 것일까? 그래, 그들이 아둔했다고 치자. 그렇다고 부관참시(주검을 꺼내서 매질하기)를 해야 할 만큼 그들이 나쁜 생각을, 다시 말해 인류를

---

189. nature는 '자연, (인간의) 본성', 두 가지 뜻이 다 있다.

위험에 빠뜨리는 생각을 했던 것일까? 그렇지 않고서야 '자본주의를 못 믿겠다'고 그저 나지막한 목소리로 말을 건네는 사람을 어찌 몹쓸 반역자로 몰 수 있을까! '돈이 최고야!' 하고 받드는 권력자들은 사형장의 이슬로 스러져간 숱한 넋들 앞에서 자기를 변호해야 할 터이다.

누가 돈을 들어서 공장을 짓고 품팔이꾼(임금노동자)들을 사서 물건을 만든다고 치자. 처음에 돈은 시멘트(공장 건물을 짓는 재료)와 재봉틀과 옷감을 사들이고, 회사 직원(아니 노동자들)의 노동력을 사들일 '상품교환 수단'이었다. 돈이 시멘트와 재봉틀과 옷감과 노동력으로 겉모양이 둔갑하고 다시 그 옷감이 옷으로 바뀌고 나서는, 공장 밖으로 나가 더 많은 돈이 되어 돌아온다. (돈에서 상품으로, 상품에서 돈으로) 돈이 자기의 겉모양을 끊임없이 바꿔가며 뺑뺑이를 돌고, 그 결과로 황금알을 낳는다.[190] 시멘트와 옷감이든 옷이든 그 속에 들어 있는 것은 돈(=교환가치)이다. 사장님은 무슨 목적으로 옷을 만들까? 누군가(가령 회사 직원들)에게 입히기 위해서가 아니다. 그랬다면 필요한 만큼 옷을 만들지, 직원(노동자)들에게 밤샘 일을 시켜가며 '더 만들라'고 쪼아댈 까닭이 없다. 더 만들수록 돈을 더 벌기 때문에 남들(제 부하들)더러 과로하라고 다그친다. 처음에 밑천으로 들어간 돈이 시장에 다녀와서는 더 많은 돈으로 탈바꿈한다.

겉으로 얼핏 보면 돈이 돈을 낳았다. 그러나 실제로는 노동자를 부려먹어서 번 돈과 그들에게 품값으로 준 것과의 차액(잉여가치 또는 이윤)을 남겼다. 밤샘 일을 더 시킬수록 사장님이 더 많이 번다는 사실을 주목하라. 노동자들에게 밤샘 수당을 더 얹어주고도 말이다.[191] 그러니까 '돈이 돈을 번다'는 말은 겉으로 보면 사실이요 실제로는 환상

---

190. 이렇게 돈이 뺑뺑이 도는 과정을 모두 일컬어 '자본'이라 부른다. 그래서 돈(=황금알)을 낳는 돈!

이다. 고되게 일하는 노동자들에게 빌붙어서 돈을 버는 사장님이 그 속의 진실을 부인하고 싶다. "노동자들이 내게 벌어주는 게 아니고, 저 돈이 스스로 황금알을 낳는 거거든!" 그러니까 사장님은 '돈이 돈을 번다'고 믿고 싶은 게다. 그것이 그의 무의식적 환상이다. 이 환상이 강고하게 사람들의 뇌리를 지배해야 돈(자본)이 탈 없이 굴러간다.

처음에 돈은 그저 '수단'이었다. 어떤 물자와 교환하는 수단! 그런데 그 돈이 공장 담벼락 안으로 들어가서는 불현듯 '목적'으로 바뀐다. (더 적은) 돈으로 (더 많은) 돈을 벌겠다는 목적! 옷감에 노동자의 일손이 더해지면 옷으로 바뀐다. 옷감이 가공되면 옷값이 그 재료(옷감) 값보다 훨씬 더 비싸진다. 같은 시간 안에 옷을 더 많이 지을수록 사장님이 돈을 더 많이 번다. "빨리빨리!" 하고 그가 외치는 소리는 '니들의 땀방울을 내가 더 많이 거둬가겠다'는 뜻이다.[192] 그러니까 옷감 값을 옷값으로 바꾸려는 목적은 '밑천보다 더 큰 돈'을 벌자는 속셈이다.

세상에는 수많은 공장과 기업이 있는데, 이것들이 물건을 만드는 목적은 죄다 사장님네 돈벌이를 위해서다. 인류에게 필요한 물건을 공급해주겠다는 목적에서가 아니다. 그러니까 그네들이 눈 하나 깜짝하지 않고 인류에게 불필요하거나(과잉 소비), 인류에게 해를 끼치는(전쟁무기, 환경 파괴) 물건들을 버젓이 만들어내지 않는가. 물론 결과로 봐서, 인류의 생활의 필요를 얼마쯤 충족시켜주는 것은 사실이지만 그것이 돈벌이가 되지 않는 순간 그들은 언제든 공장 문을 닫는다. 그들의 (으뜸) 목적이 무엇인지가 그때 드러난다.

191. TV '개그콘서트'에 한때 비틀즈의 「Let it be」를 패러디해 노래하는 코너가 있었다. 그 중에 "신상품이 나왔어요. 직원들이 신나서 일했지요…… 그런데 돈은 사장님만 벌어요." 하는 노랫말도 있었다.
192. 한국에 와서 일하는 이주 노동자들이 가장 먼저 배우는 한국말이 '빨리빨리!'다.

또 자본주의 기업은 돈을 움켜쥔, 그래서 제게 돈벌이를 시켜줄 사람들의 필요에만 봉사한다. 이를테면 미국의 농사 기업이 해마다 엄청난 양의 농산물을 수확해낸다. 그런데 이 농산물은 굶주림에 허덕이는 아프리카 민중에게는 '그림 속의 떡'일 뿐이다. 한쪽에는 팔리지 않은 농산물이 산더미로 쌓이고, 다른 쪽에는 굶주리는 아프리카, 아시아 민중의 숫자가 산더미로 늘어나는 이 염병할 모순!

자, 돈이 황금알을 낳는 것은 과연 옳은 일일까? 한동안 자본주의가 활기를 띨 때, 곧 공장이 곳곳에 늘어날 때 사람들은 그 원리를 긍정했다. "자본주의가 우리를 먹여 살려주거든. 그러니까 자본가가 떼돈 버는 것을 질투하지 마라." 하거나 "박정희가 경제 성장 시대를 이끌었으니 그는 위대했다"고 하거나! 그때는 입에 풀칠하는 것만도 고마워 감지덕지했던 시대이고, 그래서 '박정희 향수'가 생겨난 것도 쪼끔은 이해가 간다. 지금도 입에 풀칠하기가 위태로운 사람들이 '경제 성장 귀신'에게 경배 올리는 것은 선뜻 말리기가 어렵다.

하지만 그들이 긍정하는 까닭을 곰곰이 새겨보자. 그들이 누구를 위해서 자본주의를 긍정하는가? 자기들 몇몇을 위해서다. 방글라데시와 케냐와 브라질의 숱한 민중을 위해서가 아니다. 지금 인류의 절반 가까이가 굶주리거나 찢어질 듯한[193] 가난에 허덕이는데 그들, 가난에 짓눌린 사람들 모두를 위해서가 아니다. 수많은 밑바닥 사람들이야 어찌 되건 말건 나와 내 가까운 몇몇을 위해서다. 그건 그렇다 치자. 그 긍정론자들 자신이라도 온전한(사람다운) 삶을 살려고 긍정하는가? 아니다. 남들(자본가들)에게 품팔이를 하며 눈칫밥을 먹는 인생은 늘 스트레스에 시달리기 마련이다. 그런 스트레스에서 벗어나려면

---

193. 무엇이? 항문이! 식량이 없어 나무껍질과 들풀을 끓여 먹고 배탈이 나서 그리 됐다는 말이다.

지금처럼 '돈 놓고 돈을 먹는' 시장경제를 크게 뒤바꿔야 마땅하다. 입에 풀칠하는 것만 감지덕지하는 삶은 자랑스러운 삶이 아니다. 그런데 그 몇몇은 저희가 '사람답게' 살아가려고 자본주의를 수용하는 게 아니라, 당장 자기들 밥벌이를 보장해준다 해서 반색할 따름이다. 인류 대부분이 늘 그런 좁은 눈으로 세상과 마주 선다면 지금 인류 사회가 맞닥뜨린 위기를 헤쳐나갈 길이 없다.

돈은 눈먼 자동 기계다

돈(자본) 있는 사람에게 서슬 퍼런 십계명(十誡命, 하느님이 히브리인 지도자 모세에게 내려준 법)은 오로지 이것이다. "돈을 쌓아라! 돈을 쌓아둬라! 또 돈을 쌓아가라!" 왜냐고? '왜냐고?'는 묻지 마라. 이건희가 돈을 벌려는 데는 이유가 있지만(지배 권력을 누리려는 게 으뜸 이유다), 삼성기업이 돈을 벌어야 하는 데는 아무런 이유도, 목적도 없다. 한국의 민중에게 봉사하려고 그렇게 맹렬하게 굴러가는 것 아니다. 제 덩치를 계속 키워야 살아남기 때문에 제 덩치를 키울 뿐이다. 자전거가 달리다가 멈추면 쓰러지기 때문에 계속 달릴 따름이다. 때로는 기업의 소유자가 덩치 불리기를 멈추고 싶다 해도, 서로 딴 기업을 무너뜨려야 자기가 살아남는 경쟁 관계에 놓인 기업으로서 객관적인 형편이 이를 허락해주지 않는다. 돈 있는 놈, 이를테면 이건희가 주인이 아니라 돈, 곧 삼성기업이 자본주의 사회의 주인임을 잊지 마라.

자본주의는 현대 인류 사회를 주름잡는 주체이되, 돈(이윤)만 좇아 저절로 굴러가는 "자동 기계"다. 이놈은 기계라서 세상일에 도통 무관심하다. 자기가 자연자원을 낭비해 거덜 내든, 생태계를 뒤흔들어 파괴하든 아무 신경을 쓰지 않는다. 그리고 무슨 상품이든 '과잉'으로 쏟아내는 것이 그 남다른, 역사에서 유례없는 원칙이다. 돈(자본)에게 피와 눈물이 있다면 용산 철거지역의 가난한 세입자들이나 밀양 송전탑으로 쫓겨날 할머니들의 처지를 동정하여 잠깐 머뭇거리기라도 하련만, 이놈은 강철로 되어 있는 터라 '사람에 대한 관심'이 제 동체胴體 속에 깃들 여지가 전혀 없다. 비꼬자면 정말 부럽게 축복받은 무관심이다! 그 기계를 굴려가는 사람들도 자본이 인격화된, 영혼 없는 로봇이나 허수아비일 뿐이다. 그러니 그 기계 또는 로봇들더러 '인류의 앞날'을 책임지라고 호소하는 것은 쇠귀에 경 읽기가 아니라 시멘트벽에게 성경책을 읽어주는 짓이다.

그래서 자본주의 체제는 사람 아닌 흉악한 괴물이나 저지를 법한 폭력을 버젓이 저지른다. 제 집 없는 수십만 명의 세입자들에게 "네가 살던 곳에서 당장 꺼져라! 네가 길거리로 나앉아 오들오들 떨든 말든!" 하고 불도저를 들이대는 것만큼 잔혹한 짓거리가 또 어디 있는가.[194] 외딴 곳에 가서 외톨이로 조용히 얼어 죽으라는 명령이 어디 사람이 내릴 명령이더냐. 조선 나라의 사대부는 도적떼가 들끓는다는 소식이 들리면 "그들을 붙들어다가 국가보안법으로 처벌하자"고 목청 높이기보다 "탐관오리를 처벌하라!"고 나설 때가 많았다. 옛 봉건 지배층이 '능지처참'과 같은 끔찍한 국가 폭력(형벌)을 일삼았다지만 근대 국가와 자본 체제가 휘두르는 익명의 섬뜩한 폭력에 견주면 아이들의 짓궂은 장난에 불과하다. 2차 세계대전 때 6,000~7,000만 명이 죽었던 것과 20세기 말 국제금융기관(=IMF와 세계은행)의 공격으로 아프리카의 빈곤이 훨씬 깊어진 사실을 명심하라.

194. 1988년 '서울 올림픽'을 치른다는 구실로 서울의 달동네에서 수십만 명이 한순간에 서울 밖으로 쫓겨났다. 그렇게 신속 과감한 내쫓기(철거)는 세계에서 유례가 없었다.

비유를 든다. 조자룡과 제갈량이 활개 친『삼국지三國志』시절에 장수가 적군과 맞닥뜨리면 서슴없이 그의 목을 베었다. 하지만 요즘의 장수는 지저분하게 제 손에 피를 묻히지 않는다. 까마득히 높은 천상天上에서 무심하게 가벼이 단추 하나를 누를 뿐이다. 조금 뒤 지상地上에서 하늘로 포연이 뭉게뭉게 피어오른다. 그것, 저녁노을에 물들어 참 아름답다. 전폭기 조종사는 누가 폭탄에 맞아 죽었는지, 그들의 얼굴이 어떻게 뭉그러졌는지 도통 모른다. 그는 아름다운 포연 구름만 내려다보고서 비행기지로 돌아온다.[195]

어느 쪽이 비정非情한가? 조자룡과 맞닥뜨린 적군은 '살려달라!'고 빌어볼 여지라도 있었다. 눈물을 열심히 흘리면 어쩌면 용서받을 수도 있다. 사람끼리 몸을 맞대노라면 사람의 정이 싹틀 수도 있어서다. 그렇다고 전폭기 조종사가 사악한 사람은 아니다. 그는 로봇처럼 명령에 따랐을 뿐이다. 그도 눈앞에서 적군과 맞닥뜨린다면 조자룡처럼 용서해줄 위인인데, 문제는 그가 적군과 서로 눈동자를 마주 볼 일이 없다는 것이다. 사악한 것은 익명의(=얼굴 모르는) 사람들을 부려 써서 피와 눈물의 여지를 남기지 않고 무엇을 밀어붙이는 자동기계 그 자체다. 근대의 인류는 그 소름 끼치는 자동기계에게 포로가 됐다. 제 앞에 엎드리지 않는 사람에게 무심하게 독가스를 살포하는 깜깜 절벽의 물신物神에게!

돈(자본)의 운동은 눈먼 충동impulse이다. 물자를 더 얻으려는 욕망이 아니라 물건을 언제든 사들일 '권리'를 움켜쥐려는, 그래서 돈만 보면 흐뭇해서 웃는 특이한 구두쇠의 도착적인(뒤집어진) 충동! 지금 지

195. 1945년 미국은 일본의 항복을 받아내려고 거기 원자폭탄을 떨어뜨리지 않았다. 일본은 일찌감치 무너져버렸댔다. 세계 인류에게 "앞으로 우리한테 덤벼들면 죽을 줄 알아!" 하고 겁주기 위해서였다.

구촌 한쪽에서는 돈 있는 놈들이 다들 미친년 널뛰듯 (금융/부동산/주식/자원) 투기의 격렬하고 볼썽사나운 춤을 추고 있다. 오로지 자기를 굴리는 데에만 머리를 굴리는 독아론獨我論의 춤을! 어디 돈 벌 데가 있구나, 싶으면 호떡집에 불 난 것처럼 순식간에 거대한 뭉칫돈이 그쪽으로 와르르 쏠린다. 악성 투기 자본들이 이 나라, 저 나라 중앙은행을 닦아세워 외환 차익 따위 불로 소득을 훑어간다.

그런 자리에는 이성이든, 인류애든 낄 틈이 없다. 석유와 구리나 쌀과 밀이나 이것저것 잔뜩 사재기해서 민중의 살림살이에 깊이 주름살이 패게 한다(허생이 일찍이 이런 짓거리를 비판했다). 갈치가 갈치를 물어뜯어 먹듯이 잽싼 기업이 무딘 기업을 날름 잡아먹기 일쑤다(인수합병 바람). 그리고 돈벌이가 시원찮다 싶으면 강대국 정부의 옆구리를 찔러 어디 서아시아의 이라크 같은 데에 군대를 다시 들이민다. 파병 구실은 무슨 허튼 거짓부렁이라도 괜찮다. 무기를 팔아먹는 것은 이윤이 쏠쏠한 큰 돈벌이다. 있는 놈과 없는 분들 사이에 지금처럼 골이 깊게 패어가는 때가 일찍이 없었고, 나라와 나라 사이에 전쟁 위험이 지금처럼 높아가는 때도 바이(전혀) 없었다.

왜 이렇게들 자본이 돈벌이에 환장을 할까?[196] 공황(불황)으로 불거지는 자본주의 자동기계의 결함과 모순이 두려워서 얼른 돈을 벌고는 재빨리 저희끼리 노는 별세계로 내빼려는 것들 아닐까? 날이 갈수록 돈벌이 기회가 줄어드는 시장 형편에서 벗어나려고 발버둥치는 것 아닐까? 유럽 노동자를 짓짜다가 돈벌이가 안 되니까 동아시아로, 또 이

---

196. 지방을 다녀보면 곳곳이 자동차 전용도로다. 산과 들의 경관을 호젓이 음미할 곳이 드물다. 교통 수요가 없는데 닦아놓은 길도 많다. 철도가 많이 건설됐다면 자동차길이 그렇게 많아야 할 필요가 없다. 그 길과 다리는 자동차 회사와 건설사와 투기꾼이 벌어먹으라고 닦았다(일본도 그렇다). 그러려고 과밀 도시를 벗어나 쉬고 싶은 많은 사람들이 돌아갈 곳(자연)을 없애버렸다.

곳에서 이윤 벌이가 여의치 않으니까 동남아시아로, 낌새만 이상하다 싶으면 돈 보따리 싸들고 딴 데로 공장을 옮긴다. 자본은 시간 속으로도 도망간다. 그들(자본)을 지휘하는 대장, 곧 국가는 자본가들이 불황을 호소하면 돈을 왕창 찍어내서 인플레(물가 등귀)를 끌어낸다. 그 빚은 나중에 후손들이 갚으라는 게다. 문제를 회피하고 미래로 도망간다.

또 돈(자본)은 다급해지면 제가 살아남으려고 그 빚을 사람들에게 왕창 떠넘긴다. 2008년 금융 공황 때 미국과 유럽 국가들은 거덜 난 금융회사(투자은행)들을 살리려고 4조 달러가 넘는 돈(빚)을 거저 쏟아부었는데, 그 빚

2008 세계 대공황은 4조 달러를 퍼붓고 나서야 잠잠해졌다. 하지만 다시 유럽발 경제위기가 꿈틀거리고 있다.

을 누구더러 갚으라는 것인가? (화폐 구매력의 하락을 통해) 세계 민중이 다들 조금씩 나눠서 갚으라는 게다. "이익은 우리 자본가끼리 나누겠다. 손해와 빚은 사회 전체가 짊어져라!" 중세 유럽에서는 양羊을 키우려고 사람들을 내쫓았거니와(인클로저), 지금은 휴지조각으로 돌아갈 돈을 살리려고 수십억 인류의 등골을 빼먹는다. 이렇게 무턱대고 화폐신에게 휘둘리며 살아야 할까?

먼 옛날에는 신에게서 권한을 넘겨받았다는 왕이나 교회/절 앞에 사람들이 무릎 꿇고 살았다. 그것을 당연한 일이려니 여겼다. 근대 사회에 와서는 왕이 단두대의 이슬로 사라지기도 하고(프랑스 시민혁명), '신이 죽었다'는 말도 상식처럼 나돌게 됐다. 뒤집힌 세상이 바로 서고, 천지가 개벽했다(처음 생겼다)고 가슴 설렌 사람들이 한때 많았다. 이른바 민주民主의 시대다. 그런데 지금 과연 민중이 진짜로 주인인가?

지금은 많은 사람들이 돈 앞에 종(노예) 노릇을 하는 세상이 아닌가? '민주주의 이야기'는 그 사실을 덮어 가리는 이데올로기가 되지 않았을까?

옛 히브리 사람 요한은 아마겟돈(팔레스타인의 도시 므깃도의 언덕)에서 흉악한 용들과 하느님이 벌인 싸움을 절절하게 기록했다. 신약 성경의 요한계시록에. 그런데 실제로 그 싸움은 가짜 신인 로마제국과 하늘을 꿈꾸는 밑바닥 민중의 싸움이었다. 21세기의 우리도 신新로마제국에 맞서는 또 다른 아마겟돈 언덕의 싸움터로 나아가야 하지 않을까? 돈(자본)이 주인이랍시고 자기 꼴리는 대로 활개 치는 세상을 바꿔내려면. 가짜 종교로서 자본주의가 어김없이 퍼뜨리는 허무주의를 누그러뜨리려면.

덧대기 1

제 욕심을 앞세워 살림살이를 꾸리다가 몰락한 옛 문명이 많다. 예컨대 고대에 관개농업으로 땅을 너무 착취했다가 그 땅을 사막으로 만들어버린 메소포타미아 지역이 그런 경우다. 지금 세계 자본주의가 탐욕스러운 자기 팽창으로 치달아 머지않아 파탄을 맞지 않겠느냐는 걱정의 소리도 일찍부터 나왔다.

자본 체제가 지닌 최소한의 진취성은 아무튼 시장의 틀 안에 누구든 참여시킨다는 것인데, 슬럼 빈민과 피난민처럼 '(사회질서 안에) 없는 자'로 취급되는 사람이 늘어나고, 빌 게이츠처럼 이윤 아닌 전근대적 지대地代를 거둬들이는 자본가가 늘어나는 것은 심상치 않은 일이다. 미국 제국주의가 "미국 소비자가 물건을 사줘야 세계의 공장이 굴러간다"고 을러대면서 달러 패권을 무기로 삼아 (자기들에게 유리한 환율 강요, F-35 전투 폭격기와 글로벌 호크 등등 값비싼 첨단 무기 구입 강요를 비롯해 갖가지 수법으로) 세계 민중을 등쳐 먹고 산다는 것은 지금의 세계 자본 체제가 점점 부패하고 쇠락해간다는 것을 말해주는 본질적인 징표가 아닐까?[197]

덧대기 2

'물신物神 숭배'는 fetishism을 우리말로 옮긴 것인데 이것은 원래 정신의
학에서 이성異性의 속옷이나 신발과 장신구 따위를 가져다가 만지면서 성
적 만족을 느끼는 것을 가리킨다. 주로 나이 어린 남성이 그런다. 인류학
에서 '페티시fetish'는 마술적이고 영적인 힘을 지닌 것으로 여겨서 목걸
이나 팔찌에 달고 다닌 장식품을 가리켰다. 이성의 물건을 탐하는 현대의
'변태'들은 원시인의 사고방식으로 되돌아간 셈이다. 옛 중국에서 '전족'
이라 하여 여성의 발이 자라지 못하도록 묶어놓고 그 작은 발을 눈요기한
것이나 17세기 유럽 여성들을 코르셋으로 옥죄어서 잘록해진 허리를 눈
요기한 것도 성적 변태로서 넓게는 페티시의 하나겠다. 그런 정신의학 현
상을 성적 도착증(倒錯症, perversion)이라 규정한다. 뒤집히고 얽혀서 비
뚤어지는 증세다.

그런데 자본주의 사회에 들어와 사람들이 돈과 상품 앞에서 사족을 못 쓰
고 제정신을 잃어버리는 현상을 마르크스가 물신숭배fetishism라고 단죄
한 뒤부터 이 낱말은 또 다른 뜻(=훨씬 커다란 뜻)을 담게 됐다. 옛날에는
사람들이 필요에 의해 물건을 만들었고 서로 필요한 만큼 교환했다. 자본
주의가 된 뒤로는 거의 대부분의 물건을 우선 시장에 내다 팔아야 하고
거기서 돈을 벌어야 비로소 입에 풀칠할 수 있게 됐다. 그러므로 "내 물건
을 꼭 팔아야 돼! 개같이 벌더라도 돈을 꼭 벌어야 돼!" 하고 중얼거리는
사람에게는 돈과 상품이 제 발로 세상을 돌아다니는 듯한 환각이 생겨난
다. 번드르한 상품과 돈이 하늘같으신 신gods이 된다는 게다. 그런 마
음의 압박이 사라지지 않고서는 사람이 물신숭배의 심리에서 벗어나기 어
렵다.

여자 속옷을 만지면서 쾌락을 느끼듯이 빳빳한 종이돈을 만지면서 성스
러운(?) 기쁨에 잠기기 일쑤다. "오, 돈이여!" 하고 늘 되뇌는 것은 그 마
음이 사무친 일부 사람들 경우겠지만, 그럴 정도는 아니라 해도 물신숭배
의 눈길로 세상을 보는 사람은 훨씬 많다. 대부분의 사람들이 다 그렇다.

197. 한국은 2014년에 미국에서 10조 원어치 첨단 무기를 샀는데 전시戰時 작전권을 한국
쪽에 돌려주는 것을 늦춰달라고 미국 쪽에 아쉬운 소리(?)를 건넨 대가를 치른 셈이다.
결국 한국 정부는 그것 돌려받기를 거부했다! 미국이 어딜 가든 끝까지 함께하겠단다!
평택 미군기지를 닦는 데 20조 원이나 바쳤는데도 미군이 용산기지도 포기하지 않았다.
장교들이 시골로 가고 싶어 하지 않는다는 이유로!

돈이 돈을 버는 것을 당연하게 여기는 부르주아 경제학이 '상식'이 돼버린 사회에서는 말이다.

예를 들자면 미국 연방준비제도이사회(줄여서 '연준', FRB)가[198] 결정하는 이자율이 세계 경제를 쥐락펴락한다. 어느 나라, 어느 계층은 그 등락(오르내림)에 따라 환하게 웃고 딴 나라, 딴 계층은 울상을 짓는다. 그런데 그것이 사물의 운행 법칙에 따라 객관적으로 결정되는 것일까? 겉모양(외관)이야 그런 것 같다. 상품이 얼마만큼 있고 돈이 얼마만큼 있어서 어쩌고저쩌고…… 숫자와 숫자를 더하고 곱해서 나오는 것이니 자연 필연의 세계에서 점지된 것 같다. 하지만 그 동네를 깜깜히 모르는(알려고 하지 않는) 사람들 눈에나 그렇게 당연한 것으로 비칠 뿐이다. 속내를 알고 보면 지배세력 가운데서도 가장 힘센 놈들이 자기들 돈벌이에 유리하게 이자율을 정치적으로(!) 결정하는 것이지, 무슨 그리스의 신탁神託처럼 신에게서 해답 쪽지를 받아오는 것이 아니다. 자본주의 경제를 사물들끼리 알아서 굴러가는 것으로 바라보는 사람은 이미 '물신숭배의 눈길'로 세상을 파악하고 있는 셈이다.

그 부러운 눈길로 바라보기 시작하면 마이크로소프트사의 빌 게이츠가 엄청난 돈을 벌어들인 것도 당연하게 여겨질 뿐 아니라 그가 이웃에 기부의 손길을 뻗을 때마다 그를 찬양하는 마음이 절로 일어난다. 의심의 눈길을 던져보자. 그는 하루 16시간 일한다고 치고서 1초마다 140달러를 벌었다고 했다. 1시간마다 509만 달러를 번 셈이고, 우리 돈으로 대략 5억 원이다. 그가 무슨 용가리 통뼈이길래 그렇게 벌었을까? 비판경제학의 개념을 들이대면 마이크로소프트사가 컴퓨터 운영 체제(윈도)를 독점해서 '독점 지대地代'를 포크레인(굴착기)으로 긁어모은 것이다. '지대'는 쉽게 말하자면 땅이나 건물을 가진 사람이 빈털터리들에게 그것을 빌려주고 돈을 받는 것으로, 사람경제에 생산적으로 기여하는 바가 전혀 없다. 자본주의조차도 '지대(월세)'로 나가는 것을 줄여야 원활하게 굴러간다. '이윤'은 자본 간의 경쟁을 통해 얻어지는 것이라 자본경제의 틀 안에서는 그나마 생산적인 측면도 있는데 말이다.

봉이 김 선달이 거둬들인 '지대'와 견줘보자. 김 선달이 무서운 기관총을

---

198. 이것은 중앙은행 구실을 하는데도 사립私立의 자본가 연합기구다. '연준'이 의사결정하는 자리에는 독점자본가들만 참가한다! 공공公共이 후퇴한 나라다.

들이대고서 사람들에게 "대동강물, 이거 다 내 꺼야! 이거 갖다 마시는 사람은 누구나 내게 물세稅를 내라!" 했다고 치자. 김 선달의 짓거리는 원시적인 것이라서 그가 폭력을 앞세워 돈을 갈취한다는 사실이 사람들 눈에 보인다. 이와 달리, 자본 경제는 주먹과 기관총을 앞세우지 않고 돈을 앞세워 자연세계의 모양을 갖춰 굴러가므로 그 폭력성이 눈에 뚜렷이 보이지 않는다. 더러운 짓도 돈을 줘서 깡패에게 대신 맡기면 되니까 자본가가 자기 손을 더럽히지는 않는다. 멀리서 부러움으로 쳐다보는 사람에게는 멋진 모습만 보인다. 그런데 언젠가 빌 게이츠가 한국의 집권자와 만나 "북한, 이대로 둬도 될까?"라고 발언한 것이 언론에 보도됐다. 돈 많은 놈들이 세상을 쥐락펴락한다는 사실을 보여주는 작은 일화다.

그러므로 현대의 인류가 맞닥뜨린 문제는 이것이다. 돈과 상품에 대한 물신숭배, 다시 말해 자본주의 체제에 대한 눈먼 믿음에서 어떻해야 벗어날 수 있느냐! 어찌해야 없는 사람들이 뜻과 힘을 모아 '자본 너머'로 나아갈 수 있을까? 너무 크고 무거운 질문을 던져서 미안하다. 하지만 가진 것 없는 사람들이 정신을 차리지 못한다면 앞으로 오랫동안 지구촌은 있는 사람들에게만 천국이 되어줄 공산이 매우 크다. 배움에 큰 뜻을 품어야 할 때가 아닐까?

삶의 행복을 꿈꾸는 교육은 어디에서 오는가? 미래 100년을 향한 새로운 교육

▶ 교육혁명을 앞당기는 배움책 이야기
혁신교육의 철학과 잉걸진 미래를 만나다!

핀란드 교육혁명
한국교육연구네트워크 총서 01 | 320쪽 | 값 15,000원

새로운 사회를 여는 교육혁명
한국교육연구네트워크 총서 03 | 380쪽 | 값 17,000원

새로운 사회를 여는 교육자치 혁명
한국교육연구네트워크 총서 05 | 312쪽 | 값 15,000원

혁신학교
성열관·이순철 지음 | 224쪽 | 값 12,000원

행복한 혁신학교 만들기
초등교육과정연구모임 지음 | 264쪽 | 값 13,000원

혁신교육, 철학을 만나다
브렌트 데이비스·데니스 수마라 지음
현인철·서용선 옮김 | 304쪽 | 값 15,000원

미래교육의 열쇠, 창의적 문화교육
심광현·노명우·강정석 지음 | 368쪽 | 값 16,000원

대한민국 교사, 어떻게 가르칠 것인가?
윤성관 지음 | 320쪽 | 값 15,000원

아이들을 어떻게 가르칠 것인가
사토 마나부 지음 | 박찬영 옮김 | 232쪽 | 값 13,000원

다시 읽는 조선 교육사
이만규 지음 | 750쪽 | 값 33,000원

독일 교육, 왜 강한가?
박성희 지음 | 324쪽 | 값 15,000원

일제고사를 넘어서
한국교육연구네트워크 총서 02 | 284쪽 | 값 13,000원

교장제도 혁명
한국교육연구네트워크 총서 04 | 268쪽 | 값 14,000원

교육은 사회를 바꿀 수 있을까?
한국교육연구네트워크 번역 총서 02
마이클 애플 지음 | 강희룡·김선우·박원순·이형빈 옮김
352쪽 | 값 16,000원

비판적 페다고지는
세상을 변화시킬 수 있는가?
한국교육연구네트워크 번역 총서 03
Seewha Cho 지음 | 심성보·조시화 옮김 | 280쪽 | 값 14,000원

서울형 혁신학교 이야기
이부영 지음 | 320쪽 | 값 15,000원

혁신교육 존 듀이에게 묻다
서용선 지음 | 292쪽 | 값 14,000원

프레이리와 교육
한국교육연구네트워크 번역 총서 01
존 엘리아스 지음 | 한국교육네트워크 옮김
276쪽 | 값 14,000원

교사, 선생이 되다
김태은 외 지음 | 260쪽 | 값 13,000원

아이들의 배움은 어떻게 깊어지는가
이시이 준지 지음 | 방지현·이창희 옮김
200쪽 | 값 11,000원

북유럽 교육 기행
정애경 외 14인 지음 | 288쪽 | 값 14,000원

대한민국 교육혁명
교육혁명공동행동 연구위원회 지음 | 152쪽 | 값 5,000원

▶ 평화샘 프로젝트 매뉴얼 시리즈
학교 폭력에 대한 근본적인 예방과 대책을 찾는다

학교 폭력 어떻게 만들어지는가
문재현 외 지음 | 300쪽 | 값 14,000원

아이들을 살리는 동네
문재현·신동명·김수동 지음 | 204쪽 | 값 10,000원

학교 폭력, 멈춰!
문재현 외 지음 | 348쪽 | 값 15,000원

평화! 행복한 학교의 시작
문재현 외 지음 | 252쪽 | 값 12,000원

왕따, 이렇게 해결할 수 있다
문재현 외 지음 | 236쪽 | 값 12,000원

▶ 비고츠키 선집 시리즈
발달과 협력의 교육학 어떻게 읽을 것인가?

생각과 말
레프 세묘노비치 비고츠키 지음
배희철·김용호·D. 켈로그 옮김 | 690쪽 | 값 33,000원

어린이의 상상과 창조
L.S. 비고츠키 지음 | 비고츠키연구회 옮김
280쪽 | 값 15,000원

도구와 기호
비고츠키·루리야 지음 | 비고츠키연구회 옮김
336쪽 | 값 16,000원

비고츠키 생각과 말 쉽게 읽기
비고츠키 교육학 실천연구모임 지음 | 316쪽 | 값 15,000

어린이 자기행동숙달의 역사와 발달 I
L.S. 비고츠키 지음 | 비고츠키연구회 옮김
564쪽 | 값 28,000원

비고츠키와 인지 발달의 비밀
A.R. 루리야 지음 | 배희철 옮김 | 280쪽 | 값 15,000원

어린이 자기행동숙달의 역사와 발달 II
L.S. 비고츠키 지음 | 비고츠키연구회 옮김
552쪽 | 값 28,000원

▶ 창의적인 협력수업을 지향하는 삶이 있는 국어 교실
우리말 글을 배우며 세상을 배운다

중학교 국어 수업 어떻게 할 것인가?
김미경 지음 | 332쪽 | 값 15,000원

이야기 꽃 1
박용성 엮어 지음 | 276쪽 | 값 9,800원

토론의 숲에서 나를 만나다
명혜정 엮음 | 312쪽 | 값 15,000원

이야기 꽃 2
박용성 엮어 지음 | 294쪽 | 값 13,000원

▶ 교과서 밖에서 만나는 역사 교실
상식이 통하는 살아 있는 역사를 만나다

 전봉준과 동학농민혁명
조광환 지음 | 336쪽 | 값 15,000원

 남도의 기억을 걷다
노성태 지음 | 344쪽 | 값 14,000원

 응답하라 한국사 1
김은석 지음 | 356쪽 | 값 15,000원

 응답하라 한국사 2
김은석 지음 | 368쪽 | 값 15,000원

 즐거운 국사수업 32강
김남선 지음 | 280쪽 | 값 11,000원

 즐거운 세계사 수업
김은석 지음 | 328쪽 | 값 13,000원

 한국 고대사의 비밀
김은석 지음 | 304쪽 | 값 13,000원

 주제통합수업, 아이들을 수업의 주인공으로!
이윤미 외 지음 | 392쪽 | 값 17,000원

 광주의 기억을 걷다
노성태 지음 | 348쪽 | 값 15,000원

 교과서 밖에서 배우는 역사 공부
정은교 지음 | 292쪽 | 값 14,000원

 통하는 공부
김태호·김형우·이경석·심우근·허진만 지음
324쪽 | 값 15,000원

 팔만대장경도 모르면 빨래판이다
전병철 지음 | 360쪽 | 값 16,000원

 빨래판도 잘 보면 팔만대장경이다
전병철 지음 | 360쪽 | 값 16,000원

 김창환 교수의 DMZ 지리 이야기
김창환 지음 | 264쪽 | 값 15,000원

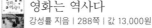 영화는 역사다
강성률 지음 | 288쪽 | 값 13,000원

 친일 영화의 해부학
강성률 지음 | 264쪽 | 값 15,000원

 강화도의 기억을 걷다
최보길 지음 | 276쪽 | 값 14,000원

▶ 살림터 참교육 문예 시리즈
영혼이 있는 삶을 가르치는 온 선생님을 만나다!

 꽃보다 귀한 우리 아이는
조재도 지음 | 244쪽 | 값 12,000원

 성깔 있는 나무들
최은숙 지음 | 244쪽 | 값 12,000원

 아이들에게 세상을 배웠네
명혜정 지음 | 240쪽 | 값 12,000원

 선생님이 먼저 때렸는데요
강병철 지음 | 248쪽 | 값 12,000원

 서울 여자, 시골 선생님 되다
조경선 지음 | 252쪽 | 값 12,000원

 행복한 창의 교육
최창의 지음 | 328쪽 | 값 15,000원

▶ 정의로운 세상을 여는 인문사회 과학
사람의 존엄과 평등의 가치를 배운다

 밥상혁명
강양구·강이현 지음 | 298쪽 | 값 13,800원

 좌우지간 인권이다
안경환 지음 | 288쪽 | 값 13,000원

 도덕 교과서 무엇이 문제인가?
김대용 지음 | 272쪽 | 값 14,000원

 민주시민교육
심성보 지음 | 544쪽 | 값 25,000원

 자율주의와 진보교육
조엘 스프링 지음 | 심성보 옮김 | 320쪽 | 값 15,000원

 민주시민을 위한 도덕교육
심성보 지음 | 496쪽 | 값 25,000원

 민주화 이후의 공동체 교육
심성보 지음 | 392쪽 | 값 15,000원

 교과서 밖에서 배우는 인문학 공부
정은교 지음 | 276쪽 | 값 13,000원

 갈등을 넘어 협력 사회로
이창언·오수길·유문종·신윤관 지음 | 280쪽 | 값 15,000원

 오래된 미래교육
정재걸 지음 | 392쪽 | 값 18,000원

 동양사상과 마음교육
정재걸 외 지음 | 356쪽 | 값 16,000원

 수업과 교육의 지평을 확장하는 수업 비평
윤양수 지음 | 316쪽 | 값 15,000원

 교과서 밖에서 배우는 철학 공부
정은교 지음 | 280쪽 | 값 14,000원

▶ 남북이 하나 되는 두물머리 평화교육
분단 극복을 위한 치열한 배움과 실천을 만나다!

 10년 후 통일
정동영·지승호 지음 | 328쪽 | 값 15,000원

 선생님, 통일이 뭐예요?
정경호 지음 | 252쪽 | 값 13,000원

▶ 출간 예정

근간 **혁신학교, 교육학적 성찰**
심성보 외 지음

근간 **경쟁이 아닌
발달과 협력을 생각하는 교육**
현광일 지음

근간 **어린이와 시 읽기**
오인태 지음

근간 **성장과 분화**
L.S. 비고츠키 지음

근간 **공동체를 살리는 교육과정 혁명**
문재현 외 지음